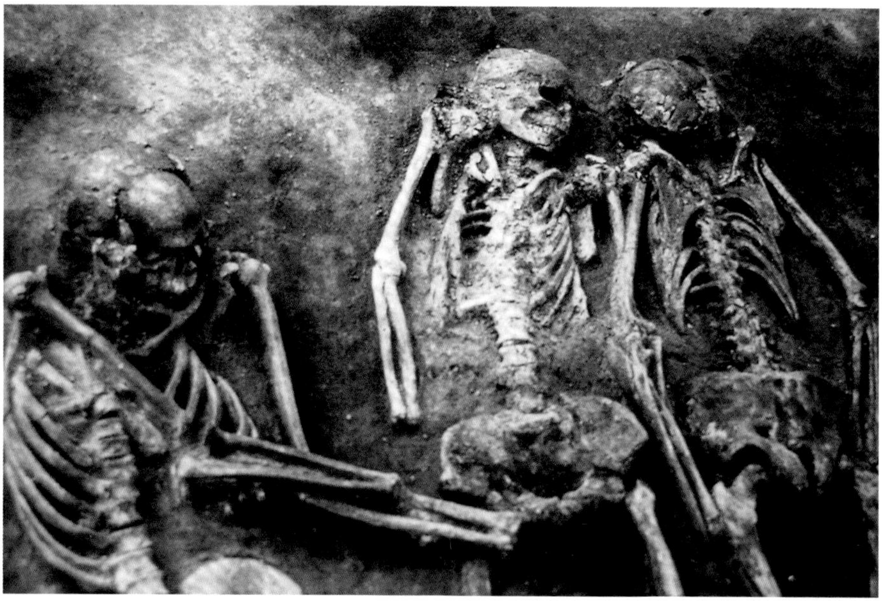

骨文

讲述人类遗骸背后的考古故事

Written in Bones: How Human Remains Unlock the Secrets of the Dead

〔英〕保罗·G·巴恩 编

张全超　夏文静 译

科学出版社

北京

图字：01-2017-5859 号

内 容 简 介

本书是欧美地区非常经典的一部人类骨骼考古学方面的科普读物，作者是英国著名考古学家保罗·G·巴恩（Paul G. Bahn），曾经撰写过多部有影响力的学术专著及科普作品，如《考古学：理论、方法与实践》（已出版第 7 版）。该书自出版以来便以其丰富而引人入胜的内容和精美的插图在欧美地区成功吸引了大量忠实的读者，特别是青少年儿童，是各大图书馆乃至社区图书馆必备的科普读物。全书共划分为 5 个专题，分别介绍了遗骸所揭示的古代人类的生活方式、遗骸上无受伤痕迹的案例、遗骸带有创伤的案例、墓葬中的案例和对木乃伊的研究，是一部不可多得的考古学科普读物。

本书具有极强的可读性，不仅可作为考古学、人类学及相关领域的学术入门读物，还可以推广给对文物考古感兴趣的大众读者。

图书在版编目（CIP）数据

骨文：讲述人类遗骸背后的考古故事 /（英）保罗 · G · 巴恩（Paul G. Bahn）编；张全超，夏文静译. —北京：科学出版社，2017.12
书名原文：Written in Bones：How Human Remains Unlock the Secrets of the Dead
ISBN 978-7-03-055939-5

Ⅰ.①骨… Ⅱ.①保… ②张… ③夏… Ⅲ.①考古–世界–通俗读物 Ⅳ.①K86-49

中国版本图书馆CIP数据核字（2017）第312652号

责任编辑：王琳玮 / 责任印制：肖 兴 / 责任校对：邹慧卿
装帧设计：北京美光设计制版有限公司

科学出版社 出版
北京东黄城根北街16号
邮政编码：100717
http://www.sciencep.com

北京华联印刷有限公司 印刷

科学出版社发行 各地新华书店经销

*

2017年12月第 一 版 开本：787 × 1092 1/16
2017年12月第一次印刷 印张：15 1/2
字数：250 000

定价：198.00元

（如有印装质量问题，我社负责调换）

目录

前言

保罗·巴恩

安第斯山脉高寒的环境使得这些因祭祀而死亡的印加儿童遗骸保存下来，并成为了今天我们所能看见的来自过去最辛酸也是信息量最大的人类遗骸之一。

人类遗骸一直被认为是探知人类过去的重要信息来源，也是最为人熟知的一种信息来源。在本书的创作期间，英国电视台至少有 3 个以此为主题的考古系列片正在播放。媒体则铺天盖地地报道着秘鲁贫民区发现了一座埋葬有 2000 具印加木乃伊的大坟场，美国国家地理协会为此专门摄制了一部纪录片；而在此之前，大量的出版物早已凭借着爆炸性的文章和照片占尽了先机。

木乃伊总是能上头条。他们被写成畅销书。例如，记者哈瑟尔·普林格尔（Hather Pringle）的《木乃伊代表大会》（*The Mummy Congress*），这是一本专门介绍那些钻研木乃伊的“怪人”们的娱乐读物。他们成功地激发了小说家的创作激情。从埃德加·爱伦·坡（Edgar Allan Poe），到田纳西·威廉姆斯（Tennessee Williams），再到将一具木乃伊足骨放在自己书桌上的居斯塔夫·福楼拜（Gustave Flaubert）。他们时常引发人们的惊叹。例如 2001 年，中国发现了两具已有 500 年历史的明朝木乃伊——其中一位是名 60 岁左右的男性，他的皮肤仍旧柔软，胡子有 1 英尺（30

在欧洲西北部的泥炭沼泽中得以保存并被发现的史前人类遗骸大多是死于暴力伤害——谋杀、处死或是献祭。

厘米）之长；另一位则是老年女性，她周身穿金戴银、还戴着遮盖秃顶的假发。他们为博物馆吸引了大量的观众。当美国国家地理学会展出来自安第斯山脉的木乃伊少女“胡安妮塔”（Juanita）时，10 万观众蜂拥而至，围绕着博物馆排起了长龙。他们也被拍成电影，首推近年很火的《木乃伊》和《木乃伊归来》；毫无疑问还有时下最流行的电脑游戏《古墓丽影》。

木乃伊甚至还成为了不法分子造假的对象，“波斯木乃伊”事件便是一个有名的例子。这具“木乃伊”于 2000 年 10 月在巴基斯坦被“发现”，紧接着被以 2 千万美元的价格在黑市上叫卖。“木乃伊”和随葬的打制金饰一起被放置在装饰华丽的木椁和石棺内，上面的象形文字声称这具躯体的主人名叫罗杜格尼（Rhodugune）或是罗杜娜（Ruduuna），是波斯王薛西斯（Xerxes）的女儿。然而，众所周知，波斯根本没出现过木乃伊制作技术，一切迹象都表明，这是一场由专家和学者带领一群技术高超的工匠精心制造的骗局。实施这一诡计需要一名金匠、一名石匠、一名木匠、一支尸体防腐团队和一位精通波斯历史和古波斯语的专家；而且很显然，这些“艰辛”的工作必然耗资巨大。最后还是碳十四测年拆穿了这出“木乃伊”的把戏——她根本没有 2600 岁，最多只有 45 岁。事实上，这具“木乃伊”是一名死于 20 世纪 90 年代中叶的女性。她的脖子被折断，背部也有许多创伤。她很可能是被谋杀的，也可能是在死后不久尸体就被人偷走了。

近日，大英博物馆制造出了第一具虚拟现实化的埃及木乃伊。这具木乃伊的身份是一名公元前800年死于底比斯城的重要祭司，名叫纳斯波仁纳（Nesperennub）。现在，研究者们能够不打开包裹物，而直接看到这具木乃伊细节部分的 3D 影像了。他们先是运用了医学扫描仪和电影《指环王》中所用的计算机绘图技术对这具木乃伊进行了扫描重建，再通过可视化软件将 1500 张二维剖面图拼凑起来，在电脑中形成了一幅完整的、可从各个角度观察的 3D 动画影像。重建所得到的结果就像全息投影一样清晰明了，我们甚至能看到这名祭司眼窝中镶嵌的扁杏仁形的玻璃眼珠。他的头上还戴着一顶未经烧制的奇特陶碗——40 年来，博物馆始终无人能通过 X 光照片识别出这是什么。专家们还打算利用这些照片制作出木乃伊的头骨模型，并通过模型对木乃伊的面部进行精确的复原。与此同时，博物馆的观众也可以通过虚拟现实头盔或偏光眼镜对木乃伊表面的包裹物进行放大观察，甚至通过“他”的眼睛向外看。短短几十年的时间内，科学进步已使得木乃伊研究从最初带有破坏性、必须打开包裹物才能进行，发展到了甚至完全不必碰触就能进行。

在另一项最近的研究中，科学家在出土于法国圣瑟赛尔（St. Césaire）的一具 36000 年前的尼安德特人头骨上识别出了一例明显是由锐器造成的已愈合颅顶创伤。这处简单的创伤能为我们反映大量的信息。首先，为了穿透头骨，打击的速度必须很快，可能得借助带柄的石器工具，这就不可能是由意外或动物行为导致的。其次，该个体的头骨创伤有愈合痕迹，因此人群中一定有其他人在其养伤的过程中为其提供食物和庇护地。无独有偶，我们从其他遗址（比如伊拉克沙尼达尔，Shanidar）得到的证据也表明尼安德特人富有同情心，会关照社群中的弱势个体。一系列的发现表明，直到冰川时期晚期，人类这种对待同伴的友好态度在许多文化中都有所表现。

考古学家发掘的大多不是木乃伊或者保存较好的人类遗骸，而是骨骼。然而它们却能为我们提供大量的证据，尤其是在有随葬器物或装饰品（如下图）的情况下。

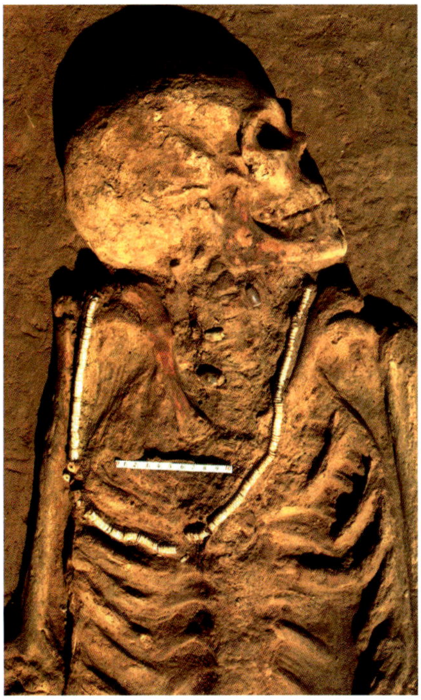

2002 年 5 月，法国宣布了一项轰动世界的考古发现。在靠近克莱蒙费朗市（Clermont-Ferrand）的一座铁器时代墓葬中出土了 8 具人类遗骸和 8 具马骨，而距离墓葬仅有 328 码（300 米）处便是尚未发掘的铁器时代城市奥皮杜姆（Oppidum）那令人印象深刻的堡垒建筑。虽然以往也发现过高卢人多人同葬或数马同葬的祭祀坑，但同一墓穴中同时埋葬多副人骨和马骨的情况却从未出现过，更别说是以这样壮观的排列方式。7 名成年男性和 1 名青少年，以及 8 匹马的遗骸被有意地分别排列成两行。16 具遗骸都头部朝南，向右侧卧，其中人骨仿佛凝视着东方。每具人骨的左手都放在前一具人骨之上。令人困惑的是，墓中没有一件随葬品——不管是武器、饰物、容器、贡品还是马具——此外也无法鉴定死者的死因。因此，迄今还无法判断他们是祭祀的牺牲者，还是部落间冲突或与罗马人交战中的受害者。此外，考古学家还在附近发现了两座与之相似的墓葬。

近年来，有不少重大而激动人心的人类遗骸发现为人所知，而我们对祖先的了解程度也在不断提升。本书尽可能涵盖了从智人化石到拿破仑大军等各个历史时期，以及从木乃伊到谋杀事件等各种主题的人类遗骸研究成果，希望能令读者对这一领域的研究有所了解。也许再过 50 年或 100 年，随着科学技术的突飞猛进，我们今天所做的哪怕是最细致的分析都会显得幼稚而肤浅。伴随着我们解读骨骼信息能力的不断提升，新的发现也在时刻提醒着我们，未来还有更多的谜题等待着我们去探索。

这座令人惊奇且与众不同的墓葬中埋葬着 8 具小马和 8 具男性人类遗骸。这座铁器时代（距今约 2000 年前）的墓葬在 2002 年被发现于法国。

第一章

一种生活方式

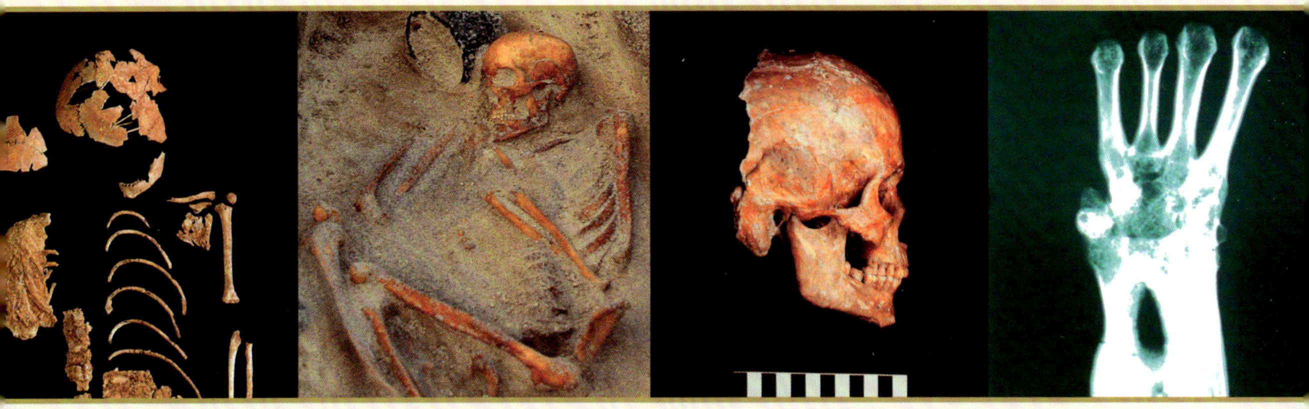

在介绍那些千奇百怪、令人着迷的埋葬习俗和木乃伊之前，且让我们先来看看考古发现中一个包含大量信息且引人注目的问题——过去的人类是怎样生活的。通过对早期人类的饮食习惯和行为进行研究，我们可以更进一步地了解我们的祖先。

莫亨佐 - 达罗“大屠杀”

一座泥砖搭建的巨型平台将莫亨佐 - 达罗西部的高地从频繁威胁这座城市的洪水中高高撑起。这座城市的公共建筑就坐落在这个“城堡”的位置上。

20 世纪 20 年代，巴基斯坦古代城邦莫亨佐 - 达罗（Mohenjo Daro）和哈拉帕（Harappa）的发现首次向我们呈现了一支存在于印度河流域长达 4000 多年的文明，它曾经是古埃及和美索不达米亚文明的竞争对手。两座城市遗址超乎寻常的规划布局和公共设施使发掘者们受到了极大的震撼。房屋普遍建有砖砌的盥洗室，不少还带有厕所；污水从这些地方排进砖砌的下水道（下水道上面还覆盖着带有检查盖的砖石板），并顺着城市的中心街道流走。收集固体废物的垃圾坑也会定时清空。楔形砖搭建而成的精致的蓄水池和水井则满足了公众的饮水需求。莫亨佐 - 达罗城里的水井数量甚至达到了 700 多个，由此可见，除公用水井外，大多数房屋还配有私人水井。

在莫亨佐 - 达罗的高地（也就是城堡里）还有一座大浴池，从这里可以俯瞰整座城市的居民区。浴池是用红砖、石膏灰浆和防水沥青精心建成的，在古代，这里很可能被用来举行宗教活动中的洗礼仪式。大浴池北侧还坐落着一排盥洗室。在通往城堡的阶梯的另一头也有一间盥洗室，这意味着人们在踏入管辖区前也需要经过沐浴和净化。对这座城市的居民而言，俗世的沐浴和宗教的净化仪式并行不悖，都是他们的头等大事，就像今天的印度一样。

与整洁有序的居民区形成鲜明和戏剧性对比的是莫亨佐 - 达罗高处的房屋和街道。这里到处是肮脏的临时居所。住宅和工业建筑被漫不经心地混杂在一起，一具又一具的人类遗骸横七竖八地倒卧在街道和房屋里。在一处带公用水井的房屋中，两具人骨仿佛用尽了生前最后的力气，绝望地想要通过屋内的台阶爬向外面的街道；就在距离他们不远处另有两具滚作一团的尸体。在另一处地方，考古学家还发现了 9 具保存不完整但“奇怪地扭曲着”的人类遗骸，他们可能是被胡乱扔进了一个匆匆挖就的坑里。还有一处小巷，巷子里的 6 具尸体显然是被人草草地掩埋了。

另有 3 组人骨则被发现于城市的另一端。第一组位于一条被夸张地命名为“死人巷”（Deadman’s Lane）的小巷里。考古学家在这里发现了一具遗骸的胸部、上肢和破碎的头骨。他背部朝下，似乎仰面倒在了狭窄的小巷中。在另一处小巷中，另有 5 具人类遗骸被掩埋在厚厚的碎石、灰烬和杂物之中。在遗址的 5 号房屋中还发现了 13 具人类遗骸，以扭曲的姿势诉说着被暴力致死的痛苦。其中一具遗骸的头部有一道长长的伤口，可能是挥剑砍杀所造成的。

这些令人触目惊心的遗骸无疑需要一个合理的解释。他们都死于暴力伤害吗？早期的发掘者认为他们是一场谋杀或武装袭击的受害者，1950 年参与发掘莫亨佐 - 达罗的莫蒂默·惠勒（Mortimer Wheeler）先生则进一步认为，他们是一起大屠杀的遇难者。他轻描淡写地声明道，战神因陀罗（Indra）就是这场大屠杀的罪魁祸首。根据他的看法，印度河文明（关于其消亡的原因至今还没有合理

莫亨佐 - 达罗的大部分房屋都带有盥洗室，里面铺设着不透水的衬砖，并设有一条连接着这座城市高效的排水系统的下水道。有的盥洗室里还搭设了一级低矮的阶梯，方便人们在上方帮助入浴者沐浴。

的解释）落入了武装入侵的雅利安人（Indo-Aryans）手中——这是一支来自于西北方，且被认为在公元前 2000 年至前 1000 年期间定居于印度的游牧民族。惠勒先生认为以上 6 组非正常死亡的人类遗骸都是这座城市最后关头的保卫者，也是这座城市惨遭入侵者摧毁时的见证人。这个有关印度河文明命运的解释非常具有说服力，因此成为了人们普遍接受的版本。

这个故事依然存在许多漏洞。没过多久，以乔治·戴尔斯（George Dales）为首的考古学家纷纷对此提出了质疑。一些学者怀疑雅利安人对次大陆的入侵是否真的存在；其他人则认为，雅利安人的到来发生在印度河城邦衰亡之后，而且可能只有很小的规模。如果用更具批判性的眼光来看待所谓的“莫亨佐 - 达罗

“最后的大屠杀”——惠勒理论中的戏剧性要素。他认为是雅利安入侵者摧毁了这支印度河文明。他认为，这些四肢伸展的人类遗骸（包括 12 名成年人和 1 名儿童）是以“好像已经知道他们会一起死去”的姿势倒下的。

目前莫亨佐 - 达罗还没有发现一座墓葬，不过根据哈拉帕遗址的墓葬可见，印度河流域的古代居民通常会给死者戴上手镯和其他珠宝，并随葬一些陶器。

大屠杀”，没有任何证据证明，这些遇难者是为保卫这座城市而死。首先，他们身边没有发现武器。其次，他们被发现于居民区而不是城堡中，而后者才应该是这座城市的最后一道防线。其三，他们周围并没有暴力摧毁房屋的迹象，整座城市的其他地方也一样。最后，他们并不是在逃跑的过程中被砍倒的。细致的检查表明，所有遗骸中只有 2 具有暴力导致的创伤，并且均已愈合。例如，那具头骨上有砍伤的遗骸，在死者去世前至少 6 个月，创伤便已开始愈合。

而且，如果这些人类遗骸能够代表这座城市在毁灭前的最后一刻所发生的大屠杀的话，他们应该都存活到了莫亨佐 - 达罗被占领的最后阶段。但事实并不是这样。虽然所有的遗骸都来自莫亨佐 - 达罗“被占领”的末期，他们却分别死于其中的不同阶段。不过，他们还是具有一个共同点，那就是他们都身处社会衰败的时期。巷道和庭院里堆满了垃圾，许多建筑物被故意填满，上面搭建起了简陋的临时居所。这些骨骼所代表的就是住在这种贫民窟里的穷人——他们的遗骸被埋葬在房屋的地板下，或者扔进了废弃的街道和房屋中。

最近，调查发现莫亨佐 - 达罗城里存在大量的粉质黏土层，这是洪水肆虐留下的重要证据。印度河的河道一直在变化，几百年来逐渐向东移动，因此洪水会定期地造访这座城市的部分区域。事实上，城市里大量的砖构平台和在部分区域设置的防护设施看起来就是为了抗洪而设计的。位于印度河流域南部的沙罗室伐底河（Saraswati River）之所以会在公元前 2000 年左右开始干涸，一个可能的原因是它的支流——萨特累季河（Sutlej River）被纳

莫亨佐 - 达罗的房屋入口多设在偏僻的小巷子里，远离主干道的尘土和噪音。墙面本来涂抹着石膏，而且可能还粉刷着五颜六色的图案，但现在只剩下了裸露的砖块。

清除了晚期搭建的房屋，一座莫亨佐 - 达罗的水井像高塔一样矗立在我们眼前。随处可见的水井为这座城市提供了充足的淡水，但也讽刺性地推动了疾病的发生。

入了印度河系统，于是印度河水位上涨，就此增加了洪水泛滥的趋势。在莫亨佐 - 达罗城高处发现的大量填充物，极有可能就是当时的人们急切地想在洪水来临之前将房屋转移到高处所留下的。

K. A. R. 肯尼迪（K. A. R. Kennedy）教授是一名致力于研究印度各时期各遗址出土遗骸的专家。他在调查莫亨佐 - 达罗“大屠杀”的遗骸时，发现了一个有趣的现象：这些遗骸中多孔性骨肥大的出现率很高。这一病理现象往往与缺铁性贫血或者遗传性血红蛋白异常有关，而在人群中尤其常见的则是地中海贫血和镰状细胞贫血。虽然这些症状在纯合子（父母双方均患病，并都将致病基因遗传给后代）的情况下会使人虚弱并最终导致死亡，但在杂合子（也就是仅继承了一方的致病基因）的情况下就没有那么严重了——更有甚者，它还成为了抵抗疟疾的一剂良方。因此，在疟疾肆虐的地区长期生活的人群，其镰状细胞贫血症和地中海贫血症的患病率也很高。由于他们体内的镰状细胞无力将氧气传遍整个身体，这就导致长骨中的红骨髓增多，骨骼的构造也随之发生了变化。缺铁性贫血和镰状细胞贫血会改变个体额骨和顶骨的形态，因此我们能够轻易将之与其他贫血病区分开来。莫亨佐 - 达罗的人骨在这些部位，尤其是在眼眶的周围，表现出了明显的增厚和大片的筛孔样病变。这些都是他们患病的迹象。

肯尼迪教授据此得出了以下结论：疟疾是这座城市中常见的疾病，疟蚊在洪水或者失修的城市排水系统所留下的水洼中大肆繁殖；而居民健康状况的不断恶化更是推动了这场恶性的循环。居民生活水平的降低也可能增添了他们的健康隐患，并导致了这座城市的进一步衰亡。

筛孔样病变表明疟疾在这座城市的最后一批居民中盛行，而其他同样危险的疾病虽然没有在骨骼上留下可供追踪的痕迹，但同样可能存在过。生物学家保尔 · 埃瓦尔德（Paul Ewald）则提出，或许反而是莫亨佐 - 达罗高效的供水和污水处理系统加速了这座城市衰亡的进程。尽管印度河流域的居民利用精心设计的赤陶管道和砖砌的下水道小心翼翼地保持着清水和污水的分离处理，但实际上他们的技术并不足以保证污水不会渗入到供给城市饮水的井里。当这套系统无法妥善运转，尤其是在这座城市遭受了洪水的袭击之后，情况就变得更加糟糕了——这样的环境对于水源性疾病(尤其是霍乱)的传播极为有利。尽管无法证明霍乱曾经盛行，然而当时的环境表明这是非常有可能的。

目前，我们可以得出的一项结论是，莫亨佐 - 达罗“大屠杀”的遇难者确实是某场悲剧的受害者，但这场悲剧是致命疾病导致的天灾而非人祸。杂乱且通常是不完整的骨骼状态表明许多个体并未得到妥善的安葬，有一些甚至根本没有被埋葬。他们就那样躺在死去的地方，直到最终被建筑物腐朽坍塌时产生的碎石和尘土掩埋，成为了一段尘封的历史。

沐浴和净化的重要性在整个印度河文明中表现明显，也在独一无二的莫亨佐 - 达罗大浴池上得到了显著的体现。浴池中精密的构造保证了浴池不会漏水。

人如其食

石羚泉是南非西海岸一处非常有趣的洞穴，此地的考古发掘正在进行。考古学家在这里发现了一些很难保存下来的人类遗骸，包括一例石器时代的婴儿。这个婴儿的软组织依然附着在骨骼上。

在南非西开普省（Western Cape Province）的开普敦（Cape Town）北区，研究人员采集并检验了一系列儿童墓葬骨骼中所包含的碳、氮元素。它们为我们认识2000年前生活在此地的狩猎采集人群的饮食提供了极佳的视角。

化学"标签"

化学元素碳和氮分别有一系列的同位素，即同一元素化学性质相同但重量不同的原子。碳有3个同位素，它们都是考古学家的好朋友。比如许多读者都知道的放射性碳十四（^{14}C），它在自然界含量极少，但可以被用来测年。另外两种稳定的同位素分别

是 ^{13}C 和 ^{12}C。它们在空气中的比值为 100 ： 1，并且可被用来复原古代人类的饮食结构。

当不同种类的植物通过光合作用将空气和水中的二氧化碳转变为有机化学物质时，它们会对 ^{13}C 产生不同程度的排斥，并因此而改变 ^{12}C 和 ^{13}C 的比值。乔木、灌木和温带植物（如小麦）会将空气中的碳转变成一种三碳原子，因此它们也被称为 C_3 植物。在它们的组织中，^{13}C 的含量比主要制造四碳原子的 C_4 植物（包括热带植物如玉米和甘蔗）更少。

另一方面，海生植物的 ^{13}C 含量比陆生植物更高。当动物和人类食用植物或其他动物时，体内 ^{12}C 和 ^{13}C 的比值也会随着摄入生物组织的不同而再一次发生改变。因此，骨胶原（骨骼中的一种柔软的蛋白质组织）中稳定同位素碳的含量可以指示出该个体的一生是处在 C_3 还是 C_4 植物、陆生食物还是海生食物的食物链中，或是处在上述食物并存的食物链中。

骨胶原中氮同位素的比值（$^{14}N/^{15}N$）也能反映人类的饮食偏好。^{15}N 的摄入量可被用于区分豆科植物（如豌豆，它们的根中含有固氮菌）和其他植物，因此可以被用来区分农人和渔猎人群的饮食。然而，解读骨胶原中氮同位素的比值可能并没有那么简单。高比例的 ^{15}N 曾被认为是多食海生食物的表现，但它们也有可能表明此人曾食用盐碱土和干旱环境下的食物，抑或是丰富的动物类食物，后者也包括母乳期婴儿的饮食。

当然，只有真实存在的植物和动物遗存能够告诉我们古代人究竟吃过些什么；只可惜这些遗存（尤其是植物遗存）只有极少数能够保存下来。骨化学研究可以为考古学家提供有关古代人生活方式的补充说明。南非西开普省的儿童墓葬便是一个极佳的案例。

沿海居民

前不久，开普敦大学的安东妮塔·杰拉迪诺（Antonieta Jerardino）和她的同事在兰伯特湾（Lambert’s Bay）沿岸小镇附近的石羚泉（Steenbokfontein）洞穴遗址找到了在过去的 8500 年中人类居住在此的证据。最有趣的是，他们在其中一处墓坑中发现了一具出生数周后死去、自然脱水的残缺婴儿尸体。放射性碳测年表明这个婴儿死于大约 2450 年前。

婴儿墓葬

遗骸是在清除掉厚厚一层草垛之后被发现的。小婴儿仰面朝上，被放置在一个小坑中，身边没有任何随葬品或考古遗存。婴儿的脸部、左手和双侧腿足部的骨骼均缺失，但其他部分的骨骼却出人意料地保存得很好，甚至部分头骨、上肢骨、肋骨和一侧的手骨上还附着着一些软组织。遗骸的一部分臀部被组织包裹，头骨与脊椎相连，手骨也通过组织连在一起。这些组织非常脆弱，主要是由皮肤组成，也有其他的连接组织，比如肺部保存的那些组织。保存最好的是婴儿的背部，发掘者认为这可能与其遗骸下方的铺垫物有关——这种铺垫物或许具有某种杀虫杀菌的效果，因此抑制了尸体分解腐烂的进程。洞穴的干燥可能也为这具遗骸的保存提供了帮助。

婴儿的年纪多大？

牙齿的发育显示这个婴儿的月龄尚不足 2 个月，头骨测量值和其他骨骼的生长状态则表明其为胎龄龄 9 个月，比牙齿显示的

石羚泉遗址的一例婴儿头骨局部。在自然干燥的条件下，软组织保存完好。目前这具遗骸被保存在真空的钟形玻璃罩中，里面还加入了硅胶干燥剂。

略早。若是根据骨骼大小，这名婴儿的身高为16.5英寸（42厘米），根据欧洲的对比标准则为胎龄8.5个月。然而，南非本土的狩猎采集人群身高普遍较矮，所以这个婴儿可能也比同龄的欧洲婴儿更矮。综合各方面考虑，这名婴儿出生后存活的时间似乎并不长。

依照史料记载，一些传统的南非狩猎采集社会不会正式埋葬尚未取名字的婴儿；但在这一案例中，婴儿被小心地放置在一个精心挖好的墓坑中，掩盖着厚厚的草垛。在发掘者看来，一切都表明这名儿童已经到了拥有名字的年龄，并已融入了其所在的人群。不幸的是，我们已经无法通过这样幼小的婴儿骨骼得知其的性别和死因了。

饮食结构

由于这名婴儿实在太小，其大部分组织都是其在母亲的子宫中形成的，因此，这些组织实际上反映的是这位母亲生前的饮食。碳、氮同位素比值显示这是一名大量食用海生食物的人，也就是说，这位母亲可能充分利用了居所附近的海洋资源。对于住在海岸线附近的狩猎采集人群而言，海生食物是食物中重要的组成部分，这一点已经通过石羚泉发现的大量海生食物遗存和附近的其他考古学遗址得到了证实。

山地居民

1994～1995年，考古学家在内陆方向距石羚泉仅有37.25英里（60千米）的帕克海斯山（Pakhuis Mountains）上发现了3具儿童骨骼。研究表明，这些与石羚泉同时代的内陆居民主要以陆生植物为食。

瓦特瓦尔斯里维耶（Watervalsrivier）遗址

开普敦大学的考古学家在河边的一处小型石堆中发现了一座儿童墓葬。该遗址明显经历了数次破坏，部分骨骼已不复存在，这很可能是食腐动物的“杰作”。第一次破坏应当发生在这个孩子下葬后不久，因为遗骸的所有下肢骨骼，甚至关节和足部那些细小的骨骼也没有保存下来，这表明它们被挪走的时候仍然通过连接组织连在一起。牙齿和骨骼的发育状态显示，这名儿童死亡这个幼儿被发现于北开普敦帕克海斯山的瓦特瓦尔斯里维耶岩穴遗址，被葬在一座打破浅灰质层的灰坑中。食腐动物放过了剩下的遗骸，悬岩的遮蔽与保护使之得以保全。

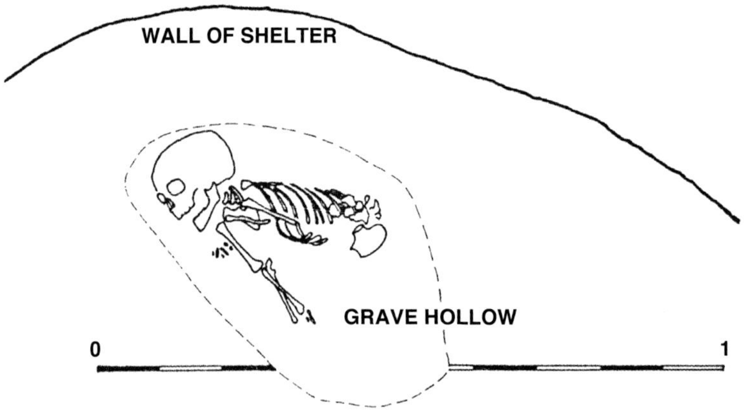

石器时代海岸遗址石羚泉（1）和内陆山地遗址瓦特瓦尔斯里维耶（2）、羚羊洞（3）所发现人骨的化学成分截然不同，这表明两个地区的人群有着不同的饮食结构。

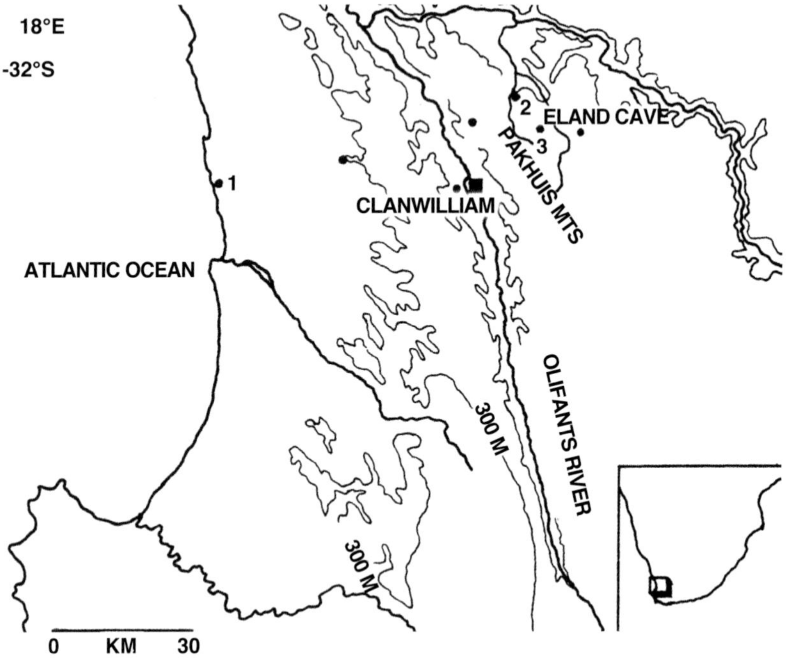

的时候刚过两岁。放射性碳测年可以将其死亡时间追溯到 2000 年前。

羚羊洞（Eland Cave）遗址

考古学家还在一处名叫“羚羊洞”的洞穴中发现了一座不同寻常的双人墓，墓中葬有两具儿童遗骸。该遗址位于瓦特瓦尔斯里维耶附近，内有大量的岩画，包括一幅描绘着巨羚的精美雕饰带。据游客反映，这些遗存已经遭到了岩洞背面浅表沉积物的腐蚀。因此，为了拯救这些珍贵的遗存，开普敦大学的考古学家主持了该遗址的发掘工作。碳十四测年表明两名儿童死于约 2150 年前。

研究结束后，所有发掘出的骨骼都得到了重新埋葬。

两具遗骸保存得都不完整，但多处干燥的软组织得以存留，其中包括一条完整的右足。墓坑中填充着厚厚的干草，遗骸则在干草和沙土混合物的掩埋之下。遗骸下面还发现了一些皮革碎片，这表明他们曾被安置在兽皮之上。两块兽皮碎片甚至还被缝在了一起，其中一块内侧装饰着切割成的矩形图案，另一块则带有一系列平行或交叉的刮痕。墓葬中并未发现任何的随葬品。

根据墓葬中发现的牙齿，其中一名儿童（“羚羊洞 1 号”）的年龄为 2.5 ～ 3.5 岁，这也与根据脊椎发育形态所得出的结论（2 ～ 7 岁）相一致。一些散落的牙齿则来自另一名儿童（“羚羊洞 2 号”），这些牙齿显示其年龄在 6 ～ 7 岁；脊椎发育形态则表明这名儿童至少 7 岁。

骨骼上没有留下任何有关两名儿童死因的线索。研究者利用 X 射线检查了两具遗骸的长骨，以寻找某种象征生长停滞的线——这种线通常形成于 2 ～ 5 岁期间，它的大量出现被认为是慢性疾病的表现。羚羊洞出土的骨骼上也发现了这种线，这表明两名儿童生前可能经历了多次不定期的生长停滞。

这块皮革碎片的外表面上带有切割而成的矩形图样，矩形的边长大约为 0.25 英寸（4 ～ 5 毫米）。

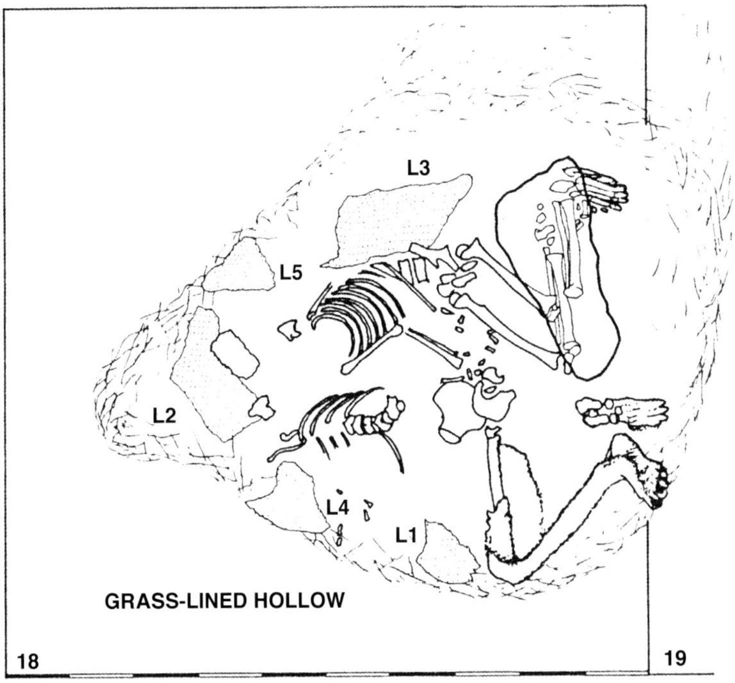

一座不同寻常的儿童双人墓葬，来自帕克海斯山羚羊洞遗址。L1 至 L5 是皮革的碎片，其中一名儿童腿骨上方的巨型石块则是一块被赭石染上了颜色的砺石。

饮食结构

遗骨中碳、氮同位素的研究表明这两名儿童生前的饮食以陆生植物为主，这一点与同时期同样位于山地地区的其他遗址中出土的成年人骨骼中所得到的结论相似，而和同时期生活在海边、饮食以海生食物为主的石羚泉人存在着巨大的差异。诚然，山地居民也会造访海边，但同位素比值表明这种事件只是偶尔才会发生。不过，这一差异也反过来引出了一个关于狩猎采集人群的迁徙能力和分布范围的问题，以及有关当时的山地居民和沿海居民之间的交流具有怎样的性质的问题。

以上南非西开普省儿童墓葬的案例表明，人类遗骨不仅可以为我们提供有关人类起源、血缘关系、外貌、年龄、性别和死因等各方面的线索，遗骨中包含的化学元素更是为考古学家开辟了一个探讨古代人类饮食和营养的全新的、引人入胜的研究领域。

拉培多儿童

拉培多（Lapedo）峡谷位于葡萄牙中部，即距离首都里斯本北部 87 英里（140 千米）的莱里亚（Leiria）附近。1998 年 11 月，考古学家为了调查以前发现的史前岩画而来到这里。通过这次调查，他们不仅证实了岩画的存在，还发现了一座石灰岩居址，也就是拉加维尔荷（Lagar Velho）遗址。1992 年，该地所有者用推土机清除了遗址顶部 2 ～ 3 米的堆积物，这导致一些残存的沉积物被堆积在悬岩后壁前的缝隙里。遗址中大量的旧石器时代晚期石器工具、骨骼和木炭均是佐证：毫无疑问，拉加维尔荷曾经是一处重要的居住地。

随后的发掘进一步证实了这一推论。放射性碳测年则将这处

这座位于葡萄牙拉培多峡谷的巨大的悬岩名叫拉加维尔荷，是一个冰川时代儿童的葬身之地。尽管旧石器时代墓葬在其他地方相当多见，但在伊比利亚半岛上还是首次发现。

发掘过程中两个不同视角下的儿童遗骸。这位明显的“混血儿”已然成为了考古学史上最具争议的发现之一。注意遗骸与岩壁非常接近。

遗址的年代定在了 23170 ～ 20220 年前。更有趣的是，考古学家还在居址东侧的地面上发现了人骨和赤铁矿。研究表明这是一处儿童墓葬，也是伊比利亚半岛发现的唯一一座旧石器时代墓葬。推土机压碎了头骨，但却奇迹般地以 0.75 英寸（2 厘米）之差错开了躯干骨。为了让这项独一无二的发现免于媒体曝光带来的任何危险，考古学家决定在圣诞节当天开始对遗址进行秘密的抢救性发掘。由于植物细小的根系牢牢地穿透在骨松质中，发掘工作的难度很大。通过使用筛子对混杂在一起的沉积物进行清理，考古学家共发现 160 片头骨碎片，这些碎片可以拼接成整个头骨的 80%；头骨以下的部分则都是完整的。根据牙齿的发育状态可知，这些遗骨属于一个年龄在 3.5 ～ 5 岁之间的儿童。遗体被小心翼翼地摆放成舒展的姿势，安葬在一个浅坑中。头部和足部的位置比臀部更高，因此只有头部被推土机破坏。这具遗骸的双手位于臀部附近，身体被放置在焚烧过的欧洲赤松树枝上，可能还被有意放在了一块铺满红赭石的兽皮上。这些红赭石堆积得很厚，尤其是在头部的附近。它们还将头骨顶部和底部表面的部分骨骼染成了红色。

遗骸旁还随葬着一具完整的兔骨和一些马鹿的骨骼，分别位于遗骸的双腿间和头、足部。此外还有6件被赭石染上颜色的装饰品——4件穿孔的马鹿犬齿（分别来自2只雄性马鹿和2只雌性马鹿），以及2件来自大西洋的玉黍螺贝壳。穿孔鹿齿位于头骨碎片附近，这意味着它们可能是一种头部装饰。而一件完整的穿孔贝壳则被发现位于儿童的左肩靠近颈椎处，因此被认为是一件挂饰。

所有装饰品上都有悬挂导致的磨损痕迹，这表明它们并不是专用于陪葬的饰物，而是被频繁使用过的日常用品。不幸的是，这座墓葬并没有任何其他可参考的考古学背景。尽管这种穿孔的动物牙齿和贝壳在拉加维尔荷的各个文化层中也有发现，但它们的年代仍需经过放射性碳测年的鉴定。墓葬中出土的碳化碎片、兔子和其他食草动物骨骼的测年结果则在距今2500～2400年前。最可惜的是，由于这具儿童骨骼中的骨胶原没有保存下来，我们无法通过骨化学或DNA获得任何有价值的信息。

形态学上的混血儿

除了这具儿童墓葬本身的重要价值，考古学家还发现了另一个被认为至关重要的特征。当这些骨骼出土时，考古学家注意到其健壮的下肢比例并不像现代人，反而与尼安德特人更加类似。然而，自从28000年前开始，这两种人类就已不再共存于伊比利亚半岛了。这个儿童怎么会同时具有两种人类的特征呢？

例如，尼安德特人的下巴发育不良，且整个下颌向后倾斜；而现代人则具有明显的下巴。这名儿童拥有下巴，但与此同时整个下颌却向后倾斜，表现出古代人的特征。这具头骨的整体形态是现代的——包括内耳和相当小的牙齿，尤其是前部牙齿（根据X射线计算机断层成像所示）。然而，尽管从压碎和变形的散乱碎片中苦心拼凑而成的头骨看起来更加接近现代人，科学家还是发现了一个细节——在

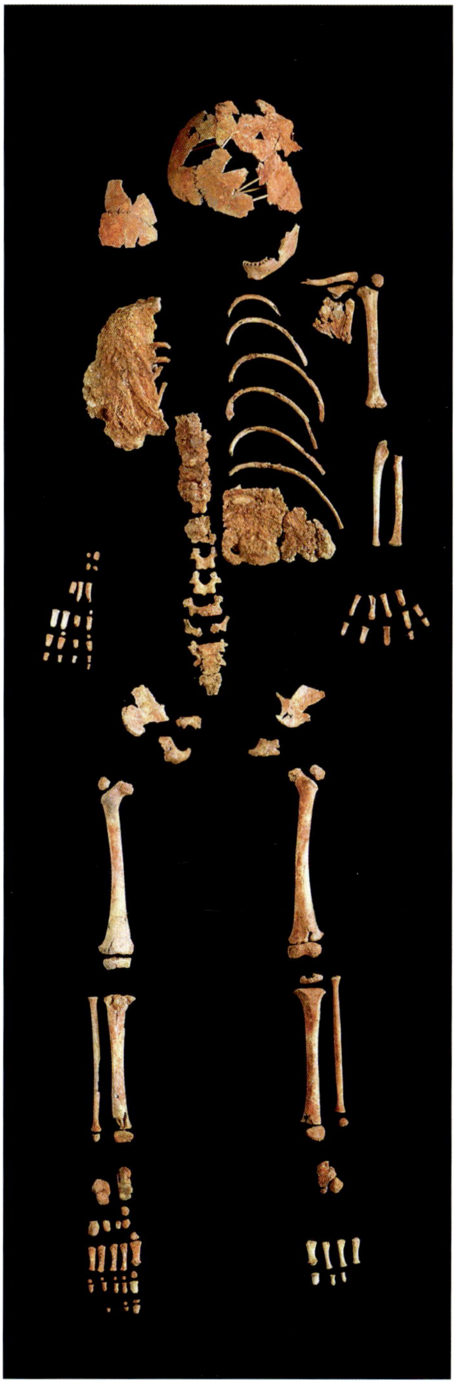

拉培多儿童的骨骼，表明其具有“矮胖”的下肢，这已成为了一场激烈争辩的焦点——即尼安德特人到底为我们的基因库做出了多少贡献。

遗骸的枕骨部分，有一处名为“头半棘肌窝”的凹陷。这是一种在形态和基因遗传上都只有尼安德特人才具有的特性。

形态学上所表现出的镶嵌性，也就是这名儿童是尼安德特人和现代人的“混血儿”这一明显的推论，引发了专家们之间激烈的争辩。那些无法接受这一观念的人认为这具骨骼就是一个“矮胖的现代儿童”。不过，这一表述本身就突显了矛盾，因为早期现代人的骨骼根本就不“矮胖”，他们拥有颀长的四肢，不像身材短粗的尼安德特人。也有人提出，这具儿童骨骼的比例反映了现代人群对寒冷环境的适应——健壮的体格具有明显的优势，可以更好地保持体温。在这名儿童所生活的时代前几千年，这一地区极度寒冷，冰川就位于葡萄牙的海岸附近。然而，发现于威尔士、摩拉维亚（Moravia）甚至俄罗斯北部的同一时期的成人骨骼都表现出了与非洲人相似的热带人身材比例，因此所谓的“对寒冷的适应”并不存在。

拉培多儿童的祖先是半尼安德特人——也就是说他是一名继承了尼安德特人遗传特性的现代儿童——这一不可避免的结论最近在来自罗马尼亚淤泥洞（Oase Cave）的成人化石中得到了强有力的支持。这具成人化石表现出与拉培多儿童相似的镶嵌性特征。而在另一方面，2010 年尼安德特人基因组成果的发表也明确地指出，尼安德特人和现代人之间的接触确实导致了人种的杂交。

芒德维尔侏儒墓葬

史前的侏儒墓葬本来就非常少见（见本书 179 页），芒德维尔（Moundville）墓葬更是北美地区唯一一例有记载的多人侏儒墓葬。尽管这些墓葬早在 20 世纪 30 年代就已经被发掘，它们至今还在为我们提供有关芒德维尔史前居民的重要信息。

芒德维尔位于美国阿拉巴马州中西部，地处布莱克沃里尔河（Black Warrior River）一处拐角的南岸。这座遗址由 22 座土坯寺院和遍布 160 英亩（65 平方千米）的坟丘组成，也是美国东南部的密西西比文化面积最大的遗址之一。

芒德维尔的前身是公元 700 年左右的一座前密西西比聚落，在随后的密西西比时期（公元 1000 ～ 1550 年）得到了进一步的扩展。公元 1250 ～ 1450 年，芒德维尔拥有大约 3000 名常住人口，这一时期也是其发展的巅峰时期。公元 1450 年之后，芒德维尔开始走向衰败，并且在 16 世纪中叶西班牙人迪·索托（De Soto）来到这一地区探险前已被废弃。1866 年至今，芒德维尔遗址已经经历了多次考古发掘。

芒德维尔遗址。两座侏儒墓葬被发现于这座开阔遗址的右上区域。坟丘间的大部分空间都是小型的房屋遗迹。

发掘后的男性侏儒墓。墓主人似乎是自然死亡的。

两具侏儒遗骸被发现于遗址东部，尽管并不是真正被埋葬在一起，但它们之间的距离非常接近。1934 年，考古学家首先发现了一具女性侏儒遗骸；男性侏儒遗骸则是在 5 年后才被发现的。这名女性侏儒被发现时面部朝下，姿势极度蜷曲，位于一具正常人的骨骼上方。男性侏儒被发现时同样也是面部朝下，不过他的身体只是部分蜷曲。两名个体都被埋葬在居住区地表浅部，研究表明这一地区在公元 1400 年之后才开始有人居住。墓葬远离上层社会的坟丘且没有随葬品，这些特征表明两名侏儒生前属于平民阶层，社会地位并不高。

他们都是软骨发育不全的侏儒，拥有发育正常的躯干和短小而肌肉发达的四肢（软骨发育不全侏儒症是由一种具有遗传性的显性基因所造成的骨骼发育受限）。两人都是相对健康的个体，其中男性身高约 50 英寸（127 厘米），女性则高 46.5 英寸（117.9 厘米）。他们的头骨后部平坦，这是长期被捆绑固定在一种木质婴儿背篓上所造成的结果。头骨后部的平坦还造成了他们前额和下颌的突出，这也是软骨发育不全侏儒的共同特征。

密西西比社会

两名侏儒的生活无疑是艰难的；但他们的遗骸也真实地反映了密西西比社会平民的生活。他们的牙齿表现出大面积的磨耗，这是大量食用石磨磨成的玉米面（因此在研磨的过程中混入了砂石）所造成的常见结果。两名个体都有许多龋齿，同时也因为大范围的脓肿导致了多枚牙齿的生前脱落。男性可能跛足，这是髋部损伤后没有很好地愈合所致。女性的脊椎则显示她生前备受关节炎的折磨。他们都活到了中年，大概 40 ～ 45 岁，这表明他们都是社会中的劳动者。两座墓葬如此接近暗示着这两名侏儒间可能具有某种联系——考虑到软骨发育不全侏儒症的遗传特性，他们可能是兄弟姐妹。

他们是俘虏还是当地居民呢？我们并不知道。考古学家还发现了一具与女性侏儒葬在一处的正常人骨骼，然而没有任何与这座墓葬有关的分析记录保留下来。这两个人有可能是一对夫妻，那么女侏儒就是这位正常人的配偶，在她去世之时，她的遗骸随后被殓入了他的墓中。不过就算她是他的配偶，女侏儒也有可能是这个正常人的殉葬者。

密西西比社会具有高度分化的社会阶级，所有人都处于一位至高无上的首领的统治之下。聚落的统治者和社会地位高的人墓中通常都有大量的随葬品，并且一般情况下还会有殉葬者。这些殉葬者通常是女性，且大多是佣人或俘虏，但也可能是配偶。一名聚落首领或统治者的墓葬中可能会包含许多殉葬者；而在无统治权力但社会地位较高者的墓葬中，殉葬者相对较少。在社会地位低下的人或平民的墓葬中，殉葬现象十分罕见。因此，女侏儒是作为墓主人的配偶被后来埋葬的可能性更大。

目前已知存在于北美洲的带有软骨发育不全侏儒形象的典型器物只有一例。这是一件来自俄亥俄河谷阿登纳文化（Adena culture）的管状滑石器。这件雕刻着战士形象的圆雕管状器，其年代大概比芒德维尔墓葬要早 1000 年。这名战士腰间系着缠腰带，耳上戴着耳栓，梳着精巧的发髻。人像的头部和身体比例匀称，然而其异常短小和精壮的四肢则是软骨发育不全侏儒的特征。这件管状器的发现表明，尽管并不常见，侏儒并不是不为人知的存在。

来自俄亥俄州的阿登纳文化管状滑石器，呈现为侏儒的形象。它比芒德维尔墓葬早1000年以上。

芒德维尔侏儒墓葬的发掘反映了当时的科学研究水平。研究者对这两例个体进行了分析，但却脱离了他们所处的文化背景。一些疑问一直留存至今。如果对那具与女侏儒葬在一起的正常人骨（若是还能找到的话）进行分析，这会不会有助于我们认识他们之间的关系？然而，现在我们连它的性别都不知道。DNA 分析能够证实这两名侏儒间是否存在家庭关系，甚至他们与芒德维尔常住居民间的关联。他们是来自另一个人群的俘虏，还是当地人中的一员？

我们可能永远不会知道那些特殊个体（比如侏儒）在大多数史前社会中所扮演的真实角色。他们会不会被当作圣人呢？或者，他们是否被人们视作宠物或收藏品？又或者，他们只是各自社会中的普通劳动者，只是在身高和智力上有所不同？在科学研究中，这类墓葬信息对于我们理解古代文化发挥着至关重要的作用，并赋予了我们洞悉社会动态、从而阐释史前社会人性思想的能力。

修道院里的墓葬

从一个人的骨骼，我们通常能估算他的身高、死亡年龄，甚至有一定的把握鉴定大多数成年个体的性别。但识别疾病的难度就要大得多，毕竟大多数疾病都没有或者很少在骨骼上留下痕迹。大多数的瘟疫以及其他在文献记载中曾对社会造成巨大影响的疾病都无法从骨骼中得以确认，这个问题一直困扰着考古学家。尽管我们能够证明人类在许多时期都饱受骨关节炎的折磨，然而鉴定一项重大疫情（比如黑死病或者霍乱）比这要困难得多。

如果我们想从一个群体的健康和饮食中寻找任何与重大变化有关的迹象，那么我们就必须着眼于大量与事件年代相近的人体样本。这种理想的研究条件可以在一座中世纪城市的修道院得到实现——它具备许多现代城市才拥有的医疗和社会服务；并且，这座修道院中的人体样本还为我们揭示了这个社会的人生百态——从健康人到患病者，从乞丐到市长，从神父到信众。

15 世纪，中殿的南侧走廊成为了正式安置逝者的“附属教堂”，在这里，教堂会为他们的灵魂祈祷和唱诵。这些服务的费用通常都是由逝者的亲人支付，在这笔钱被用尽之前，他们的棺材就被安放在这里。这张照片展示了 4 个在附属教堂侧壁低矮处排成一排的棺材壁龛。左侧是一个衬砖的家族墓室，右侧则属于教堂的西部区域。

1994 年，考古学家在英国赫尔（Hull）的奥古斯丁修道院（Augustinian Friary）组织了英国历史上规模最大的考古发掘。考古学家发掘了这座使用于 1316 ～ 1540 年间的修道院的三分之二，并发现了 500 多具人类遗骸。这些骨骼的保存状态非常好；不仅如此，赫尔地区渗满水的泥土还保护了许多墓葬里的服装和木棺——而这类遗物一般都是无法保存下来的。遗物极佳的保存状态已使探讨这些层层叠叠的墓葬与修道院本身的建设之间的时间顺序成为了可能，而现存木棺上的年轮更是可以帮助确定墓葬的具体年代，误差范围仅在一年之内。

中世纪的埋葬传统

这些令人惊叹的研究成果已经开始挑战我们对某些疾病的起源和中世纪市民健康状况的一些假想。对墓葬的细致研究表明，这座修道院中特定的区域是为特定的人群预留的。长老们被隆重地埋葬在教堂的圣坛里，有钱人被葬在教堂的中殿，儿童和青少年被埋葬在修道院的长廊，而穷人和普通修道士则被葬在教堂北侧的公墓中。每一个区域都有其独特的埋葬仪式——比如双手和双臂的摆放姿势。

教会中的有钱人下葬时都穿着体面的礼拜服。在赫尔墓地中，大约有 20% 的骨骼上还残留着一些织物，这是迄今为止英国墓葬中所发现的规模最大的中世纪服装碎片。在 14 世纪晚期和 15 世纪早期，人们的礼拜服开始从色彩鲜艳的服装转变为崭新的黑色礼服；而在赫尔墓地中，出土这种黑色礼服的几座墓葬的年代都在 1410 ～ 1430 年期间。当时人们通常会将这类服装和新潮的帆布马裤一起穿。然而这种穿法却有一个很大的缺陷，那就是帆布总是要摩擦大腿，为此，男人们开始穿起了内裤。在赫尔墓地中，6 具遗骸的身上穿着精心编织而成的羊毛内裤，这也是已知最早

这是一座砖室墓中的第一座墓葬。这座墓显然是一座家族墓室。逝者的躯体被摆放在一具橡木棺材中，放置在墓室的底部。在最后的一具棺木放入时，墓室的准确位置已无从得知——因为这具棺木一半在墓室里，一半则在墓室之外。

城镇中的达官显贵们都穿着体面的礼拜服，并被埋葬在教堂的中殿。一些墓葬中还残存着织物；而另一些墓葬（就像这一例）中还能根据金属带扣推测出腰带的位置。图中的铜合金带扣位于骨盆附近，这表明墓主人的腰部曾系着一条腰带。

的四角裤。还有一名男性身穿戴着帽子的及地长袍。其他遗骸则身穿袖子宽大的及地长袍，腰间系着一种及地的皮腰带。这些人类遗骸上残存下来的胸针、带扣和皮带还向我们充分展示了这些衣服是怎样被穿系起来的。

黑死病和梅毒

1348 ～ 1349 年，黑死病席卷了整个英国，据说夺走了英国 40% 的人口。在大多数的考古遗址中，这种疾病的影响很难评估，但这一案例却有所不同。大约有 20% 的骨骼被安葬在波罗的海橡树制成的木棺里，树轮测年能得出这些树木被砍伐的年代，并将年代精确到一年以内。在瘟疫流行时期，用同一棵树的木材打造而成的多副棺材可能反映出瘟疫发生的时间；因为这表明这些葬礼是在很短的时间之内举行的。刚开始，棺材的制作非常精致；然而在瘟疫的最后几年，它们就像是打包用的板条箱一样被堆放在一起，这可能暗示着制作棺材的木匠也被这场疾病压垮了。

1390 年以后，所有的尸体都被包裹在尸衣而非摆放在棺材中。从这些晚期的墓葬中，我们发现了一种全新疾病——梅毒的第一例证据。众所周知，这种也被人们称为“大疮”和“法国病”的疾病在 16 世纪早期席卷了整个欧洲。一直以来，人们将它的出现归因于 1492 年返回欧洲的那些跟随哥伦布发现新大陆的水手们。

男人和女人都穿着及地长袍，系在腰部。考古学家在这具 14 世纪的骨骼的腰臀部发现了一条腰带，并且带子的一头一直从衣服前侧垂落到双腿之间。这种腰带在当时的手稿描述和雕像刻画中都能见到；它们可能是用编织物、丝线、亚麻布、棉布或者皮革制作而成的。这是考古发掘中迄今所见的最完整的样本。

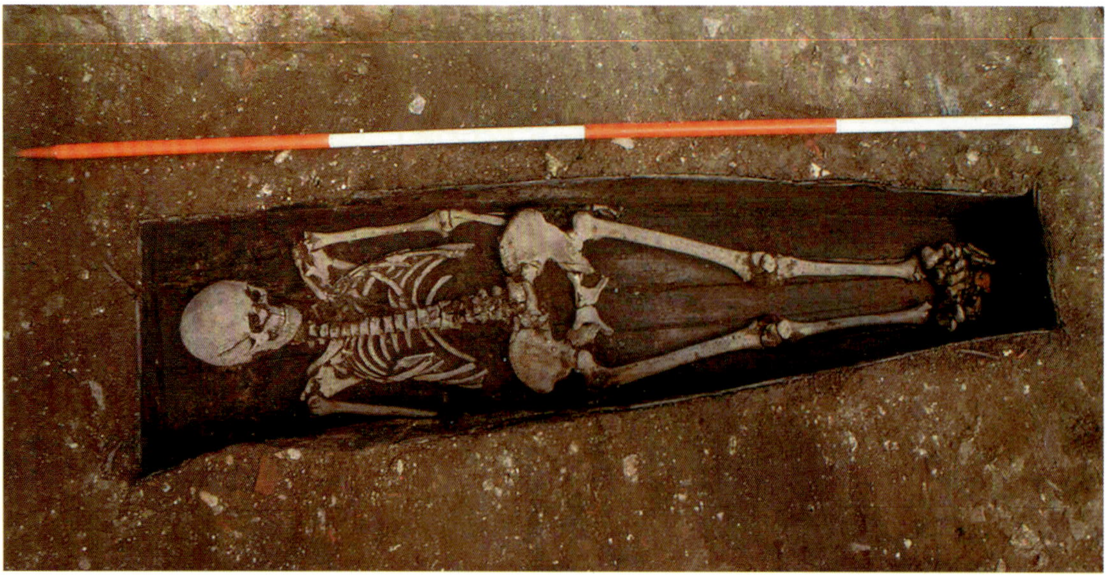

许多 14 世纪中叶的墓葬都使用了波罗的海橡树制成的棺材。图中这具躺在棺材里的遗骨已经经过了考古学家的细致清理，棺材顶部已被揭开。

然而在赫尔，4 具已有严重梅毒症状的骨骼出现在 15 世纪中叶，也就是说，这种疾病至少在哥伦布出海前半个世纪就已经出现在了欧洲。这座遗址以及英国埃塞克斯郡（Essex）的利文霍尔教堂（Rivenhall church）的碳十四测年数据均为这一地层学发现提供了独立的年代证据。二者校准后的年代分别为 1435 ～ 1490 年和 1290 ～ 1445 年。

目前，科学家们正计划针对不列颠群岛所发现的所有早期梅毒案例开展一项全新的研究项目。该项目将会结合碳十四测年和 DNA 分析（这是为了证实这些遗骸确实患有梅毒），并开展同位素分析（以鉴别这些受害者是本地人还是死在这里的外来人），从而尝试对这种疾病的起源和传播方式形成一个清晰的认识。

赫尔墓地还发现了另一种营养性疾病的证据——这是一种被专家称为弥漫性特发性骨肥厚的骨骼疾病。这种疾病的特征是部分椎骨开始融合在一起，在超重的中年男性身上较为常见，正是营养过剩的饮食导致了骨赘的生长。以往的研究显示，这种生长异常在闭塞的群体（比如修道院）中更加常见，赫尔修道院的发病率甚至比中世纪社会的平均水平还要高三倍。其中，有一名早期的长老实在太胖，以至于被埋葬在了一具厚重的橡木棺材中。特殊的土壤环境恰巧将他那肥胖的轮廓留在了棺底的木板上。在这样真实的案例下，还有人认为塔克修士（罗宾汉传说中的人物）

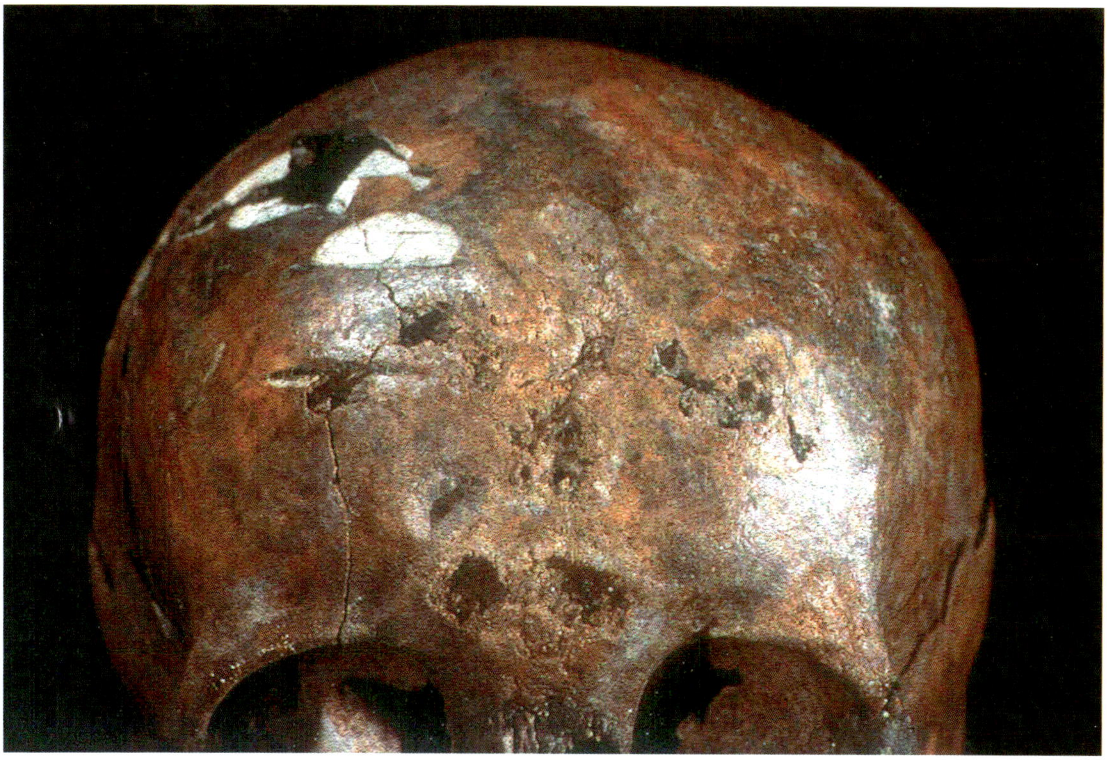

才是修道士的代表形象吗？尽管要认为大多数的修道士都大腹便便会很不公平，但他们的生活方式和饮食结构的确容易导致这样的趋势。

墓地中，有几座墓葬中随葬着棍棒状的器物，或是摆放在墓主人身边，或是横放在他的身体上——有的只有一件，有的则有

这是一具 15 世纪的男性头骨，他曾饱受三期梅毒的折磨。当梅毒发展到这一时期时，溃疡已不只是可见于皮肤表面了，它们已经开始侵蚀骨骼。此时患者的鼻子已表现为大面积的腐烂，头骨上表面也开始出现许多的干性溃疡。

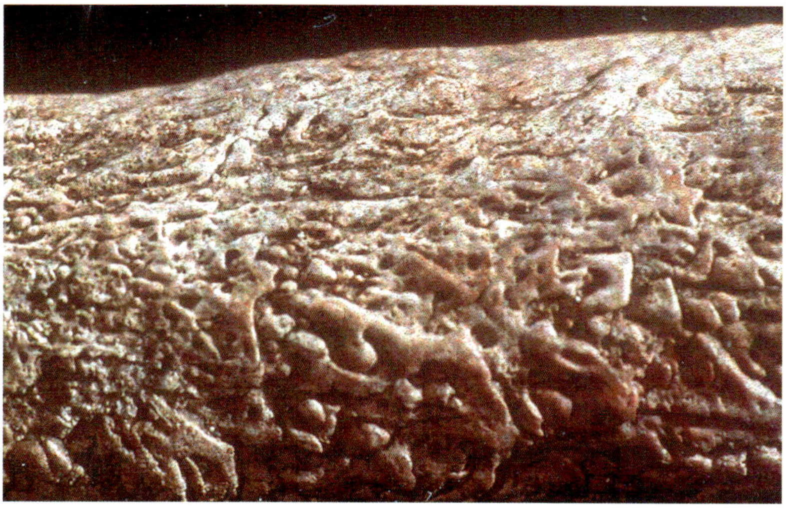

同一个体左侧股骨表面的特写，由图可见在梅毒影响下的密质骨的形态。

一对。然而，实际上所有的骨骼都没有腿部受伤（即这些个体身患残疾并且需要支撑工具）的迹象。朝圣者也经常会携带象征身份的物件，不过所有的墓葬中都没有发现其他可以证明朝圣者身份的遗物。虽然我们也知道某些修道院的神职人员配有权杖，但却并不知道这些权杖的具体形象如何，因此我们不能确定这些棍状物是否能够证明他们的神职身份。例如在一座墓葬中，榛木制成的木杖又细又长，非常适合作为抽打和鞭笞用的工具。

最后，中世纪的教堂有一项共同的传统，那就是为信徒有偿祷告以换取相应的捐款。这种做法简直就是稳赚不赔，因此许多教堂建起了所谓的“附属教堂”，借此来满足信徒们的需求，填满自己的腰包。赫尔修道院也不例外，他们甚至不惜挪用中殿的南侧走廊来满足自己的私欲。那些花钱享受这项服务的逝者就这样被安放在靠近南墙的一排墓葬之中；而到了这笔捐款用尽之时，他们的遗骸又被挪到别的地方重新安葬。这座附属教堂里甚至有一个大型的家族墓室，由于使用得太过频繁，以至于最后一具棺木已无法被放进去，于是就一部分被摆放在墓室里，一部分悬在外面。而这也表明了附属教堂里的地面已被重重叠叠的墓葬抬高了许多，以至于墓室四壁的确切位置都已经不明显了。

刘易斯人：来自过去的面孔

苏格兰西部群岛中刘易斯岛上的科尼普海岬。

科尼普（Cnip）海岬俯瞰着特拉赫那贝格（Traigh na Beirgh），也就是苏格兰西部群岛中刘易斯岛（the island of Lewis）的一处美丽海滩。大约在3500年前，一个死去的人被放进一座石棺或积石墓里，埋葬在这处海岬松软的沙地中。他的头骨旁还摆放着一件盛有食物或饮料的陶器。人们可能特意用沙子和泥炭在这座墓葬的上方堆起了坟丘，并以一圈巨石作为墓地的边界。这个人就这么静静地躺在那里，直到最近几年，当地考古学家玛格丽特（Margaret）和罗恩·柯蒂斯（Ron Curtis）在这处常年经历着风蚀的沙地中敏锐地发现了排列有序的可疑石板。这个地点距离一座20世纪70年代发掘出的青铜时代墓碑遗迹并不远，海风的侵蚀为这处新奇有趣的发现提供了重现于世的机会。

整个冬天，玛格丽特和罗恩都密切地关注着这一遗址，直到第二年春天，他们在苏格兰文物局（Historic Scotland）的资助下对遗址进行了抢救性发掘。爱丁堡大学田野考古中心的安迪·邓

这名 35 ～ 40 岁的男性的墓中随葬着一件盛有食物或饮料的容器。

发掘中的墓穴。图中可见骨骼和石板排列而成的石棺。

威尔（Andy Dunwell）和蒂姆・内波尔（Tim Neighbour）共同发掘了这一墓葬遗迹。其中，他们发现这具男性骨骼被安置在一具石棺中，头骨旁还有一件压碎的陶器。骨骼和陶器都被小心翼翼地从墓中提取出来以做进一步的研究。随后，采用骨骼样本进行的碳十四测年结果表明这座墓葬的年代在公元前 1500 年，也就是通常所说的青铜时代。

英国阿伯丁大学的玛格丽特・布鲁斯（Margaret Bruce）博士和阿伯丁皇家医院的尼尔・科尔（Neill Kerr）共同对这具骨骼进行了全面检查，专家们的分析表明这具遗骸属于一名年龄在 35 ～ 40 岁之间的男性。他的身高只有 5 英尺 4 英寸（163 厘米），就算以当时的标准来看也相当矮小。但值得注意的是，他的右脸上

发现了重伤和愈合的痕迹，尤其是颧骨上一处延伸至眼眶的深深裂痕；此外，他的下颌骨和右侧颞下颌关节上也有骨折的痕迹。这些伤痕和钝器重击所造成的创伤一致，因此这名男性的面部可能曾被人用棍棒残忍地重击过，但也有可能是意外所致。

他非常不幸，因为骨折处的感染导致了并发症。尽管颧骨处的骨折愈合得很好，下颌关节处的骨折却愈合得很差，以至于颞下颌关节已无法重新连接，他的下颌活动（尤其是右侧）亦因此而受到了限制。颞下颌关节的骨折还导致他养成了对软质食物的依赖：这名男性的口腔中有 4 颗臼齿和 1 颗前臼齿存在龋齿和生前脱落，甚至有的已经殃及他的下颌骨。他还患有严重的牙周病和牙龈炎，以及导致这两种齿科疾病的牙结石。他的口腔一定给他带来了巨大的痛苦；此外，他还可能患有口臭。

面部复原

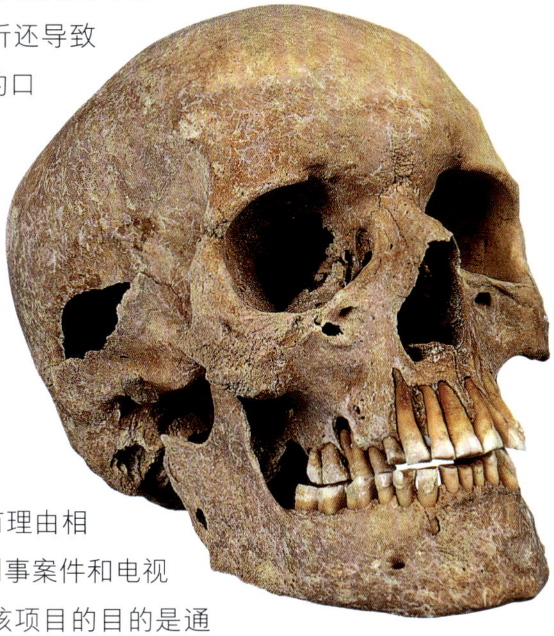

作为面部复原依据的头骨。

鉴于以上这么多有趣的发现，我们有理由相信，这具头骨将会为我们呈现出一张与刑事案件和电视纪录片中所见相类似的面部复原图来。该项目的目的是通过专家团队和前沿医学技术的帮助合成一张面部复原像。这项工作得到了拉塞尔基金会（Russell Trust）和苏格兰古物协会（Society of Antiquaries of Scotland）的资助，并于 1995 年春季得以开展。

该项目的创新点在于，科学家们会为这具头骨制作一件精确的塑料复制品，并以之作为建模的基础。这具真实的头骨首先被送到了爱丁堡西部综合医院（Edinburgh's Western General Hospital）放射科，进行了电脑断层扫描。随后，扫描数据被送到英国利兹大学，并由那里的研究者使用一种全新的技术——选择性激光烧结制作出头骨的塑料复制品。

随后，头骨和复制品又被送到了纽卡斯尔牙科医院（Newcastle Dental Hospital），并由整形科主任布莱恩·希尔（Brian Hill）根据复原的面部形象制作出一副黏土面塑。显而易见，其中某些特征（如鼻子和耳朵的形状，发型，以及胡子的长度）都只能依靠猜测。不过在另一方面，尽管创伤已经愈合，整形外科医生确信这名男性的面部最终还是落下了伤疤。这具模型很好地展示了这些创伤所导致的皮肤呈皱起状的面部特征。

那么，这个人究竟是谁呢？根据我们对这个时代的认知，他极有可能是一位农人。他可能驯养着牛羊，种植着大麦；但就像西部群岛的现代佃农一样，他的家庭可能还会将海里和岸边的食物作为补充，季节性地捕食鱼类、贝类、鸟类和蛋类。他们还会在山中猎取鹿类，采集野生食物。

在这名男性所生活的时代之前，人类在西部群岛上的居住史至少已有了 2000 多年。因此，他可能就是这座岛上的居民，他的家庭已经在这座岛上延续了许多世代。我们不知道他的农场在哪里，但他的家很可能就在从他和他的族人埋葬的这处海岬能看见的某个地方。而他曾经耕作的农场所在的地形早已和我们今天所看到的大不相同。为了放牧和种植作物，他的祖先曾清除了覆盖这座岛屿的大片森林；但山上和远离海岸的地方仍然保存了许多森林。如今遍布整个岛屿的泥炭，实际上是在气候变化、土壤退化，可能还有焚林而畋等因素的共同影响下才开始形成和蔓延开来的。当时的海平面比现在低大约 5 英尺（1.5 米），但自从最近一次冰川运动以来就在缓慢地升高了。海平面的升高同时还带来了构成赫布里底群岛（the Hebrides）西海岸的轻质适耕土壤的贝壳沙，从而形成了一片碧绿的沿岸沙质低地。时间流逝，伴随着岛上的泥炭资源逐渐增加、浅滩逐渐枯竭，脆弱的丘陵地土壤迫使农人离开内陆地区，于是，聚集在这片低地上的居民越来越多，就形成了一直延续至今的海边定居模式。

模型制作借助的是一件精确的塑料复制品，该复制品是由英国利兹大学使用一种名为“选择性激光烧结”的全新技术制作而成的。

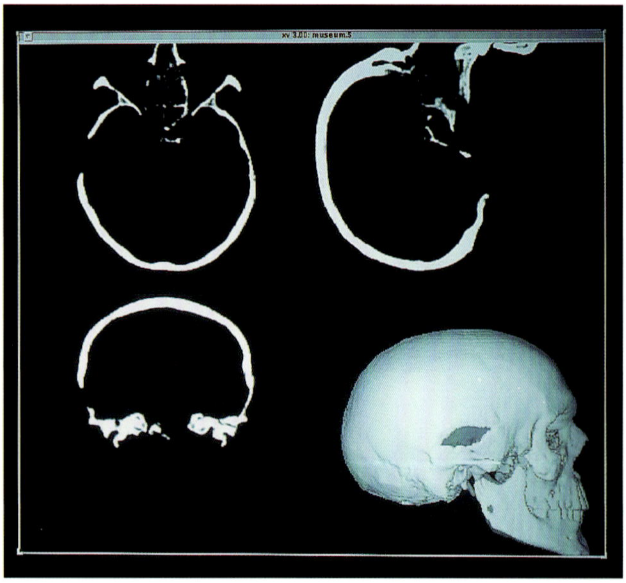

特制的石棺，靠近某座墓碑遗迹，这些事实表明这名男性生前可能是一个重要的人物。不是每个人都可以拥有这样的墓葬，很可能只有位于社会顶端的人物才能享受这种特殊的埋葬方式。他的年龄显示他可能是有家庭的人；而根据他被葬在石棺中这一点，他很可能是一家之长。在许多古代和当代的社会中，一个 40 岁左右的男性已经能够成为祖父了；因此，这个人有可能和他的大家庭住在一起或者住得很近。

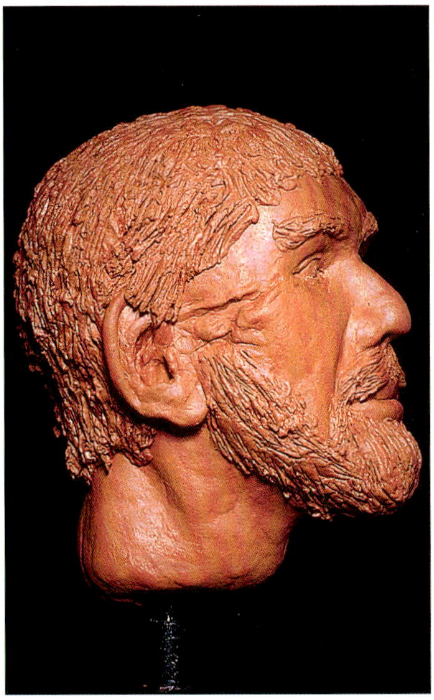

青铜时代"刘易斯人"的面部，纽卡斯尔牙科医院布莱恩·希尔复原。这名男性曾承受了右脸的严重创伤带来的折磨；伤口虽已愈合，但却留下了永久的伤疤。

青铜时代的西部群岛正在经历一个社会、生态和经济的变革时代。这种变革可能为岛上的居民间带来了冲突，尤其是在耕地面积减小（或许质量也在变差）的情况之下。有能力宣告岸旁适耕地的所有权对这个男人而言非常关键，而他的家族墓地位于科尼普海岬这一点也在一定程度上肯定了他支配、耕作和保护自己耕地的能力。然而，实际上我们只能猜测他是怎样接受了自己毁容的现实，猜测他的伤是来自一场打斗还是更大规模的人群冲突。他可能只是在日常辛劳中遭遇了一场意外，毕竟他的下背部和左肩都具有可能与劳动或者年龄有关的退行性病变的迹象。

和其他出土于西部群岛的考古学发现一样，面部复原像的制作是为了用于英国斯托诺韦市（Stornoway）南岛博物馆（Museum nan Eilean）的展览。当然，许多参观者一想到要在缺乏现代止疼药和牙齿护理的前提下承受这些创伤和后续的不适感就会心生畏惧。但我们希望，这座复原像可以使参观者更多地想到展品背后的人。考古学证据似乎总是沉默不语的；但是看看这张脸吧，关于这位居住在刘易斯岛的史前劳德哈赛奇（Leòdhasach）居民的想象便不再遥远。他或许正在为天气或收成而仰天长叹，或许抬眼瞥了一下自己的牲畜，又或许在一个漫长的寒夜，在泥炭火堆旁讲述起了祖父或曾祖父的年代，感叹着那时的生活是多么的舒适。

C18 号个体：来自乌尔的捣杵者

在考古发现中，只有极少数墓葬里随葬着墓主人生前使用过的除武器之外的工具，然而 C18 号墓却是一个例外。这座发掘于伊拉克阿鲁拜德（Al-‘Ubaid）的成年女性墓葬使我们得以探索特定终生行为可能在人体骨骼上引起的形态变化。这些行为通常在骨骼尚处于发育阶段的儿童时期便已经开始。古代人很早就参与工作并培养技能了，这一点就像今天的运动员和音乐家一样。

C18 号墓的人骨是从一座打破生土层的浅墓中采集而来的。墓主人的头部附近放有一件粗糙的红彩陶杯，一件大型的纺轮，以及一件被放置在头骨后方的制作粗糙、形状接近立方体的石杵。墓葬的年代大约在公元前 2700 年，即乌尔（Ur）第二王朝晚期。墓中骨骼保存较为完好。这是一名拥有强壮下颌的健壮女性，事实上，一开始大家都以为这是一名男性。她还拥有显著的乳突和很长的茎突，并且牙齿磨耗面十分平坦（就像她曾有意磨过一样）。她的锁骨大幅度向外延伸，胸骨异常宽阔，手臂肌肉发达，两侧第一跖骨关节已经延伸到了脚背。

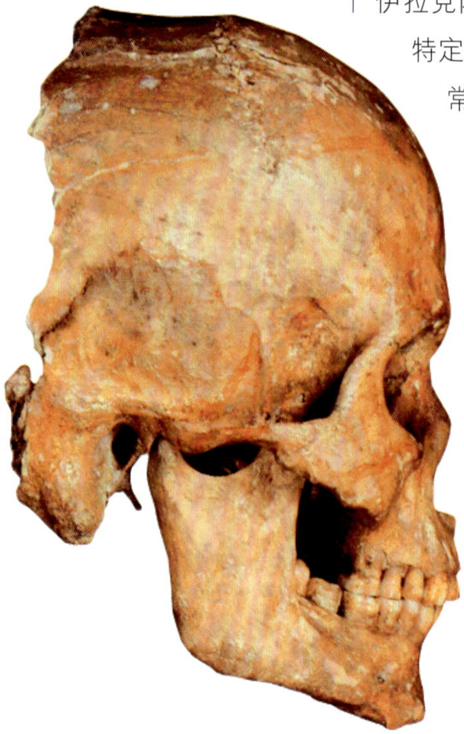

由于其强壮的下巴，考古学家最初认为这具骨骼属于一名男性。

这些现象意味着什么？

牙齿上平坦的磨耗面表明这位女性生前习惯性磨牙。巨大的乳突则意味着她拥有强壮的胸锁乳突肌，该肌肉的另一端则附着在锁骨内侧端。当两侧胸锁乳突肌同时收缩时，乳突端会受到向下的作用力而导致头部下低；如果此时头部固定不动，则胸锁端会受到向上的牵引力而抬起。另一方面，咬肌的显著发育则赋予了这名女性偏男性化的下颌形态。该个体过长的茎突对于一名女性而言同样不常见，而且她的舌骨也很强壮——当我们将重力作

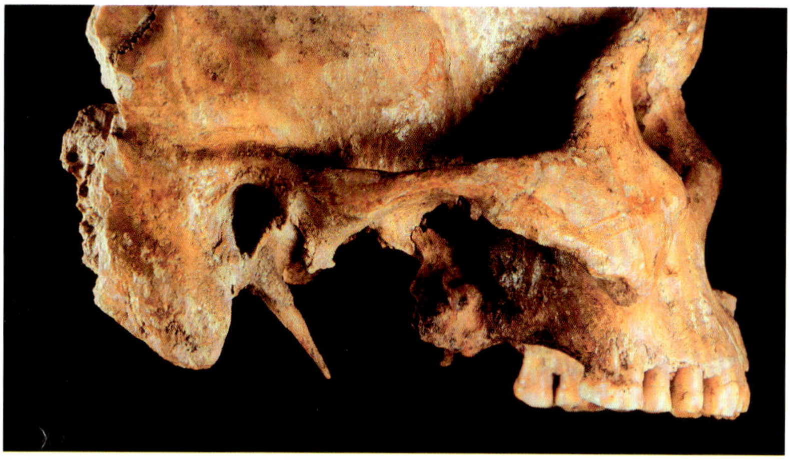

更细致的检查发现，这名女性的牙齿上有大面积的磨耗，并且咬合面平整，这表明她生前曾经反复磨牙。

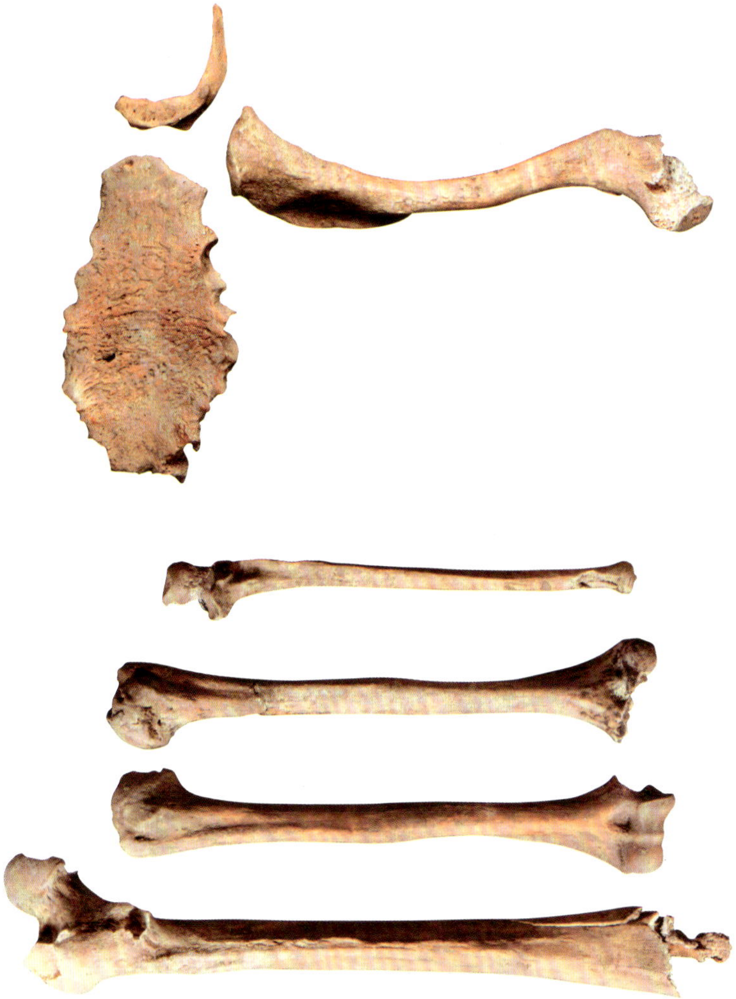

C18 号墓遗骸的舌骨、锁骨和胸骨与其他遗骸相比异常宽阔。在这些骨骼下方是有肌肉附着的显著发育的上肢骨。最底部是股骨，表面也有显著发育的肌肉附着区，主要负责将双腿向内并拢。

上肢的骨骼和肌肉
1　桡骨
2　肱二头肌
3　喙肱肌
4　肱三头肌长头
5　大圆肌
6　三角肌
7　胸大肌锁骨端
8　胸大肌胸肋端
9　背阔肌

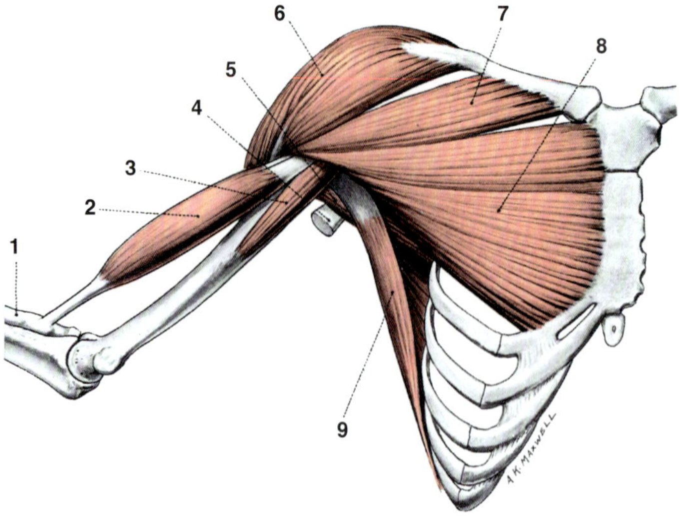

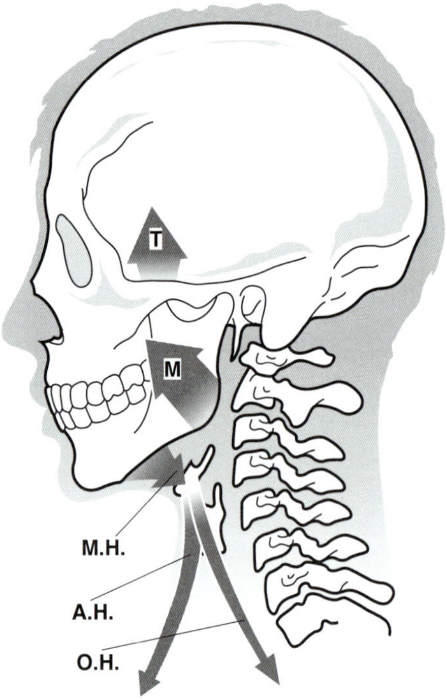

在捣杵的过程中，人体会利用身体的重量向外物施加压力，此时舌骨和茎突之间的肌肉会帮助保持下颌稳定不动。

用于外物之上时，连接茎突和舌骨的肌肉能帮助我们保持下颌稳定不动。

该个体的两侧锁骨上都有用来附着胸大肌的大面积区域，这表明此处肯定曾附着着大量的肌肉。当人体将向下的压力作用在一件外物上时，胸大肌锁骨端会将上肢在肩部收紧，而胸肋端则会让收紧的上肢伸展以克服阻力。胸大肌还大面积地附着在胸骨上，而其附着于肱骨上的部分也很强健。在人体的手臂向躯干夹紧时，胸大肌在保持肩部稳定上发挥着至关重要的作用。在体重作用于上肢而躯干前后移动时，这些肌肉中的力量也是非常关键的。整体而言，胸大肌在肱骨的内收和内旋运动中发挥着积极作用，然而，这种运动只有在需克

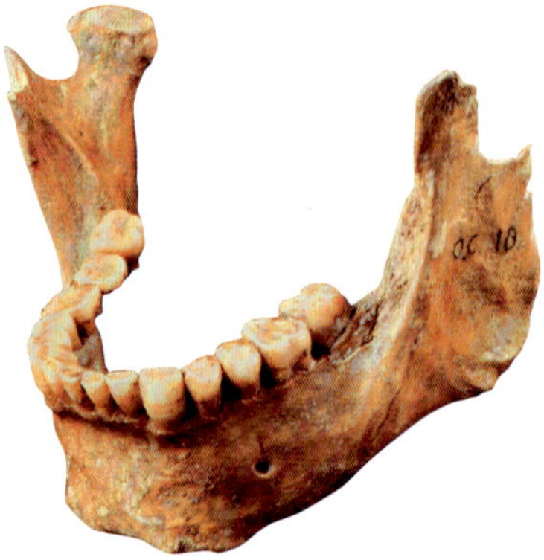

负责下颌张合的肌肉发育显著，这使得该个体的下颌具有男性化的特征。

服阻力的时候才会变得显著——比如使用捣具的时候。

人体的前臂骨骼上有一些显著发育的区域，这里附着着带动上肢转动的肌肉。有了这些肌肉，人们才能够通过前臂的转动，克服重力将那些沉重的物体提起。股骨上也有强壮的嵴，附着其上的肌肉能将人体的双腿并拢。足部第一跖骨远端关节面的延伸则与脚趾弯曲跪坐的习惯密切相关。

南非前殖民地北罗德西亚（Northern Rhodesia，今赞比亚）的女性捣杵者。她们拥有强壮有力的上肢肌肉；她们的大腿向内并拢，右边的女性脚趾还在下方蜷曲着。

该个体身上不同部位所表现出的特性共同指向了一种需要力量的运动，这种运动主要涉及手臂施加的对抗性压力和前臂的内旋。这项运动会用到胸部肌肉，尤其是胸大肌的力量。此外，想象一下你在使用螺丝刀的时候，此时的你是不是也会下意识地咬紧牙关，从而获得更大的向下的力道呢？这能够很好地解释该个体强壮的茎突和舌骨。

当然，胸大肌在划船和使用拐杖等活动中也能得到锻炼。比如大英博物馆56号陈列室展出的一名随葬拐杖的耶利哥（Jericho）女人，她也有一副宽阔的胸骨。在C18号墓中的遗骸被发现时，她的墓葬中则随葬着一件巨大的捣具。骨骼上的变化表明死者生前毕生从事研磨工作，生产可能用来当染料的赭石。随葬品中与死者生前职业相关的工具排除了人们对C18号墓遗骸的一些猜测。

至此，我们获得了一幅有关这名强壮女性的图像：她精力充沛，咬紧牙关，正在使用墓中发现的捣具无休无止地劳作，就像是照片里那些正在捣小米的非洲妇女一样。

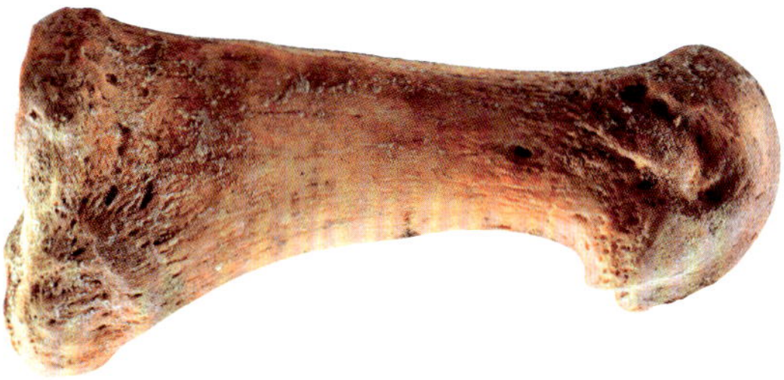

C18号个体第一跖骨延伸的关节面。这是由脚趾向下蜷曲跪坐所造成的。

埃尼科瓦人：
来自高温干燥边缘地带的居民

靠近卡卡马斯的一处科伊科伊首领的积石冢素描，R. J. 戈登上校 1779 年所绘。他可能看到过埃尼科瓦人的墓葬。牛羊的骨骼和整个公牛头骨是死者财富和身份的象征。

南非西部的内陆高原是一处烈日炎炎的旱地，奥兰治河（Orange River）从这里奔腾而过，一路从莱索托（Lesotho）的群山延伸至大西洋，留下了一条与尼罗河相似的长达 2000 千米的绿洲。殖民时期以前的当地居民称这里为“葛利布”（the !Garib），也就是“沙漠”或“荒野”的意思。丰饶的河岸与南面的布须曼地（Bushmanland）荒凉、多岩石的灌木林地，以及北面的卡拉哈里沙漠（Kalahari Desert）黄褐色的沙地和荆棘树形成了鲜明的对比。在河流中游的农业城市卡卡马斯（Kakamas）往下只有很短一段距离的地方，河水喧腾地流过长达 9 千米的奥赫拉比斯瀑布峡谷（Aughrabies Falls）。此处还有个名字，叫作“喧嚣之地”。

在 18 世纪，这里曾是 4 个群体之间活跃的中间地带。这里有史称布须曼人的小规模狩猎采集土著人群。该人群所使用的石器显示，他们的祖先已在这里零星地生活了数千或者数万年。这里还有石器时代的土著牧民，他们制作陶器，驯化了绵羊、山羊和牛。这些人被统称为科伊科伊（Khoekhoen, 也称 Khoikhoi）人，他们以区域性部落的形式生活，逐水草而居。尽管他们在这里生活了多久尚不可知，但自从 2000 年前以来，科伊科伊人便已出现在了南非西部的其他地区。近几个世纪，此地东面的夏季降水地区则被第三支人群，也就是一支铁器时代的农人占据了。他们的祖先是在过去 2000 多年分批从南非更北边的地方移民而来的。最后，这里还有来自开普殖民地（Cape Colony）的欧洲人。1652 年，荷兰东印度公司最初只是把好望角当作一个供给站。后来欧洲人想要得到这块土地，并在北方边境与当地人建立贸易关系。

在一名 50 ～ 60 岁的老年女性骨骼上，发现了很少能保存下来的钙化软组织，这表明她死于肾病。这具骨骼由艾伦・莫里斯发掘于卡卡马斯附近奥姆岱（Omdraai）的一座积石冢中。

发掘中的奥姆岱积石冢：前面的大石板是在移除了部分积石冢之后显露出来的，它就盖在遗骸所在的墓坑的上方。

奥姆岱人可能死于肾衰竭的证据是两块钙化的磷灰石，一块就位于上图特写正中间的脊柱的旁边。

有关奥赫拉比斯瀑布居民最早的历史记载来自于昂德里克·雅克布·威加尔（Hendrik Jacob Wikar）。他在日记本中记录下了1778年9月～1779年4月期间在这片区域的旅途见闻，并附上了一幅手绘地图。威加尔把这一地区的科伊科伊居民称为“埃尼科瓦人”（Eynikkoa或者Einicqua）。几个月后，学识渊博的博物学家罗伯特·雅各布·戈登（Robert Jacob Gordon）拜访了这片地区，他认为自己在瀑布附近所遇见的人就是“埃尼科瓦人”。

1935年，威加尔日记的发表激励了两名南非的动物学家，T. F. 德雷尔（T. F. Dreyer）和A. J. D. 迈林（A. J. D. Meiring）。他们为了收集具有纯正科伊科伊人血统的头骨而发现了埃尼科瓦人的墓地。在随后的一年时间里，他们挖掘了82座墓地，收藏了56具人骨，目前它们都被保存在南非布隆方丹（Bloemfontein）的国家博物馆里。1984年，A. G. 莫里斯（A. G. Morris）在卡卡马斯附近又发掘出另外5具骨骼，为德雷尔和迈林留下的有限记录提供了补充。目前这些骨骼被储藏在开普敦大学人类生物学系。这些埃尼科瓦人的骨骼后来成为了南非最大规模的前殖民时期人类遗骸收藏之一，并为我们理解这一人群的健康状况、生活方式及其与同时期南非土著牧民间的关系提供了重要的认识。

骨骼的年代

所有生命体中都含有微量的 ^{14}C——这是碳的一种放射性形态，会以一个已知的特定速率衰变，但是会在生存着的有机体中通过与大气的交换而被取代。然而，当有机体死亡时，衰变的 ^{14}C 就再也不会被取代了，而是开始逐渐减少，直到完全不复存在。大约 4 万年以后，^{14}C 的含量会少到难以识别；因此，年代在 4 万年以内的骨骼和木炭中的碳含量可以揭示出有机体已经死亡的时间。

对埃尼科瓦人骨骼样本的放射性碳测年表明，他们死于 18 世纪中晚期，并且很可能就是威加尔和戈登的记录中所出现的那支人群。有趣的是，在一具骨骼旁发现了一串样式像是来自 16～19 世纪的进口玻璃珠。另一串玻璃珠则可能来自 15～18 世纪之间。其他三分之一的玻璃珠的年代则都在 16 世纪以前，甚至有的年代在 10～13 世纪之间。一些南非族群会将串珠作为传家宝，这种行为可能解释了串珠和放射性碳测年结果间的年代矛盾，并且表明了这些发现串珠的墓葬有可能属于拥有权力和名望的人。

健康与生活方式

牙齿咬合面的磨耗是指示人类饮食类型和食物加工技术的绝佳指标，而龋齿和牙齿生前脱落的数量则同时反映了饮食和口腔卫生。传统狩猎采集者的食物主要包括野生植物性食物以及一些肉类，只有极少量的糖和碳水化合物，因此他们的牙齿磨耗严重，但龋齿的患病率较低。

住在乡村的非洲农人则主要依赖不含糖分的谷物粥和酸奶维生。他们的牙齿磨耗很轻，但龋齿较严重，可能是因为粥水黏附在他们的牙齿之间，使之成为了细菌滋生的温床。至于食用更软的食物、摄入更多糖分的城市居民，他们的牙齿磨耗非常轻，但龋齿的患病率则要高得多。

埃尼科瓦人的牙齿有磨耗，但龋齿明显很少。尽管他们是牧民，他们的牙齿却表明他们拥有与传统的狩猎采集者相似的饮食结构。早

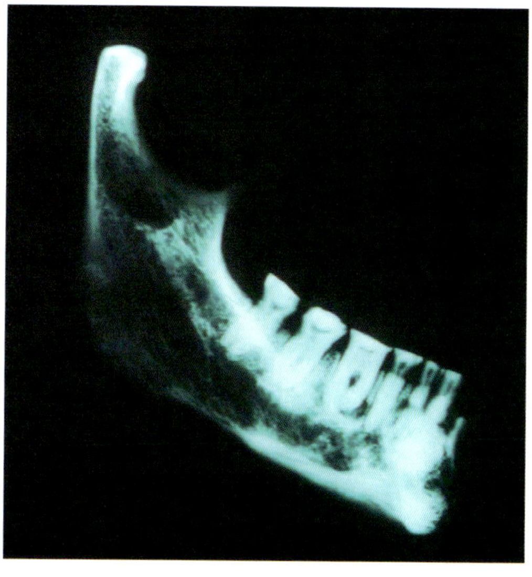

一名埃尼科瓦成年女性下颌的 X 光照片，左犬齿齿根处可见一处良性牙肿瘤——成牙骨质细胞瘤。

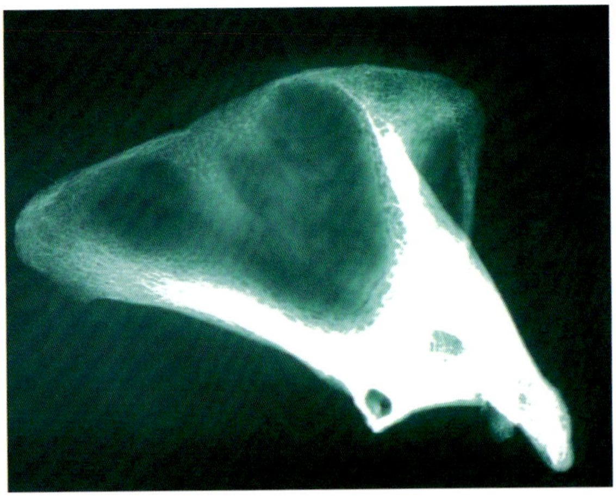

一名埃尼科瓦人肩胛骨的X光照片，显示出一处肩关节下方的软组织肿瘤。

期的历史记载也证实了这一点：比如彼得鲁斯·波尔查多斯·博切尔兹（Petrus Borchardus Borcherds）在1801年所记录的科伊科伊人的日常饮食，包括蜂蜜、蝗虫、树胶和野生植物；他们“很吝惜”自己的牛羊。

关节

20%的成年埃尼科瓦人骨骼有关节炎的迹象，这是一种导致关节表面损坏、周缘骨质非正常增生的关节炎症。除了其中一例，其余所有的埃尼科瓦人骨骼样本都显示其生前可能患有与年龄和过度劳累的生活方式有关的退行性关节病。与膝关节和髋关节多发关节炎的现代城市居民不同，埃尼科瓦人的关节炎多发于肩关节、肘关节和背部，这表明他们比现代人更多地使用手臂和胸部力量。有一例关节炎可能是由感染所致。这一病例发生在一名年轻的男性个体身上，他的小臂、手腕和手掌融合在了一起，这可能是小臂骨折后深部的伤口引发感染所造成的。

眼眶

眼眶顶部的多孔性骨骼生长，也就是所谓的眶顶筛孔样变，可能是缺铁所导致的一种症状。3例死亡时分别为18个月、8岁和12～13岁的埃尼科瓦儿童都患有这种疾病。不过，该病在埃尼科瓦人中的发病率较低，他们的营养似乎较为良好。

一名埃尼科瓦成年男性受伤的右手。左侧的X光照片显示，由于腕骨部分（掌根处）所受到的创伤，这些骨骼已经融合在了一起。

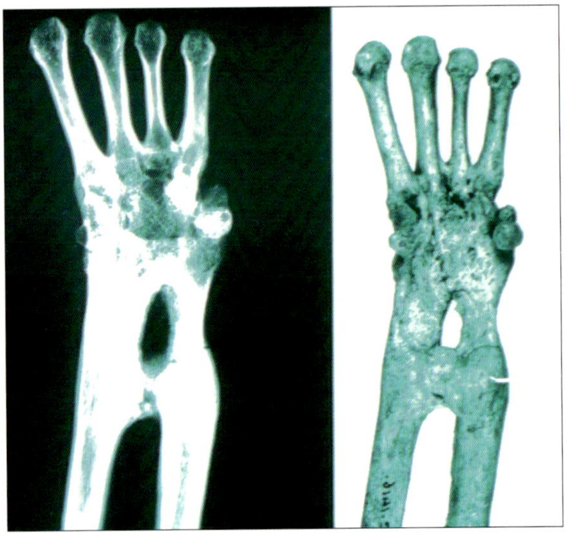

其他疾病案例

两名成年个体显示出轻微的脊柱裂迹象，这是一种由先天缺陷导致的脊椎发育不全。其中一名成年个体患有椎弓峡部裂，即椎骨的弓部分裂成了两个部分，这会造成慢性的下背部疼痛，如果产生滑脱的话还会导致更为严重的症状。另一名老年女性则患有脊柱侧弯，这是一种表现为脊柱向一侧弯曲的疾病。还有两名成年个体患有骨瘤，其中一例表现为牙齿根部的良性包块，而另一例个体的小臂骨骼上表现出骨髓腔变大、骨皮质变薄的迹象，这些都是肿瘤的表现。除了前面提到的那名可能因骨折而患有感染性关节炎的年轻男性，一名老年女性的鼻骨和上颌骨上也发现了可能是由锐器（如小刀）所造成的明显的已愈合创伤。最有趣的案例当属对一名老年女性骨骼中钙化软组织的鉴定——这在考古学发现中实属罕见。髋骨形态上的变化表明她的死亡年龄为 50 ～ 60 岁。在这具骨骼的发掘过程中，考古学家在原本应当是肾脏的位置发现了两件钙化的物质。运用 X 射线和扫描电子显微镜对该物质进行检查后，研究人员识别出这种物质是磷灰石，即肾结石中的常见成分。该物质的大小和形状显示出这名女性生前患有严重的肾病，肾衰竭极有可能就是她的死因。她在死前肯定非常虚弱，并且得到了他人数月的照顾。

埃尼科瓦人是谁？

德雷尔和迈林坚信他们发现了纯种的科伊科伊人；诚然，这些以巨石堆和珍贵的随葬品为标志的墓葬与历史上的科伊科伊人具有显著的关联。莫里斯则通过 60 个测量项目对每一具头骨进行了更加细致的研究，并将之与其他人群进行了对比。他发现他们的头骨不仅有尼格罗人的特征，还混杂有南非本土狩猎采集者与土著牧民的一些特征。历史记载也证实，由通婚所造成的基因流动确实发生在奥兰治河的科伊科伊人与他们的农人邻居（其中一些本来也是牧民）之间。埃尼科瓦人头骨样本的同质性更是表明了这种基因流动已经存在了很长一段时间。由此可见，北方边境的居民以及他们之间的关系比起早期调查者在外貌、经济和文化上认识到的显著差异还要更为复杂。

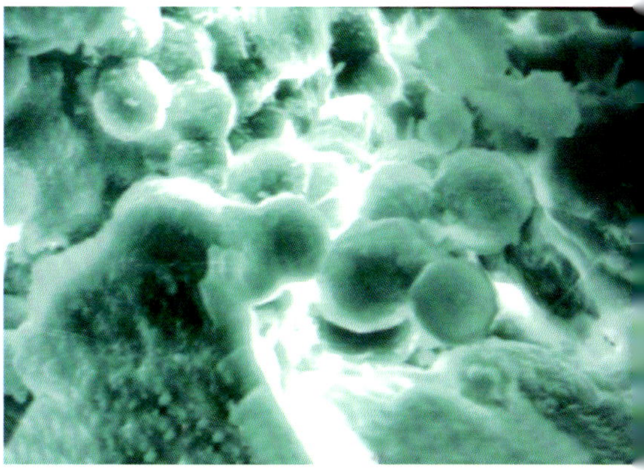

这是显微镜检查下的影像，在对奥姆岱成年女性骨骼周围发现的钙化物质放大 3600 倍之后，科学家认为她可能死于肾衰竭。

安第斯山脉的移民

宏伟的蒂亚瓦纳科城就位于美丽的的的喀喀湖岸旁。

位于安第斯山脉南部的的的喀喀湖（Lake Titicaca），海拔高度3500米，是世界上最高的可航行湖。这片湖泊构成了秘鲁和玻利维亚间的主要贸易路线。更重要的是，它还为过去和现在的人类提供了一处绿洲，调节了湖岸周围的冷空气，并使得农业得以在一个其实更适合畜牧的恶劣环境下发展起来。这些特殊条件为数个前拉丁美洲文化的繁荣提供了绝佳的背景，其中最重要的是公元500～1100年的蒂亚瓦纳科（Tiwanaku）政权。它的核心地区就坐落于湖水的东南。蒂亚瓦纳科非凡的特性在它不朽的建筑风格中得到了很好的体现，包括使用刻有复杂肖像图案的巨型石柱。蒂亚瓦纳科的影响范围一直延伸到秘鲁的南海岸线，以

及今天的智利和玻利维亚北境。多年以来，学者们围绕着这一扩张的性质展开了漫长的争论；但总能达成共识的是，蒂亚瓦纳科成为了一个重要的政治和宗教中心，它的核心区域也一直维持着与这些地区之间的贸易联系。

基于经济和宗教上的力量，很多早期国家都将权力建立在它们对一些小群体的经济和宗教影响之上，而那些小群体的地方首领也想要通过继承外来的文化传统来强化自身权力。然而总是存在这么一个问题：为了实现这样的目的，他们是否有必要迁移自己的人民，并让他们在新的居住地上形成新的“故乡”传统？又或者，我们所看见的其实只是当地人在贸易往来中模仿外来的文化而已。

复杂的肖像图形装饰着太阳门，这是蒂亚瓦纳科最具特色的考古学遗存之一。

考古学家对秘鲁南部的的喀喀流域以西陈陈（Chen Chen）墓地出土人骨的研究，引发了人们对这些人的来源和这一时期迁移活动的疑问。人们从这里迁徙到遥远的外地，可能是为了给生活在的的喀喀流域的居民提供此地无法获取的资源。

殖民性移民，还是外来文化的本土同化？

陈陈墓地位于的的喀喀流域以西约 300 千米。此处周围是干旱的山地环境，与秘鲁境内大西洋海岸旁几乎所有的山谷都完全不同（后者均以富饶苍翠的谷底作为共同特征）。在公元 500 ～ 1100 年之间，至少有两个大规模的外来政权出现在这一地区，一个是从北方高地扩张而来的国家瓦里（Wari），另一个则是蒂亚瓦纳科。由于的的喀喀流域缺乏耕地，对于蒂亚瓦纳科而言，这片地区实际上是一处适合文明发展的地方。

考古学家在对该地区的蒂亚瓦纳科附属遗址的发掘中还发现了大量的储藏设施，这表明他们的农作物生产过剩，而这些过剩的作物有可能是要供给的的喀喀流域居民的。伴随着蒂亚瓦纳科人口的扩增，这座城市的承载能力已然无法满足本地人口的需求，于是便有了创建新的聚居地，以为核心地区提供食物的必要。生产制作吉开酒（Chicha，这是一种在宴会上饮用的发酵饮料）所用到的特殊作物（比如玉米）以及在医疗和宗教仪式中使用的古柯叶等证据表明大多数产品都是为确保对统治阶层的供应而生产的。然而，这一现象只是揭示了两个地区之间强有力的贸易关系——它并不能作为任何迁移活动的证据。

若干件带有丰富拟人特征的巨型石雕像装点着蒂亚瓦纳科城市的中心。

直到凯莉·克努森（Kelly Knudson）对陈陈墓地出土的人骨进行了分析，我们才得到了可以支撑人群迁移说的切实数据。陈陈墓地是已知最大的蒂亚瓦纳科墓地；墓地有超过 6 万平方米的面积，包含了 12000 多具墓葬。为了追踪他们的来源，克努森对一定数量的典型骨骼样本进行了锶同位素分析。人体骨骼中锶同位素的比值与特定地理区域环境的锶同位素比值有关，如果一个人在该地区长大，这两个比值就会正好相同。伴随着骨骼的生长和变化，锶元素会逐渐被骨骼吸收，这就是为什么某一特定地区的饮食会对这些比值产生直接的影响。以牙齿为例，在它们形成后就不会再吸收锶元素了，因此牙齿（如第一臼齿）中锶元素的比值更多地揭示的是生命最初几年的饮食来源。然而，这个结论只能建立在该个体的饮食结构是来源于本地食物的前提下。

随后，从这些个体的牙齿中获得的样本被用来分别与来自两个地区的小型哺乳动物，如豚鼠的骨骼进行对比。研究的结果是明确的：考古发现的人类遗骸和现代豚鼠间的锶元素比值不同，也就是说，陈陈墓地的很多个体都来自的的喀喀流域。换句话说，这些被识别为非本土居民的个体其实是来自蒂亚瓦纳科的一部分最早的移民（而且那些被认为是本土居民的个体也有可能就是那些最早来到的的喀喀流域的人群的后代）。尽管她的分析并不能为迁移活动是否发生提供确切的答案，但其他考古学资料也显示，人们为了开辟殖民地而从高地城市移居到这一地区。埋葬环境中获得的信息也表明，本土居民和非本土居民拥有相同的丧葬形式和随葬器物。

背井离乡

“移居”意味着一个远离故乡的人群在另一个地方重新安顿下来。考古学家保罗·戈德斯坦（Paul S. Goldstein）提出，该案例中的迁移活动可能与殖民过程有关，而该过程则又与蒂亚瓦纳科权力的增长以及需求的保障息息相关。人们在秘鲁北部如陈陈遗址等地开辟殖民地，建起寺院，并通过修建灌溉渠扩展文明的边界。两个地区之间的贸易往来使得这些重新安顿下来的人们与他们的家乡保持着联系，就像历史上的其他殖民案例一样。然而，至于为何他们看起来和故乡而非附近的人群保持更多的联系，这目前还是一个未解之谜。

安第斯山脉南部地图，展示了蒂亚瓦纳科古城及其最遥远的殖民地——陈陈的地理位置。

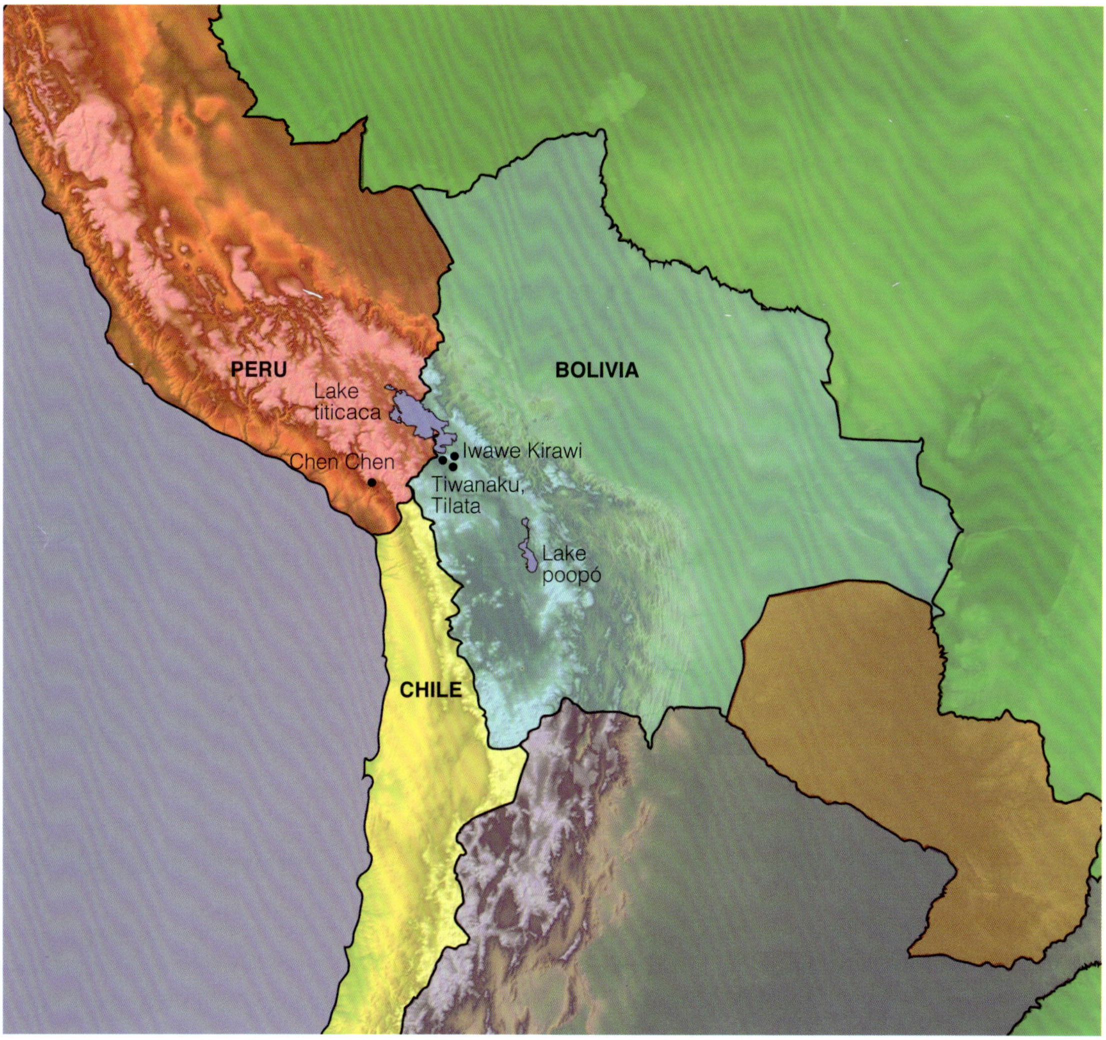

埃姆斯伯里弓箭手的遥远故乡

2002 年 5 月，在南英格兰埃姆斯伯里（Amesbury）一所学校开工前夕的考古发掘中，考古学家发现了一座埋葬着一具成年男性遗骸以及大量精美艺术品的墓葬。出土陶器表明这处墓葬可以追溯到公元前三千纪的最后几百年；而此时距离墓葬北部 5000 米处的巨石阵正处于营建之中。尽管墓葬中发现的众多艺术品已是意义非凡，墓主人遗骸所传递的有关其成长之地的信息同样令人感到惊奇。

箭镞与钟形杯

在埃姆斯伯里墓葬的发现中有 16 枚小型的三角形箭镞，可能

有柄燧石箭镞，发现于埃姆斯伯里弓箭手的墓葬中。在钟形杯墓葬中大量出现。

原先是放置在箭袋中的。此外，墓主人的两个石质护腕——这是一种系在腕部以避免拉弓时被弓弦划伤的扁平片状石器——是这个时期非常典型的器物。墓主人很快被命名为“埃姆斯伯里弓箭手”。这名弓箭手的遗骸向左侧侧卧，头朝东北。他的年龄在35～45岁之间，高5英尺9英寸（1.75米），膝部的一处创伤导致他直到去世一直跛行。骨骼样本的放射性碳测年表明他死于公元前2500～前2300年。

墓葬中的随葬品分布在遗骸的四周，其中箭镞更是置于弓箭手身上的显眼位置。遗骸旁还放有3把铜刀、5个陶盆、4根野猪的獠牙以及2件可能被用作头饰和耳饰的神秘黄金饰物。一件矩形的石制品被认为是金属工匠的砧板或工作台。丰富的随葬品显示墓主人在群体中享有较高的地位或威望。

在这座弓箭手墓葬中出土的陶器名为“钟形杯”（Bell Beakers），这在整个欧洲的中部和西部都有发现，其年代可追溯到公元前三千纪的最后几百年。钟形杯因其外形与口部朝上的钟相似而得名，它们已经困扰了考古学家们长达一个世纪。这些带有装饰、没有把手的杯子被发现时与在埃姆斯伯里弓箭手墓中的情形类似：一个蜷伏着的男性遗骸，身边有箭镞、护腕，或许还有一些铜制工具作为随葬品。在20世纪早期，考古学家们谈论着一支不断迁徙而且好战的“钟形杯民族”，他们也许还是将青铜冶炼知识传递到西欧的行脚商人。但现在，“钟形杯现象”看起来并没有那么简单，考古学家们继续面临着解释其分布范围和独特文化面貌的挑战。

为了获取安全的锶同位素样本，最佳的方式是从牙釉质中提取。此外，考古学家更倾向于从第一臼齿中取样。

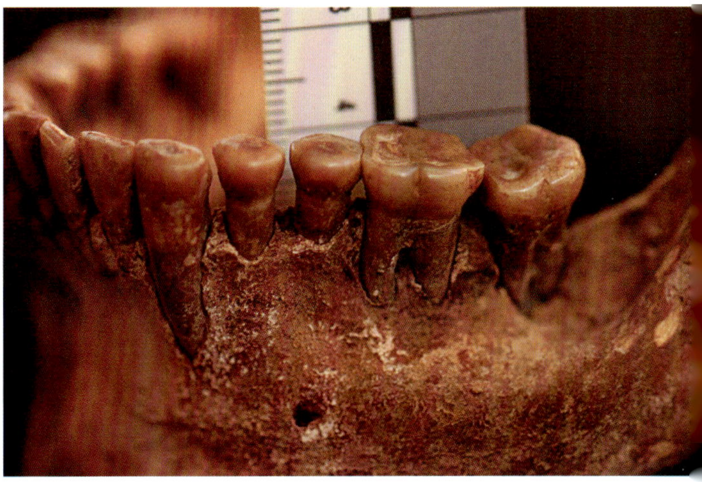

牙齿的氧、锶同位素分析

研究人员利用埃姆斯伯里弓箭手的一些牙齿，对其中氧、锶同位素的含量进行了分析。由于牙齿的釉质形成于童年时期，因此其化学成分能够指示一个人成长的环境。氧同位素来自当时所饮用的水；在温暖的环境下，^{18}O与^{16}O的比值更大，反之则更小。锶同位素则与当时的地质结构有关，^{87}Sr与^{86}Sr的

全副武装的埃姆斯伯里弓箭手，遥望着索尔兹伯里平原（Salisbury Plain）的巨石阵。简・布雷恩（Jane Brayne）绘。

比值随地理环境的改变而改变。二者结合起来，我们便能知道这个人是在哪里度过的童年。

在这一案例中，氧同位素比值表明这位弓箭手是在一个比英格兰气候更为寒冷的地方长大的；锶同位素比值则排除了大部分北部的地区。结合两项同位素证据，这位弓箭手在欧洲中部，即德国南部或者瑞典的阿尔卑斯山麓度过了童年甚至是青少年时期。该结论正好与欧洲中部的钟形杯文化分布情况相一致。也就是说，他是后来才到达英格兰南部，并在这里死去的。

今天的我们已经不可能知道他到达英格兰的具体路线了。有趣的是，他身旁的铜刀的制作材料来自于法国西部或西班牙北部，但我们并不能确定他是否真的到过这些地方。不管他是经历了一次长途的跋涉，还是多次短途的旅程，他肯定得穿过英吉利海峡，也许是乘坐由几块厚木板捆绑在一起做成的简陋小船。有关这种小船的证据在英国海岸旁的沉积物中已有发现。

埃姆斯伯里弓箭手的同伴，以及博斯坎普（Boscombe）弓箭手

就在埃姆斯伯里墓葬发现后不久，另一座墓葬也在附近被发现。墓主人是一位只有 20 ～ 25 岁的年轻男性，死亡时间在公元前 2460 ～前 2160 年，比埃姆斯伯里弓箭手略晚。这名年轻人的墓葬中也有和埃姆斯伯里弓箭手的随葬品极为相似的野猪獠牙、燧石工具和黄金饰品。更重要的是，两名男性的足骨都有罕见的遗传性融合现象，因此他们具有一定的亲缘关系；然而同位素分析表明年轻人是在英格兰南部，即当地长大的。他会不会是弓箭

手的后裔呢？

2003 年，在下博斯坎普（Boscombe Down）的一次管道沟槽施工中，人们在同样靠近巨石阵的地方又发现了一座墓葬。这个与众不同的大墓埋葬着 3 名成年男性、1 名青少年男孩及 3 名儿童。其中一名 30 ～ 45 岁的男性早年经历了股骨断裂的严重创伤。另外 2 名男性的死亡年龄接近 30 岁，少年则死于 15 ～ 18 岁。一名儿童被埋葬时只有 2 ～ 4 岁；一名 6 ～ 7 岁儿童的遗骸则打乱了另一名 5 ～ 6 岁儿童的骨骼排列，因此他可能是后来才被安放进来的。头骨形态特征表明三名成年男性和少年之间存在亲缘关系。

考古学家根据墓中所发现的箭镞称呼这些个体为“博斯坎普弓箭手”。他们随葬的 8 件钟形杯上都有绳纹装饰，这在英国很少见。同位素分析再一次给出了令人震惊的结果——氧同位素比值指出他们童年生活的地方在不列颠群岛，而高比例的放射性 ^{87}Sr 将可能性缩小到了威尔士和英格兰湖区。此外，他们的臼齿和前臼齿所包含的同位素信息并不相同，这意味着弓箭手们在一个地方一直生活到 6 岁，又在另一个地方度过了 6 ～ 13 岁，此后才迁移到了巨石阵的附近。

公元前三千纪的迁徙

巨石阵附近的钟形杯文化墓葬研究表明人们从遥远的地方来到这里。尽管推测他们与巨石阵的营建有关还为时尚早，然而可以说，这个有关仪式和墓碑的地区对于掌握着箭术和青铜冶炼技术的钟形杯文化人群有着强大的吸引力。

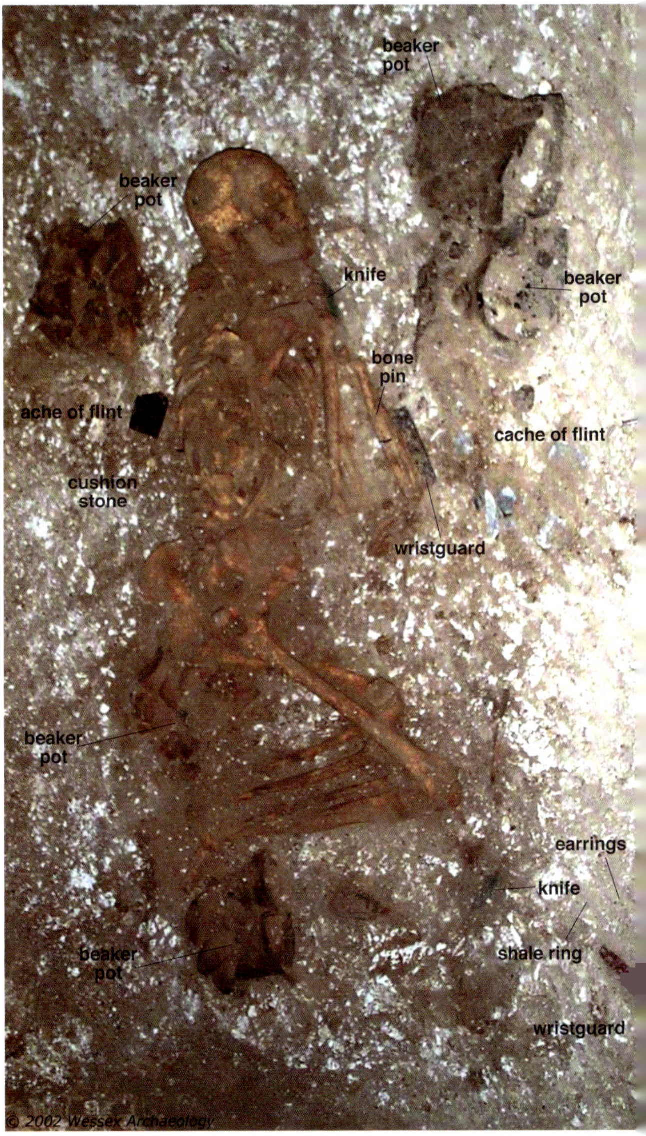

发掘中的弓箭手墓，图中显示，他蜷曲的骨骼被众多的随葬品包围着。放置于弓箭手头部两侧、骨盆及足部附近的钟形杯都被压碎了，但都可以得到修复。

早期的欧洲农人

独具特色的刻划纹陶器和木构长屋使我们得以追溯欧洲中部农人最初的扩散路线，并获知这些路线的起点位于公元前5600年左右的匈牙利巴拉顿湖（Lake Balaton）附近。考古发现的动物骨骼和碳化的植物种子则表明，这群农人驯养着牛、绵羊、山羊和猪等家畜，并种植着多种小麦和大麦。在此基础上，艺术家们用画笔重现了定居者们和平共处，在整洁的农场中耕作、照料家畜、修建房屋和制作陶器的画面。

新石器时代的农人会将他们逝去的亲人埋葬在聚落内的房子中间，或是独立的墓地内。虽然遗骸的朝向各不相同，但大多数都采用了屈肢葬式。比如，在公元前5300年的德国中部，多数遗

标记现代国界的欧洲地图。图中展示了重要的新石器时代遗址的地理位置。

1 海克斯海姆（Herxheim）
2 塔尔海姆（Talheim）
3 崴辛根（Vaihingen）
4 阿斯帕恩 / 施赖茨（Asparn / Schletz）
5 库亚维地区 布热希奇 / 奥斯朗基（Brześć Kujawski / Osłonki）
6 韦多维斯（Vedrovice）
7 埃切格村（Ecsegfalva）

骸头朝东方；而在公元前 4600 年的波兰北部，遗骸的头部则多朝向东南或南方。

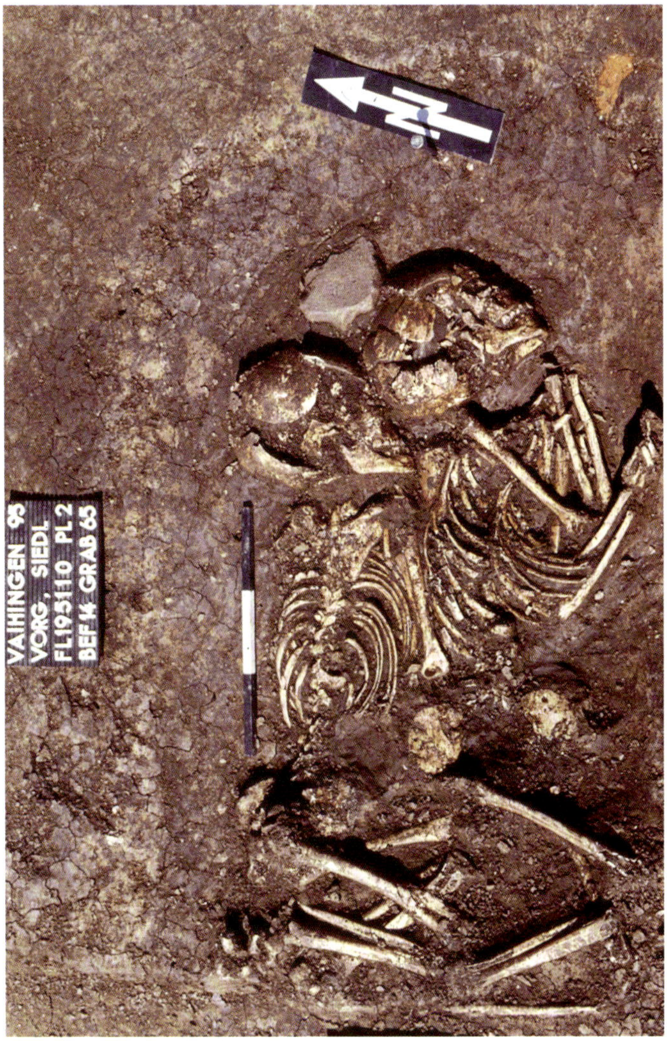

崴辛根的一座双人葬。遗址中的墓葬位于房址之间或者环壕内。牙齿的同位素分析表明崴辛根居民是在不同地区长大的。

起源和迁徙

有关中欧新石器时代农人的古代 DNA 研究刚刚起步。科学家在捷克韦多维斯发现的公元前 5300 年的人类遗骸中识别出了代表着现代欧洲人群的单倍体型，这表明他们的祖先来源具有多样性。对德国中部德伦贝格 - 梅伦施泰格（Derenberg-Meerensteig）二期遗址中公元前 5200 ～ 前 4900 年的 42 座墓葬的研究则显示，该人群的基因中包含着强烈的来自近东的遗传信息；由此我们可以进一步推测，他们的祖先是在数千年以前迁徙到欧洲东南部的。

欧洲中部的早期农人并非定居于某一地区，他们牙齿中所含的同位素比值（尤其是锶同位素）很好地证明了这一点。从风化的岩石变成泥土，到进入食物链且最后留在人类的骨骼和牙齿中，锶元素一直保持着稳定的 $^{87}Sr/^{86}Sr$ 值；与此同时，地球化学研究已证明了不同地区具有不同的锶同位素比值。因此，只要知道一名成年人牙齿中的锶同位素比值，我们便能得知他在牙齿的生长发育期间（4 ～ 12 岁）住在哪里。如果他的骨骼和牙齿中的锶同位素比值能够互相匹配，那就说明这个人在一个很小的区域内度过了一生；若是这两个数值不吻合，那么这个人一定不是在他最终去世的地方度过了他的童年。

同位素研究还表明，在德国西南部的施维茨英格（Schwetzingen）、弗罗姆波恩（Flomborn）和迪林根（Dillingen）

3处墓地中，非本地居民占据了很大的比例。他们中间大部分为女性，且明显来自于没有新石器时代聚落的山地，因此我们可以这样推测：来自山地狩猎-采集部落的女性通过婚姻的方式融入了农业人群。在同样位于德国西南部的崴辛根，同位素研究所展现的又是另一种景象了。该遗址的墓葬主要位于房址之间或者环壕内，然而值得注意的是，环壕中所发现的非本地居民遗骸较之聚落内多得多，尽管非本地居民中女性所占的比例并不算高。

在德国西部的下莫尔伦（Nieder-Mörlen）新石器时代遗址中，只有一例个体的锶同位素与当地土壤中的锶同位素比值相符，其余个体都是移民者，其中还有5名青少年个体的锶同位素比值与遗址中的所有成年个体都不一样。公元前5300年，这些年轻人是在怎样的环境下迁徙到了这里，又是为什么没有存活到成年呢？这其中有无数的可能，比如他们是因为季节性放牧来到了这里，又或者，他们是从别处得来的奴隶。

艰苦的生活

贫乏的食物和沉重的劳动对早期农人的健康产生了不良的影响，比如在波兰中北部的奥斯朗基和布热希奇遗址出土的人类骨骼上表现出缺食性营养不良的迹象。眶顶筛孔样变是眼眶顶部发生的一种病变，属于贫血的一种症状；在奥斯朗基，这样的病变出现在80%的儿童骨骼中，并延续到了20%成年人的骨骼上。此外，在齿冠正在形成的儿童时期，间或的食物匮乏还会导致另一种疾病——牙釉质发育不全。该现象在奥斯朗基和布热希奇遗址中频繁出现，这表明两组人群都面临着不定期营养不良的问题。

奥斯朗基人门齿上的沟槽。这表明他们会利用牙齿来加工纤维或者编织。

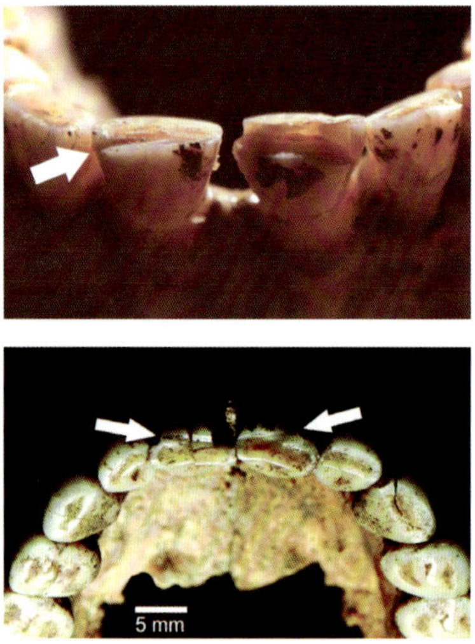

新石器时代的人类骨骼上还表现出诸多生物力学压力的影响。在捷克共和国的韦多维斯遗址和斯洛文尼亚的尼特拉–霍恩–克里斯卡尼（Nitra-Horne Krskany）遗址，许多个体生前深受骨关节炎的折磨，尤其是在他们的手、肘、肩部和臀部。劳动时反复产生的冲击和震动是导致退行性关节疾病的罪魁祸首，这与今天在采石场工作的工人和矿工的关节损伤情况类似。科学家们还在奥斯朗基遗址的人类下肢骨骼上发现了长期蹲坐导致的应力性变形，以及在

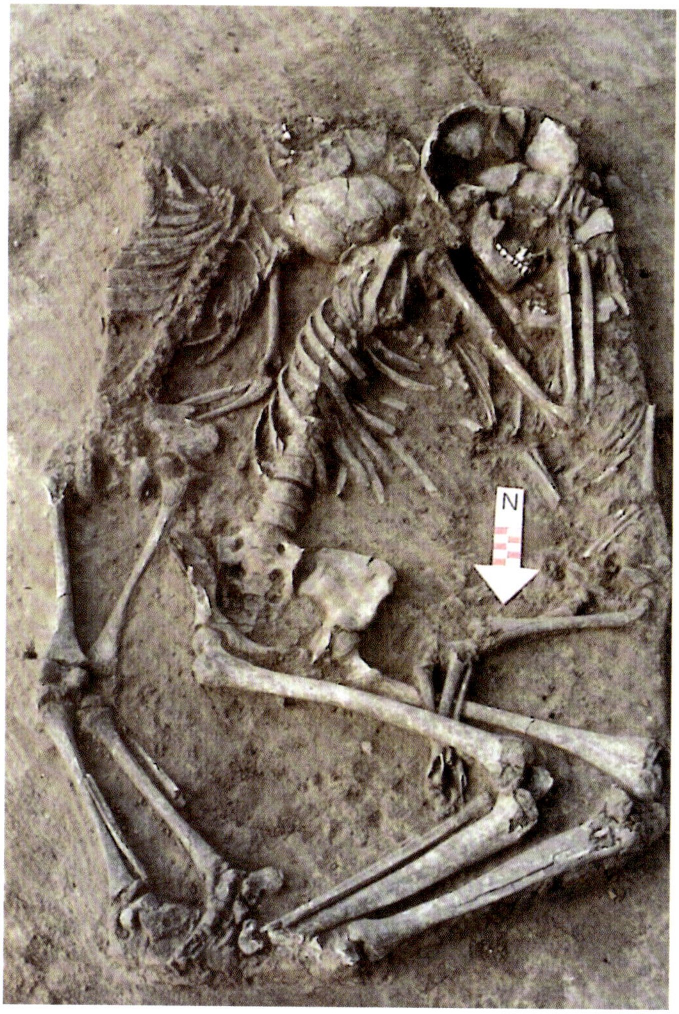

一座奥斯朗基墓葬，埋葬着一名成年女性和她的两个孩子。这名女性与左边年纪较大的儿童头部都受到了致命的打击。

椎骨上发现了同样反映生物力学压力的骨瘤。

相关研究还揭示了牙齿不仅是古代人类咀嚼食物的工具。在韦多维斯，奥斯朗基和埃切格村遗址，一些个体的下门齿带有横向的沟槽，这些沟槽应当是在前牙上反复拉扯线绳状物所致。他们很可能在软化动物的筋腱，也有可能是在加工植物纤维。这种沟槽大多数出现在女性的牙齿上，也就是说，他们对动物筋腱或植物纤维的处理已有了性别分工。

杀戮和纷争

1983 年，在德国西南部塔尔海姆的一项考古发现无情地击碎了我们对新石器时代和平生活的所有想象。一位当地居民在自己的花园中挖土时发现了人骨。这是一片密集的骨堆，测量显示为 8 英尺 3 英寸（2.5 米）长、4 英尺 11 英寸（1.5 米）宽、10 英寸（0.25 米）厚。考古学家在骨堆中识别出了 34 例完整的人类骨骼，其中包括 16 名儿童、11 名成年男性和 7 名成年女性。新石器时代的陶片和放射性碳测年证实他们生活在公元前六千纪晚期。

最令人震惊的是，这些塔尔海姆人死于暴力伤害。大部分死者（其中包括儿童）的头部受到了残暴的打击，力度之大甚至打穿了他们的头骨。其他人也受到了钝器的重力殴打，以至于严重损害到了他们的大脑。更有甚者，两名成年人的头部被锋利的燧石箭镞或者矛头刺穿。

由于这些头骨上的孔洞和凹坑与新石器时代石斧的椭圆形断面相吻合，我们推测，残忍杀害这些塔尔海姆人的凶手是其他的农人。这场屠杀似乎发生得很是突然，因为这些个体在死后不久便被迅速地埋葬了。这看起来也不太像是某种宗教仪式的一部分，因为这些躯体没有经过任何的安置，而是直接被扔进了坑中。

同位素分析结果显示这些塔尔海姆人分属于 3 个群体。其一是本地群体，其中包括所有的儿童，但并不包括任何的成年女性，这表明该群体中的女性很可能是被掠夺来的。其二是 4 个来自于山地的成年个体。第三个群体虽然具有明显的本地锶同位素比值，却也拥有着与本地人截然不同的氧同位素比值；骨骼形态特征则表明他们很可能属于同一个家族群体。

实际上，暴力行为遍布于新石器时代的欧洲。在奥地利阿斯帕恩 / 施赖茨遗址一处聚落周围的壕沟里出土了大量散布的遗骸，它们分属于 25 ～ 30 个来自所有年龄段的个体。这些个体颅骨上的创伤痕迹与塔尔海姆人十分相似，都是由斧和钝器造成的。奥斯朗基遗址中有一处墓葬，包含了一名 25 ～ 35 岁的女性和两名分别为 10 岁左右和 4 ～ 6 岁的儿童，这名女性和较大的儿童的死因都是头部被长 1.75 英寸（45 毫米）的尖头武器刺穿，这正好与该地区新石器时代农人所使用的鹿角斧相吻合。

考古学家在德国西南部海克斯海姆遗址的一个椭圆形灰坑中也发现了大量破碎的骨骼，其中包含数百例个体的颅顶碎骨。根据出土陶器的纹饰类型，可推断他们来自 250 ～ 300 英里（40 ～ 50 千米）之外。目前有一些推测认为这些是人类同类相食的结果，这显得有些不切实际；然而已有证据表明，一些宗教仪式会使用来自远方的已肢解的人类遗骸。

总而言之，早期欧洲农人的骨骼证实他们曾过着艰苦的生活，其中一些人还经历了漫长的迁徙。食物的匮乏和繁重的体力劳动加重了他们的负担，同时致命的暴力行为还导致了许多个体的过早死亡。甚至在死后，许多人的尸体还被肢解，并被用在宗教仪式当中。

第二章

自然死亡

我们总是很难找到绝大多数古代人的死亡原因，这是因为大多数绝症只在软组织上留下痕迹，而我们今天见到的都是一些骨骼和骨灰。当然，在少数遗骸保存状态相对较好的特殊情况下，我们就能通过研究精确地找到他们的死因。

灰烬中的遗骸：
赫库兰尼姆与庞贝古城

维苏威火山和那不勒斯湾的卫星影像图，索伦托半岛（Sorrento）就在底部。赫库兰尼姆位于维苏威火山西坡的海岸边；庞贝古城则坐落在火山的东南方。

公元 79 年 8 月 24 日，维苏威火山（Vesuvius）的爆发吞噬了那不勒斯湾（Bay of Naples）周围繁荣的城镇。罹难者中就有《自然史》（*the Natural History*）的作者老普林尼（Pliny the Elder），当时他正在距庞贝西边 10.5 英里（17 千米）的米赛努（Misenum）任海军舰队司令。老普林尼率领舰队到达斯塔比伊（Stabiae）旁的海岸，营救火山爆发后受灾的难民，却被困于烟尘中。老普林尼的外甥——小普林尼（Pliny the Younger）（后来是罗马比西尼亚省，Roman province of Bithynia 的省长）曾写信给罗马历史学家塔西佗（Tacitus），详细叙述了他舅舅的遭遇。现代火山学家从中分析和复原了当时发生在庞贝古城和赫库兰尼姆的一系列灾难事件，这些严重的灾难曾让整个城市生灵涂炭。

遗骸的发现与发掘

这座烧毁的城市被深埋于维苏威火山下，直到 18 世纪才重见天日。在那不勒斯的皇家宫廷里展示着出土的雕塑和壁画，其彰显的古典艺术气息正是推动这场发掘的动力。朱赛佩 · 弗莱利（Giuseppe Fiorelli）在庞贝古城从事了 12 年（1863 ～ 1875 年）的发掘工作，他成功地将庞贝古城的发掘从无计划的探索转变成了科学的考古发掘。在发掘过程中，他注意到这些灰烬中有一些中空的空间，如果向其中注满熟石灰，就会得到一个石膏铸型。这项技术在 1870 年被首次应用，发掘者们由此得以见到在城市毁灭时，人们在灾难中挣扎直到最后一刻的样子。

灾难的序幕

那不勒斯湾周围的所有区域均受到火山活动和地震的影响。位于波佐利（Pozzuoli）北侧的弗利格兰（Phlegrian）地区即为火山口的一部分。公元 62 年 2 月 5 日，一场大地震袭击了那不勒斯湾，这也是公元 79 年火山大爆发的预警之一。距那时最近的一次火山大爆发发生在一千多年前，地理学家斯特雷波（Strabo）甚至曾向首任罗马皇帝奥古斯都（Augustus）标出了火山活动不活跃的山脉及其周围肥沃的土壤。

发掘者清理出了火山大爆发吞噬庞贝古城时已破损但还未修缮的建筑。有关公元 62 年大地震的影响，在一位名叫卢修斯·凯基利乌斯·尤昆德斯（Lucius Caecilius Jucundus）的银行职员家里的神龛浮雕上得到了生动的刻画。浮雕展现了坍塌的朱庇特（Jupiter）神庙和神庙前方主台阶两侧破损的骑马雕像。这座寺庙位于市民活动场所的最北端，公元 79 年的时候仍在修缮，甚至还被当作雕刻工人的临时工作间。在随后的几年里，维苏威火山下的岩浆房膨胀，导致了陆地的上升和海洋的消退。

带有列柱的庞贝广场。在朱庇特神庙的后面就能看到维苏威火山。庞贝广场在公元 62 年的地震中遭到了毁坏；公元 79 年火山喷发的时候，广场正在进行修复。

火山爆发的次序

在小普林尼的信中可以找到许多有关火山爆发的线索。我们必须对这一系列事件的精确时间进行推测；幸运的是，位于庞贝古城和维苏威火山之间的一座豪华别墅遗址——博斯克雷尔（Boscoreale）处的火山灰沉积速度是可以得知的。第一次火山喷发以及随后的火山灰沉降大约发生在公元 79 年 8 月 24 日凌晨。对距离火山口东边仅有 3.7 英里（6 千米）远的泰尔齐尼奥（Terzigno）乡村住宅区的发掘显示，在当天最大的一次火山灰袭来之前，火山灰一直都在不断沉降。目前所观察到火山爆发最早的地点是在米塞努，时间为当天的下午 1 点。

“像松树一样”的乌云从维苏威火山的山顶升了起来。这朵乌云是由火山口喷发出的大量火山灰和浮石构成的，其影响范围约有 16.8 英里（27 千米）之远。根据火山灰的沉积情况可以清晰地看出，这朵云是在向南方移动。火山学家哈拉达尔·西古兹森（Haraldur Sigurdsson）通过对火山灰沉积情况的研究成功地将之与小普林尼所记述的顺序联系了起来。

《维苏威火山的喷发》（*Eruption of Vesuvius*），18世纪意大利艺术家卡洛·巴罗维亚（Carlo Bonavia）创作。

在此次火山喷发中，庞贝古城被云中沉降下来的一层火山灰和浮石所覆盖，研究者们估算出当时的沉积速度为每小时6英寸（15厘米）。老普林尼到达斯塔比伊（Stabiae）附近时也经历了这一阶段，当时“灰烬已在不断地沉降，船越靠近温度越高，灰烬也越厚，还有一块又一块被火焰烧成焦黑的浮石和火山砾砸落下来。”{小普林尼，6.16的信[B.雷迪斯（B. Radice）译]}火山砾就像下雨一样往下掉，大的直径能达到2英寸（5厘米），老普林尼和他的同行者不得不把枕头绑在头上以护住头部，因为这些碎片砸下来的力量足以致命。

那时，被乌云笼罩的区域已经没有一丝光线；小普林尼写道：“夜色比以往的任何一个夜晚都更加黑暗浓重”[6.16的信（B.雷迪斯）译]。到了晚上，庞贝古城内积起了约4英尺3英寸（1.3米）厚的火山灰和白色的浮石，火山喷发则持续了更长的时间。堆积在房顶上的沉重的火山灰导致了一系列的坍塌，人们已不能在室内寻求庇护了。此后又有一层厚度超过一米的灰色浮石从空中落下。截止到那天凌晨，庞贝古城和博斯克雷尔已分别堆积了大约8英尺2英寸（2.5米）和5英尺（1.5米）厚的碎片。

就在这时，火山喷发的形式发生了改变。火山口喷发出的大量岩石开始涌向维苏威火山下的斜坡，引起了火山学家所谓的火山碎屑岩涌和火山碎屑流。自从1902年马提尼克（Martinique）的培利火山（Mount Pelée）爆发后，这种现象也被称为培利型（Peléan）火山喷发。火山喷发出的大量热气以超过62英里（100千米）每小时的速度涌向山下。碎屑流密度很大并顺地势向山下涌去。有关岩涌和碎屑流的证据已在火山喷发所属地的地层堆积中被发现。

大约在8月25日凌晨一点的时候，第一波火山碎屑岩涌席卷了赫库兰尼姆。仅4分钟左右的时间，岩涌就到达了这座城市。岩涌的巨大力量推翻了石列柱，并将坍塌后的建材推送到了 13 英尺（4 米）高处。在这充满火山灰的环境中，人们直接因窒息而死亡。紧随这次岩涌的是再一次席卷这座城市并覆盖整个海滨的碎屑流。

第三次火山碎屑岩涌大约在早晨 6 点 30 分到达庞贝，因为考古学家们在庞贝发现了一扇赫库兰尼姆的门。此时位于城墙外的建筑，如神秘别墅（Villa of the Mysteries）和迪奥米斯别墅（Villa of the Diomedes）均遭到了毁灭性的破坏。随后的火山碎屑流几乎完全吞噬了赫库兰尼姆，几乎覆盖了除剧院外的所有地方，并且推后了海岸线。庞贝古城原本有城墙的保护，但是早晨 7 点 30 分的第四次岩涌最终涌过了城墙的顶部，伴随着不断堆积的火山灰，吞噬了留在城里的所有人。

调查显示，庞贝古城所发现的遗骸有许多都位于浮石层之上，即第四和第五岩涌层之间。很显然，这些人放弃了他们的房子，但是在黑暗中不知自己应该逃向哪个方向。热浪的高温在一瞬间就足以夺走人的生命，根据估算，大约 10% 的人在此时失去了生命。第四次岩涌的踪迹一直延续到了庞贝古城以南约 0.6 英里（1 千米），以东约 2 英里（3 千米）的地方。

第六次火山碎屑岩涌发生在上午 8 点左右。小普林尼记述到："真是可怕的黑云——火焰颤抖着，分裂成巨大的火舌，就像巨型闪电一样"［6.20 的信（B. 雷迪斯译）］。眼看着火山灰和岩涌不断在那不勒斯湾沉降、扩散，小普林尼和他的母亲，以及米赛努的其他居民被迫转移，尽管他们居住的地方与火山喷发处相距 20 英里（32 千米）。这场规模浩大的岩涌让更多的人丧失了生命，包括已从距离维苏威火山很近的城市中成功撤离的老普林尼。

赫库兰尼姆的遗骸

赫库兰尼姆不像庞贝古城那样是被火山灰吞噬的，因此不能采用弗莱利的方法来获取遗骸的石膏模型。这里只有很少的遗骸被发现，1982 年之前总共只发现了 10 具，其中包括马赛克中庭房屋（House of Mosaic Atrium）中一具还在婴儿床上的小孩，以及浴室里的两具遗体。有人据此提出实际上赫库兰尼姆的大多数人都逃离了这场灾难。

这个观点在 1982 年被推翻了，在赫库兰尼姆古海岸线的考古发掘中，考古学家在一些曾是船屋的遗迹中发现了一些新的遗体。地层中渗出的水分保护了本该腐烂的骨骼；有的船屋里甚至发现了 40 多具遗体。其中一个船屋里发现了 3 具男性遗体（年龄分别为 35 岁、31 岁和 25 岁）、4 具女性遗体（42 岁、38 岁、16 岁和 14 岁）和 5 具未成年人遗体（10 岁、9 岁、5 岁和 3 岁，还有一个仅 7 个月大），他们有可能是同一个家庭的成员。其中 14 岁女性个体的肱骨上有多处伤痕，这暗示她在生前从事着非常沉重的劳动；对其牙齿的研究则表明她 11 岁的时候得过一场大病；考古学家还发现，她在死亡的瞬间正摇着摇篮里的婴儿。综合推测，她很可能是这个家中的奴隶。

位于浴室中的两个个体应当是死于凌晨 1 点发生的第一次岩涌。岩涌期间，他们的骨骼没有炭化，这证明岩涌的温度并不是特别高。然而，遗体暴露在第一次岩涌沉积之外的部分却被 1 小时以后的第二次岩涌炭化了。

朱赛佩・弗莱利发现他可以通过向庞贝古城的火山灰空隙里注满熟石灰，从而复原出人体、动物或者其他有机物的模型。

在赫库兰尼姆的沙滩上发现了大量的人类骨骼。这些人很可能是在火山碎屑喷涌而产生的火山灰中窒息而亡的。

在海滩区被发现的许多遗体都朝着船屋的方向，大多数遇难者的姿势都是俯身或者侧身。同1982年在圣海伦斯（Mount St Helens）发现的死于火山喷发的遗体相比较，海滩区的遇难者更可能是在火山灰中窒息而亡。

对遗体的研究还可以获得更多的信息，例如，一名罗马士兵身旁的一把剑使我们识别出了他的身份。他还携带着一整套木工工具，因此可能是被借调到该地区来参与工程建设的。骨骼和牙齿的分析表明他的年龄为37岁。他的左肱骨有疑似刺伤的伤痕，其他骨骼的磨损则表明他经常骑马。

考古学家还识别出了一名大约25岁的金发女性，她正怀着自己的第一个孩子。另外一位女性大约35岁，由于她的上肢十分发达，考古学家推测她是一名纺织工。还有一位女性的遗体则证实了这场火山碎屑岩涌的力量是多么可怕：她可能是被飞来的碎石击中了，躺在一片破碎的瓦片上面，她的一根大腿骨穿透过自己的身体，一直到达锁骨的位置。

沉积物的地层对于了解此次火山爆发事件的始末发挥着至关重要的作用。我们发现一具遗体躺在一艘26英尺（8米）长的翻转着的船旁。最初，考古学家认为他应该是一名舵手；然而事实逐渐证明，他死于第一次岩涌到来的时候，这艘船则一路顺着水流推动着他的遗体到达了海滩。

席卷赫库兰尼姆的第一次火山碎屑岩涌所造成的罹难者似乎比原先料想的更多。这座城市里的居民可能并没有意识到他们已经处于一个十分危险的境地，因为那时这座城市所沉积的火山灰还不到0.5英寸（1厘米）厚。现在看来，就在公元79年8月25日的凌晨，成百甚至上千的人在这处海滩上失去了生命。

轪侯夫人

轪侯夫人的尸身保存完好，她的面部几乎看不出腐烂的痕迹。

中国学者一直怀疑，长沙市东部的两座小山丘下，是否真如历史记载，埋藏着沉睡着古代的陵墓；然而，一直到 1971 年，湖南省的考古学家才终于幸运地拔得头筹。当建筑工人们在为新建的医院打地基时，他们意外地获得了中国考古学史上最伟大的发现之一：轪侯家族的 3 座陵墓。

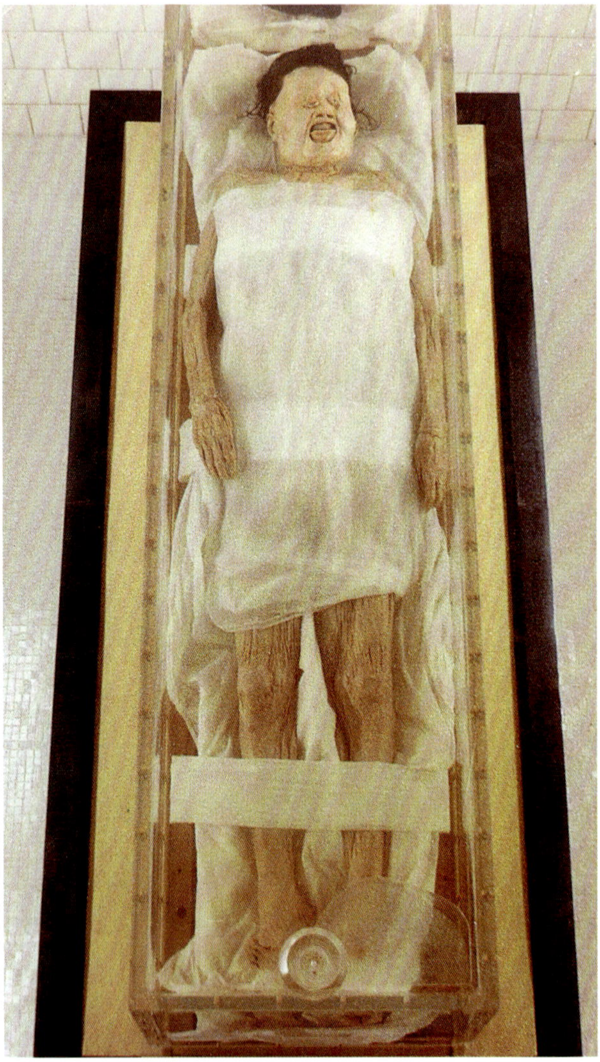

1972 年 4 月，考古学家们对 1 号墓进行了科学的考古发掘。他们发现了盗墓者留下的两个盗洞，但幸运的是，盗墓者并没有成功地进入椁室。这座墓的主人是一位 50 岁的女性，她的尸身极其罕见地保存完好，同时墓中还出土了一千余件随葬品。1973 年，考古学家又发现了 2 号墓和 3 号墓，墓中出土的印章和竹简明确记载了这 3 座墓的墓主人和年代。2 号墓的墓主人名叫利苍，始任长沙王丞相，后又被分封为第一任轪侯，于公元前 186 年去世。3 号墓的墓主人是利苍之子，死于公元前 168 年，年仅 30 岁。与另外两座墓相比，1 号墓的修建时间明显较晚，因为它叠压在最上面，并打破了 2 号墓和 3 号墓。1 号墓的墓主人名叫辛追，亦称轪侯夫人，是利苍的妻子，也是 3 号墓主人的母亲；其尸身保存完好，几乎未遭到任何损坏。

轪侯夫人的遗骸停放在内棺，四肢伸展，头朝向北。其遗骸身长 5 英尺 1 英寸（1.54 米），重 76 英镑（34.5 千克），

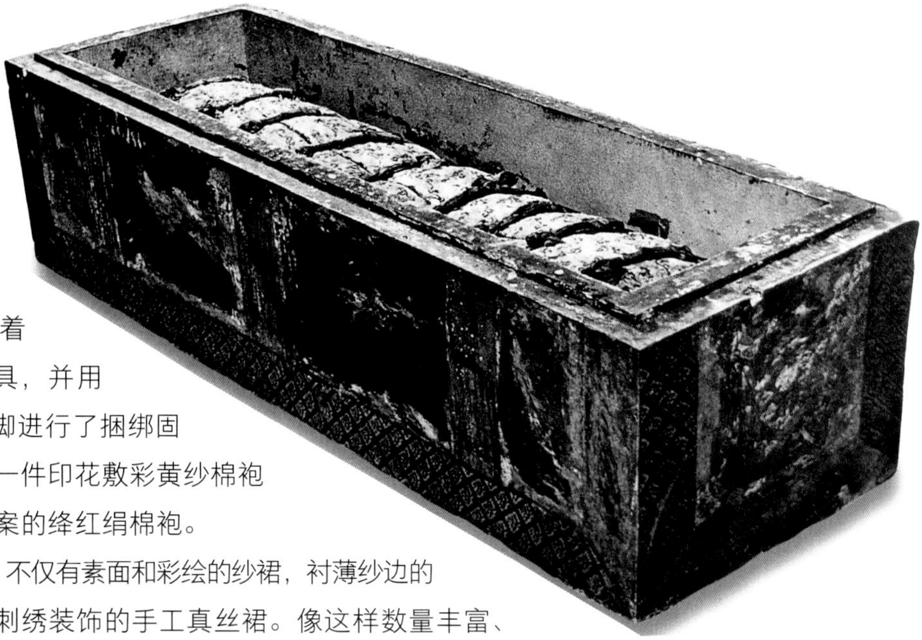

遗骸外是重重包裹着的 20 套衣物和寝具，并用 9 条丝绸带从头到脚进行了捆绑固定。最上面盖的是一件印花敷彩黄纱棉袍和一件绣有长寿图案的绛红绢棉袍。

在这些衣物中，不仅有素面和彩绘的纱裙，衬薄纱边的丝绸长袍，还有带刺绣装饰的手工真丝裙。像这样数量丰富、品种繁多、质量精美的织品和衣物，在汉代的墓葬中是极其罕见的。在刚出土时，所有的衣物都可以解开，仍然保持着非常好的保存状态。

当打开最里面的棺时，考古学家发现了轪侯夫人的遗骸。她被裹在丝绸衣物里，外面捆绑着 9 根丝绸带。

轪侯夫人的手上握着两个香囊，双脚被麻绳捆绑着。她的脚上穿着丝袜和双尖翘头方履。她那由真人头发制成的黑色假发上戴着 3 支簪子和 29 件饰品。她的脸上覆盖着两块上好的丝绢；虽然眼珠已经脱落，但是肤色依然带有光泽，睫毛亦清晰可见，耳膜也保存完整。她的嘴巴大张，舌头略微伸出，嘴里除了有 16 颗牙齿，还残留着古代丧葬仪式中所使用的生米饭含。在她下颌骨的正下方枕着一个圆柱形的枕头，用来保持她下巴的位置。

轪侯夫人尸体的解剖学研究开始于 1972 年。科学家事先对尸身注射了防腐剂，使其逐渐被肌肉吸收。这具淡黄色、棕色相间的躯体依然十分完整和湿润，上面的皮肤和肌肉等软组织仍然具有弹性。此外，轪侯夫人的关节依然十分灵活，内脏也富有弹性，甚至连微观结构都保存完好。在她身体的背侧可见有一些错位的现象，这可能是由胃里的微生物引起的早期腐烂所致。一旦墓葬封闭，缺氧环境就中断了尸体的腐烂过程。轪侯夫人所有的骨骼都保存完好，保持着正确的解剖学位置；不过也显示出骨质疏松的症状。

考古学家使用 X 射线来检测观察，连小小的鼻骨都清晰可见。

肉、鱼以及大量的水果和蔬菜都被放置在一个用绳索绑起来的竹笥里。竹笥的外面附有木质的小标签，上面列出了着里面盛放的物品。

所有内脏的形态和微观结构都保存完好。对动脉中残存固体血液的检测结果显示她的血型为 A 型。尸检结果显示，轪侯夫人至少患有十种疾病，但是没有迹象显示她曾长时间卧病不起。事实上，没有任何一项疾病，如冠状动脉硬化、胆结石、第四腰椎间隙明显变窄、肺结核等直接导致了她的死亡。反而是在她胃里发现的 138 颗甜瓜子暴露了她的过度饮食，再加上胆结石带来的并发症，最终导致了身体系统的彻底崩溃，引发了心脏骤停。

保存方式

正如中国古书《礼记》记载的一样，贵族官僚的丧葬习俗都非常精细繁琐。当贵族及其亲信死亡时，先要为尸体沐浴结发，然后再穿上衣物。举行葬礼前，死者的遗体被放置在冰块上或者凉水里的厚木板上。接下来，遗体会被装进棺椁的最里层，并注入一种酸性的液体。这种酸性液体能够抑制酶的生长，作用相当于一种温和的防腐剂。当中国的考古学家第一次打开轪侯夫人最内层的棺时，他们发现轪侯夫人的遗骸躺在深约 8 ～ 12 英寸（20 ～ 30 厘米）的红色液体中。这种液体并没有可追溯的明确记载，但是后人的文献中有涉及一些与朱砂有关的保存方法。就在马王堆汉墓发现的 3 年之后，考古学家们又在湖北省凤凰山区发现了一座大墓，这也为上述问题的解释带来了一些新的进展。

墓室

在轪侯夫人的墓葬中，安置着四重紧密套合的木棺，所以仅有少量的空气可以进入。棺内剩下的氧气在封棺后就被有机物的氧化反应即刻消耗殆尽了。最内层的棺上面所盖的就是葬礼中使用过的著名 T 形帛画，画中展示着轪侯夫人死后进入天国的生活。

套棺最后被放置在一个大椁室中。这座墓葬的椁室被分成了几个部分，主室用来停放套棺，4 个侧室则被用来放置随葬品。令人称奇的是，这些木料结构没有使用任何金属构件，而是全部使用木制榫卯和木钉来连接和固定。为了建造这个椁室，木工匠人一共使用了72块柏木板，共计57立方码（43.6立方米）。这座木制的椁室长22英尺（6.73米），宽16英尺（4.81米），深9英尺2英寸（2.8米），上面覆盖着26件竹席。整个椁室下铺设着一层薄薄的沙土，上面又填有白色的黏土，以预防地下水对木材的侵蚀。又使用超过10000块木炭组成了厚达12～20英寸（30～50厘米）的密封层，严实地包裹着椁室。最后，其上又覆盖了厚3英尺3英寸～4英尺3英寸（1～1.3米）的白色黏土，然后再填满封土。

长沙的红土呈酸性，通常并不利于木材和骨骼的保存。因此，白色的黏土层和密封的木炭层为墓室形成了一个非常好的保护环境，不仅隔绝了空气，还防止了水分的渗入。最终，恒温恒湿的保存环境使得这座墓葬被完好地保存下来。

北室被装点成了一间会客厅的格局：四壁均装饰着丝绸的窗帘，为轪侯夫人准备的坐垫前放置着食物以及酒具。

食物与医药

棺中放置着纺织品、一面铜镜和69件桃木雕塑，其余的所有陪葬品都置于4个边厢里。一本由312片竹简制成的遣册列举了所有的陪葬物品（其中三分之二都与食物和酒有关），但是实际上并没有将之准备齐全。

北面边厢的布置和主室类似，摆放着帘布、竹席、食器、酒器和木俑。西面的边厢里有家具和盛化妆品的奁盒，大多都是漆器。东面的边厢里放有穿着打扮像是乐舞和侍从的人俑。考古学家同时还发现了48个完整的竹笥，这些带盖的编

放在墓室北面边厢里的木俑穿着代表当时时尚的衣服。

珍贵的漆器，包括漆案、漆耳杯和漆碗，代表着汉王朝最奢侈的器物。漆器的制作远比青铜器复杂费时，所以显得更为珍贵。

织容器都被用麻绳封起来，有的上面还保存着封泥，并附有一个木牍，上面写着竹笥内包含的器物或者是拥有者的名字（比如轪侯的家丞）。其中 6 个竹笥里面装着衣物和布料，30 个装着食物，3 个装着草药，4 个装着铜钱和象牙。

所有的食物和药物都已被鉴定确认。农产品包括稻、小麦、燕麦、粟、大豆、红扁豆、大麻种子、李子、梨、杨梅、芥菜、姜和莲藕等，均被贮藏在竹笥或布囊里，大多数保存十分完好，上面还留有密封的封泥。木牍上面的文字标识了里面的内容。经过对随葬品的科学分析，尤其是考虑到李子成熟的季节，这座墓葬的形成时间应是在初夏。此外，动物骨骼的发现，如牛、绵羊、猪、鹿、狗、野兔、鹤、雁、鸭、野鸡、家鸡、麻雀、鲤鱼等，说明在汉代就有了十分丰富的肉食种类。

现存最早的中国草药标本就存放在这些布囊、麻袋、香囊、火盆和枕头里。3 号墓中发现的医书记载了不下 240 种药物，如兰花、木兰、芦苇、桂皮末和细辛等。其中某些药物亦被用来清新空气。

除了哲学内容，竹简上还记录了 52 种疾病，并附有 283 副药方，广涉内科、外科、儿科、五官科等多个中医分支，以及一些地方性疾病的记录。这些记录都是研究早期中医发展史的重要案例。

下韦斯托尼采的三人合葬墓

自从旧石器时代晚期（即公元前 30000 ～前 10000 年）的墓葬在 19 世纪末被发现和确认以来，又有相当数量的墓葬陆续被发现，但是相对于这一相当长时间内的人口死亡数量，考古发掘所发现的墓葬仅占很少的一部分。就目前的考古发现来看，末次冰期的墓葬似乎大多数都构建精心而特别。

博胡斯拉夫·克利玛（Bohuslav klíma）在南摩拉维亚（Moravia）巴普洛夫斯科·科普斯山（pavlovske kopce）的下韦斯托尼采（Dolní Vestonice）的著名旷野遗址发掘的一座独特的三人合葬墓就是如此。他们在这里数十年的考古工作使我们对旧石器时代晚期早段的人类生活有了深刻的认识——不仅关于营地和墓葬，还包括引人注目的赤土陶窑及其烧制的小型雕塑。

1986 年在下韦斯托尼采同一墓葬中出土的 3 具遗骸，中间的个体性别不明，两边的个体均为男性。

不论这座三人合葬墓的背后隐藏着什么事件和患病史，它都丰富了我们对末次冰期人类复杂的自然信仰和丧葬仪式的认识。值得注意的是，我们通常发现的精心建造的墓葬都是单人墓，这种墓葬不仅出现在下韦斯托尼采和巴普洛夫（Pavlova）附近，在普雷德莫斯提（Predmostí）甚至在更远的地区——莫斯科附近的苏恩基里（Sungir）也有发现。

在 1986 年的一次抢救性发掘中，重型机械破坏了下韦斯托尼采的一层

发现于下韦斯托尼采的24400年前的这件拇指大小的猛犸象牙雕塑通常被认为是一个女性的形象，因为她的头饰很精致。不对称的脸部则使人们将其与三人合葬墓中中间的那位神秘人物联系起来。

黄土堆积，此举导致了另一处巴普洛夫时期（Pavlovian period）的营地遗址被发现。遗址中有一排火塘向山脉的方向延伸，大块的碳化木材碎片包含其中，同时还有许多骨制和石制的工具。用这一地层提取的材料所做的放射性碳测年结果显示，遗址的年代为距今27660年。

在一个火塘遗址的旁边发现了一个40岁左右男性的头骨（DV XI）的上半部分，伴随该头骨出土的还有长毛象、驯鹿和狼的骨骼。在距头骨16码（15米）远的地方，考古学家又发现了一块破碎的额骨（DV XII），这两块头骨可能出自于同一个个体。额骨右侧的眼部上方有一处伤痕，虽然已经恢复，但可能已对此人的健康状况造成了长期的影响。这个伤口看起来像是由钝器重击造成的，因此，这也是一条反映旧石器时代晚期暴力行为的珍贵线索。

1986年8月13日，考古学家在距头骨16码（15米）、距额骨33码（30米）的地方发现了一座令人印象深刻的三人合葬墓。这座墓的墓穴较浅，清理出来的3具遗骸呈直肢葬式。他们相互紧挨，头部都朝向南方。这3个个体都较为年轻，年龄均处于17～20岁之间。仰卧在中间的个体（DV XV）年龄最大，但体格看起来比较纤弱，再考虑到骨盆的形状，推测应为一名女性。她的左边是一个骨骼偏大的粗壮个体（DV XIV），身高超过了5英尺9英寸（175厘米），应是一位17岁的男性。这名男性的遗骸俯卧在地，脸朝向西。他的左臂搭放在女性的手上，就像拉着她一样。女性的右边是一个相对较小但也很强健的男性个体（DV XIII），年龄18、19岁左右，朝左侧卧，面向女性，双臂置于女性个体的骨盆处。3 个个体的头骨都被埋葬在浸透红色颜料的土壤中，稍年长的男性个体的头骨上还涂着一些白色的粉末。他们的额骨旁还保留着用狼、狐狸的牙和小象牙珠做成的带状头饰，这些都与同时期的墓葬，尤其是欧洲中部和东部地区的墓葬习俗十分吻合。同时，这位女性骨盆下和股骨之间的红色赭石也备受关注。这个墓穴里还发现了少量驯鹿和狼的骨骼残片、一些燧石碎片、一块带刻划痕迹的砾石和一堆没有钻孔的贝壳。

墓穴里还发现了相当数量的碳化木头碎片，大的有 20 英寸（50 厘米）长、4 英寸（10 厘米）宽，散落在遗骸的上面和旁边。这有可能是用来代替猛犸象肩胛骨的墓顶残留，后者在该地区的旧石器时代末期墓葬中经常能够见到。烧掉这些物什极有可能属于丧葬仪式的一部分，因为在墓葬西侧发现的炭化木屑最多。虽然这些遗骸并没有被烧掉，但是被烧成了砖红色的黄土说明火是被土扑灭的。

多人合葬墓发现的意义

对出土木料的放射性碳测年结果显示，墓葬距今 26640 年。尽管这位女性最先被放入墓穴，但这 3 个个体明显是一起被埋葬的。他们的死亡原因究竟是突发事故、流行疾病的感染还是其他原因呢？女性个体的骨骼给我们提供了一些线索：她的骨骼存在病理变形。她的头骨明显不对称，并且从额窦到左眶上缘有一穿孔。她不但脊柱侧凸，右侧髂骨变形，而且整个右边的肢体都发育不良。这些都说明她在很小的时候就患有佝偻病或者脑炎。在她的嘴里放着一块烧过的驯鹿盆骨残块，上面有受力的痕迹，有可能是在忍受巨大疼痛时被用来咬住坚持的工具。

克利玛提出了另外一种解释，她认为这个墓葬再现了一个真实的场景——一次失败的分娩。女性左边的男性握着她的手，希望能给她安慰，但是却不忍心看她；同时，她右边的男性——有可能是一名医生——正在尽力帮助她分娩，但却

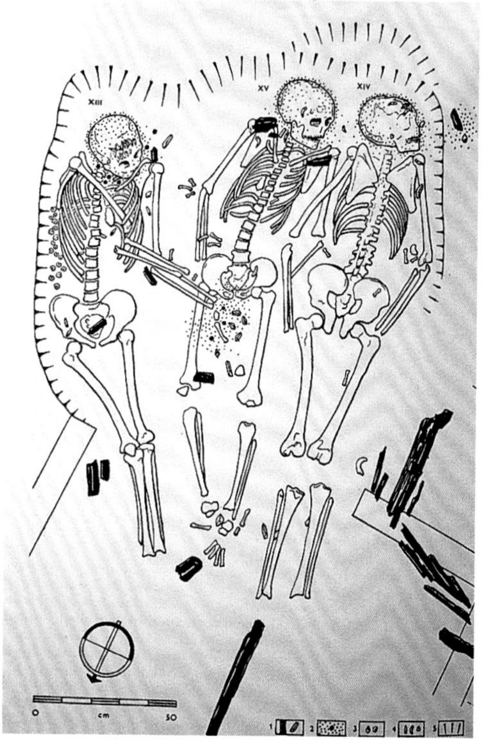

三人合葬墓线图。图例从左到右分别表示的是木炭碎片、红色颜料、化石碎片、穿孔的动物牙齿和象牙吊坠以及墓葬的边框。

徒劳无功。克利玛认为女性骨盆下的赭石代表了第四个头骨或者一个骨骼已经破碎的新生儿。

这个观点虽然吸引人，但已发现的 3 具遗骸的保存状况都十分完好，而新生儿的遗骸却几乎完全不见，这些事实使得这一观点有些令人质疑。另外，还有许多谜团尚待解开——例如，这位将手放在女性骨盆上的男性的骶骨被一根很大的木头刺穿，而另外一位男性的头骨也是破碎的（随后盖上的墓葬封土的重量又使它进一步变形）。这两位身体明显健康的男性可能死于暴力，他们也许是为女性陪葬的牺牲者；与此同时，也有许多专家仍然不太相信中间的个体是一位女性而不是一个体格柔弱的男性。这个残疾的个体，就像罗米托（Romito）侏儒（见本书 179 页）一样，验证了一个已经被接受的理论：冰期时代的群体不但会关照身体患有疾病的同伴，还会给予其特殊的照顾。

中间死者的骨盆区域在这些尸骨的排列中占据着重要的位置，这也在一定程度上暗示了两名男性个体是通过某种非正常的方式被杀害的。这种行为应该与这个残疾的女性或是柔弱的男性有关。

湖北江陵
凤凰山 168 号汉墓

过去的 30 年（1970 年至今）可以看作是中国考古学发展的“黄金时代”，虽然这段时间内大多数考古发掘都属于抢救性发掘，但却带来了许多十分重要的发现，比如发现于河北省的西汉时期（公元前 206 ～公元 6 年）满城汉墓。这座陵墓里不但出土了中山王刘胜的金缕玉衣，还有公元前 3 世纪的兵马俑。

凤凰山的墓葬

20 世纪 70 ～ 90 年代的考古发掘所取得的最显著的成果之一就是马王堆汉墓的考古发掘。发掘工作使得两座未经盗掘的汉墓完整地呈现在了世人面前：其中一座是马王堆一号墓，里面发现了保存完好的轪侯夫人的尸身（见本书 64 页）；仅仅两年后，在春秋战国时期的楚国故都纪南城东南隅的凤凰山上，考古学家又发现了 3 座汉墓。考古学家们最先发现的是凤凰山 168 号墓以及 167 号墓，两座墓均很完整，而后来发现的 169 号墓则已部分被损毁。167 号墓由 3 间木椁室构成，两间用于储藏随葬品，一间用于停放木棺。当木棺第一次被打开时，里面充满了绛红色的液体；液体排出后，就露出了层层的纺织品和席子。这些丝绸、麻制的纺织品，甚至还可以被逐层揭开。最后，露出了墓主人的部分颅骨以及头发。经过科学的观察和推测，墓主人应该为一名女性，从其独特的随葬品推测其地位较为尊贵，有可能是 168 号墓主人的妻子，同时，168 号墓也带来了令人震惊的发现。

尽管地下水的渗入导致了随葬品的移位，但是很多随葬品都完整地保存了下来。

东墓室陪葬着由人俑、马和战车模型组成的葬礼队伍，我们可以在当地博物馆里看到复原场景。

168 号墓

这座墓的墓主人名叫遂，是市阳里（今荆州市西北部）的一名九等爵五大夫。通过出土竹简上的文字描述可以得知他被葬于西汉文帝 13 年（公元前 167 年）。他生前所住的房子就在距 167 号墓仅 30 英尺（9.1 米）的凤凰山东面山坡上。

这座木制的椁室呈竖穴长方形，保存十分完好。椁室被分成了 4 个部分：两侧的边厢，一个头厢和中间停放双重套棺的主室。双重木棺均髹黑漆，盖板与四壁板接合处用麻布和漆多层密封。竹简制成的遣册里详细记录了这些丰富的随葬品的专有名称。墓葬里所发现的木俑（如仆人俑和马夫俑）、五百多件漆器、陶瓷以及竹筒都保持着原本的状态，并且用丝绸和麻布小心地包裹着。尤其是漆器，在墓葬中刚被发现时就像新的一样，它们也成为了研究汉代艺术品审美倾向十分重要的组成部分。

最有趣的是，考古学家还发现了一个砚台、一支毛笔和一些竹简，这是目前为止所发现的最早的书写工具。考古发掘中迄今为止还没有发现过墨，但是南越王赵眜的墓葬中发现了一些墨块的小碎片。南越王赵眜死于公元前122年，其墓葬发现于今天的广州。

侧室内出土的一件火炉模型。上面有炊具，下面还发现了木柴。

墓主人

1974年对墓主人遂遗体的综合研究结果显示其死亡年龄为60岁左右。遗体长5英尺6英寸（168厘米），重116磅（52.5千克）。据中国考古学家描述，墓主人遗体保存得十分完好，看起来就像只是睡着了一样，他的体质人类学特征与汉代中国中南地区的汉族人体质特征相符合。他的皮肤仍然很柔软，软组织具有弹性，关节也十分灵活。他的32颗牙齿均完整地保存了下来，但令人惊讶的是，他没有头发、手指甲和脚趾甲。X光检测结果显示其骨骼保存完好。尽管尸身有一些萎缩，但是其体内的所有内脏都保留在原来的位置，并且清晰可辨，甚至有一些保存得相当完好。对其结缔组织纤维的电子显微镜观察结果显示胶原纤维支架保存完好，尽管这种微观结构在新鲜的胶原纤维中难以被分辨出来。对头部的检测显示其头部肿胀，且肿胀部分超过了头部的四分之三。其神经纤维髓鞘的向心性片层状典型超微结构依然清晰，这是目前所发现的中国古代遗骸中唯一的个例。通过对其所有的组织，包括软骨和肌肉进行光学显微镜和电子显微镜的观察，结果显示有典型的周期性明暗带和带内的微细横纹，其软骨细胞核和肌肉纤维亦清晰可辨。

如今遂的尸身在湖北省荆州博物馆陈列展出。

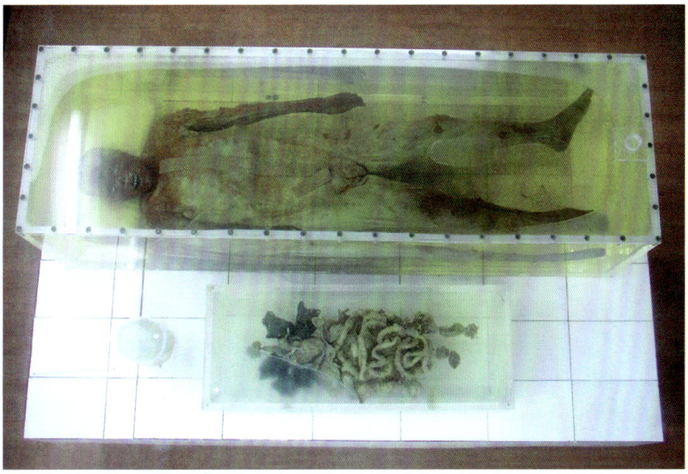

在遗体的肌肉和脑组织中发现了相当数量的蛋白质，还包括原肌球蛋白——肌肉组织中最重要的四大蛋白之一。免疫学研究结果显示这些蛋白的结构保存十分完整。他的脑部、肝脏以及皮肤中的液体包含着大量的胆固醇，部分组织中甚至还能发现糖类。经检测，墓主人的血型为AB型。

这座墓葬的保存条件与马王堆女尸的保存条件比较相似。同样的，我们也可以推测出这个个体生前所患疾病以及突然死亡的原因。他患有慢性胃溃疡，还并发了急性胃穿孔。他还患有胆结石，导致了严重的胆囊炎。从细菌学研究的角度，在其体内检测出了两个菌群：一种是华支睾吸虫，被公认为是肝吸虫；还有一种是日本血吸虫——这两种微生物导致了个体的胆管内衬和肝组织的炎症反应。此外，他的肠道里还发现了绦虫和鞭虫。通过对动脉壁的检查，缺乏弹性的动脉壁透露出其患有严重的动脉粥样硬化症。进一步检测的结果显示，其胃动脉发生了破裂，在他所有的病症当中，这一病症会导致他胸腔、腹腔和内脏的大范围出血。也就是说，墓主人内脏系统的崩溃最终导致了膈膜的破损和渗透（膈疝）。

令人惊讶的是，尽管遗骸的指甲、头发和脂肪的沉积物都显示缺钙，但是其体内的盐分却很丰富，这可能是源于遗骸被长期浸泡在绛红色的棺液中。

棺液和椁室

墓主人遂的棺中盛满了一种绛红色的酸性液体。其葬式为仰身直肢，面朝东方。考古学家在棺底发现了纺织品、朱砂矿石和黑豆。对棺液的分析结果显示其具有杀菌的效果。中国的化学家正试图研究这种绛红色液体究竟是否具有防止尸体腐烂的作用。

在目前的考古发现中，还有两例墓葬中也发现有棺液：一例为湖南省的马王堆轪侯夫人墓，另一例为凤凰山 167 号墓（167 号墓毗连着 168 号墓）。但是轪侯夫人的尸身保存得十分完好，而 167 号墓主人却只有部分头骨和下颌保存下来。假设 2000 年前就已经有了尸体防腐液体的秘方，那为什么只有在少数时候能发挥作用呢?

通过多方面的专业研究，考古学家最后推断是在几种有利环境的共同作用下，墓主人的遗骸才能得以完好保存。首先，极佳的地质、水文和气候条件给墓葬提供了一个良好的埋藏环境。其次，墓葬的布局设计为遗骸的长期保存提供了非常理想的条件。这座墓葬的形制是封闭的长方形土坑竖穴墓，只有一条斜坡墓道通向墓室，里面则是木制的椁室。在椁室的底部铺满了沙子，并用两

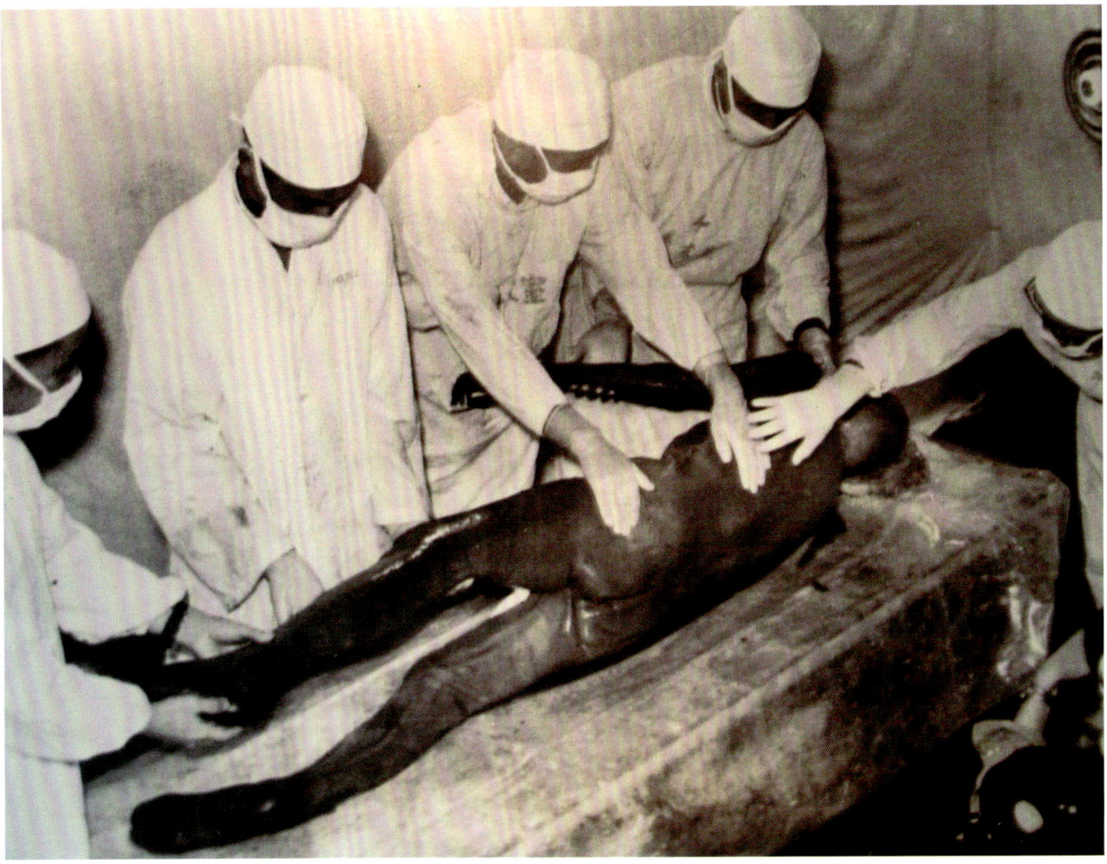

来自湖北医学研究院的科学家们正在仔细检查遂的尸体。这具尸体保存得出奇地完好，并且进一步揭示了汉代的葬俗。

根原木隔绝了生土。椁室由十分坚实耐用的木头建成，建成椁室的原木较粗，且全部使用榫卯结构来进行固定。墓葬由很厚的一层白灰色的黏土进行了密封，隔绝了水和空气，使墓葬的平均温度保持在 61 ～ 68 ℉（16 ～ 20℃）。

在马王堆汉墓里，在密封白色黏土之前，椁室的周围还特别铺了一层木炭。这两种不同模式所带来的绝氧效果类似。在椁室里停放着双重套棺，棺的内外都涂上了漆，边缘和拐角都使用麻布和漆进行了黏合加固。这种密封的保存方法隔绝了空气和氧气，给棺内提供了一个无菌的保存环境。通常内外套合的棺都是正好停放在椁室里的，四周都没有缝隙；但是 168 号墓却并非如此，在棺的两侧和上部都还有许多剩余的空间。尽管这座墓葬也做了防水处理，但是地下水还是渗透到了椁室里面。当墓葬被打开时，里面的地下水深度达到了 29.5 英寸（75 厘米）。

通过对棺椁的观察可知，渗入椁室中的地下水会导致木棺的

棺内的绛红色液体包含有朱砂的成分（左图）。有机物如大豆和丝绸（中图和右图）都是直接放置于棺内的。

移动和侧翻。由于木棺漂浮在水中，所以棺表面的一厚层漆发生了轻微的碎裂。地下水的渗入，使棺的内部也积蓄了许多液体。这个现象只能发生在埋葬很久之后，因此这些棺液也只是在后期才开始起到保护的作用。

但是这些朱砂和黑豆是用来做什么的呢？尽管黑豆的使用功能尚不明确，但是朱砂在中国的历史上却有着广泛的用途。它是一种不仅抗酸碱，而且不溶于水的汞盐，但它能够与盐酸和硝酸溶合。它经常被添加在生漆里面，用于涂刷木制的酒器、食器以及棺椁。在司马迁（公元前 145 ～前 85 年）所著的《史记》里，他介绍了中国第一位封建君主秦始皇的陵墓。为了模仿天上和人间，秦始皇陵的顶部绘着日月星辰，地上的建筑群里穿插着水银做的河流。由于涉及发掘和保护的问题，这座墓葬至今还未被发掘或破坏，仅仅出土了规模宏大的兵马俑。在中国道教的宗教活动中，朱砂粉还被用作炼制长生不老药。时至今日，朱砂依然被用作防中毒的抗刺激药物。

在《礼记》和《仪礼》等文献中，有一些对相关丧葬仪式内容的记载。然而，尽管其中详细记载了埋葬习俗和繁杂的礼仪，却并未提及使用朱砂来进行防腐。因此，这种含有朱砂的绛红色棺液或许是各种成分意外混合的结果。

葬俗

为了进一步了解葬俗，我们可以参考纪南楚国故都（临近今江陵地区）旁那些战国早期的大型墓葬遗址的系统数据。1982 年发掘的马山砖厂 1 号墓（公元前 340 ～前 278 年）为研究 168 号墓和马王堆 1 号汉墓的葬俗提供了相关线索。马山砖厂 1 号墓距 168 号墓虽然仅隔几千米远，但建造时间却早了将近一百年。

这座墓葬是竖穴土坑墓，只有一条斜坡墓道通往墓室。椁室的底板垫了两根横木，将椁室与潮湿的土壤隔绝开来。椁室内被分成了 3 个部分，最后使用灰色的黏土密封，阻挡了水分的渗入。

木棺通体髹漆，外漆为黑色，里漆为红色。棺内底部置长方形盒状透雕“笭床”一件，上面雕满几何和动物的图案，其作用可能是在清洗尸身和举行葬礼仪式的时候保护并固定墓主人的遗骸。

遗骸本身处于一个“封闭”的状态，例如嘴里塞满了大米，马山砖厂 1 号墓中所葬的 40 岁左右的女性便是如此。该墓葬中只有墓主人的骨骼和部分器官被保存下来：她的手上仅存一些干掉的肌肉和肌腱纤维。下葬时，她应当是束着头发并戴着帽子，脚上穿着丝履，身上还放着一些香囊。与凤凰山和马王堆汉墓中的尸体相似的是，马山砖厂 1 号墓女尸的双手和双脚都被丝带系住，这两段丝带随后被上下连系起来。遗骸外包裹着 13 层衣物，包括丝绸和麻纺织品，最外面又使用了 9 根丝带紧紧地捆扎。最后这个完全被包裹好的遗骸被停放在棺材里面，又用带子紧紧地固定。如同马王堆汉墓一样，马山砖厂 1 号墓中也有一个丝绸做的幎目，已经差不多完全腐烂，而竹制的杆子还保留在棺材上面。

马山砖厂 1 号墓的埋葬技术与马王堆汉墓和凤凰山汉墓都比较相似，同样也没有地下水渗入。但是马山砖厂 1 号墓虽然隔绝了水和空气，也用丝绸衣物紧紧地包裹了遗骸，却并没有阻止遗骸腐烂的进程。

来自 150 万年前的图尔卡纳男孩

揭开神秘的面纱

承蒙上天的眷顾，我们还能有幸见到早期人类的骨骼遗存。早期人类在非洲大陆上的数量非常稀少，而且他们不会埋葬去世的同伴。这些遗骸就算没有被食肉动物吃掉，也很快会被食腐动物和大型动物破坏，最后剩下的骨骼也会在自然风化侵蚀和植物根系缠绕下慢慢支离破碎。但是偶尔也有一些骨骼残片，尤其是牙齿，并没有因暴露在非洲大草原上渐渐被侵蚀殆尽，而是一直保存到了自然沉积物将其掩埋和覆盖。随着时间的流逝，沉积物中的矿物质逐渐渗透并替代了渐渐腐烂的有机体，一直到鲜活的生命体完全变成了一具冰冷的化石。然后这些化石就一直等待着，直到有一天他们栖身的地方被侵蚀或发掘出来，然后被敏锐的古人类学家发现。我们很少能发现哪怕是一小部分的早期人类遗骸；这些骨骼碎片通常是非常细碎的，以至于只是想简单地尝试鉴别它们都会引发科学家之间激烈的争论。

纳瑞克托遗址。1984 年，考古队员们正在肯尼亚图尔卡纳湖西侧的荒凉之地四处寻找化石。为了寻找树荫和水源，他们来到了这里，但并不知道自己的一名队友将会在这里发现一具几近完整的早期人类遗骸。

在非洲毒辣的太阳暴晒下，发掘队仔细筛选了纳瑞克托遗址的沉积物，找到了一具几乎完整的距今150万年的早期人类骨骼标本：只有他的足骨和一些其他的碎片没有被发现。

重大发现

1984年8月的一天，幸运降临在了古人类学家们的头上，当时他们已在距离北肯尼亚图尔卡纳湖西边3英里（5千米）的纳瑞克托（Nariokotome）河沙地旁安营扎寨。当时发现者卡莫亚·基姆（Kamoya Kimeu）正在散步，他以富有经验的眼光在纳瑞克托III（NK3）地点发现了一块早期人类的头骨碎片，这块残片正混杂在一条干涸浅滩上的鹅卵石间。此前，这支由肯尼亚国家博物馆馆长理查德·利基（Richard Leakey）和他的美国同事艾伦·沃克（Alan Walker）所带领的考古队已经无数次地发现了早期人类的骨骼碎片，但是这些碎片几乎都属于不同的个体。这一次，他们最初的满足情绪先是转化为了怀疑，但在对1962立方码（1254立方米）的遗迹进行几个季度的艰苦调查之后又转为了狂喜，因为他们最终发现了一具几乎完整的早期人类骨骼遗存。

化石的清理

考古工作者利用牙科工具和“奥杜威鹤嘴锄（Olduvai picks）”——这是一种刃长6英寸（15.25厘米），呈L型被固定在木柄上的工具——小心翼翼地挖掘和清理，一旦骨骼暴露出来，工作人员就会立即记录下骨骼与标记物之间的相对位置。

骨骼的表面被涂上塑料硬化剂；还有左侧股骨，工作人员在提取之前专门将之包装在了石膏盒中。所有的沉积物都经历了筛选，以确保不漏掉任何一块骨骼碎片。除牙齿外，工作人员一共清理出大约 70 块头骨碎片和 80 块同一个体的其他骨骼碎片，同时还伴生出土了大量的动物骨骼。就像修复一件破碎的瓷器一样，他们对这些骨骼进行了黏合复原。这具骨骼标本被编号为 KNM-WT 15000（KNM 代表肯尼亚国家博物馆，WT 代表西图尔卡纳），并加上了代表每一件碎片出土坐标的后缀，送到了内罗毕（Nairobi）的博物馆。具体而言，该个体的头骨标签为 KNM-WT 15000 A，下颌则是 KNM-WT 15000 B，接下来的编号还有 AA、AB、AC 最后一直到 CB。这具完整的骨架就是所谓的“图尔卡纳男孩”。

骨骼的鉴定和测年

KNM-WT 15000 和那些具有厚重的头骨、粗壮的眉脊、面部大而突出的在人类进化树上占有一席之地的人种相似。第一个被发现的此类化石是 1891 年尤金・杜布瓦（Eugene Dubois）在爪哇岛（Java）发现的一块头盖骨。尤金给他起了一个正式的名称，“直立猿人”（*Pithecanthropus erectus*）——从字面上看，就是直立行走的猿人，也就是今天所说的“直立人”（*Homo erectus*）。考虑到哪些特征与人类进化树上的其他化石之间具有关联，考古学家们对于他与人类的亲缘关系持有不同意见，有些人认为图尔卡纳男孩特别接近直立人；另一些人却认为他与非洲的匠人（*Homo ergaster*）——也就是“会工作的人”——更为接近。“匠人”是以在图尔卡纳湖东边发现的一块下颌骨而命名的。

让古人类学家感到非常幸运的是，图尔卡纳男孩所生活的区域属于一座活火山的范围，其沉积物所属的层位可以进行测年。当火山灰或者岩浆冷却之后，里面所含的放射性 ^{40}K 就会按照一定的速率衰变，一直衰变成稳定的 ^{40}Ar。通过计算当下的 ^{40}K 和 ^{40}Ar 比值，科学家们能够推测出岩石形成后所经历的时间，从而推算出该岩石层或者两个岩石层之间所发现的化石所属的年代。近几十年来，科技进步已然使得测量人造 ^{39}Ar 和 ^{40}Ar 的比值成为了可能。无论是传统的钾氩测年法还是双氩测年法，结果都显示图尔卡纳男孩位于距今 188 万年和 139 万年左右的两个火山灰层之间。通过测量遗骸与两个火山灰层之间的距离，估算中间层的沉积速率，科学家最终推测出化石所属的年代为距今 153 万年。

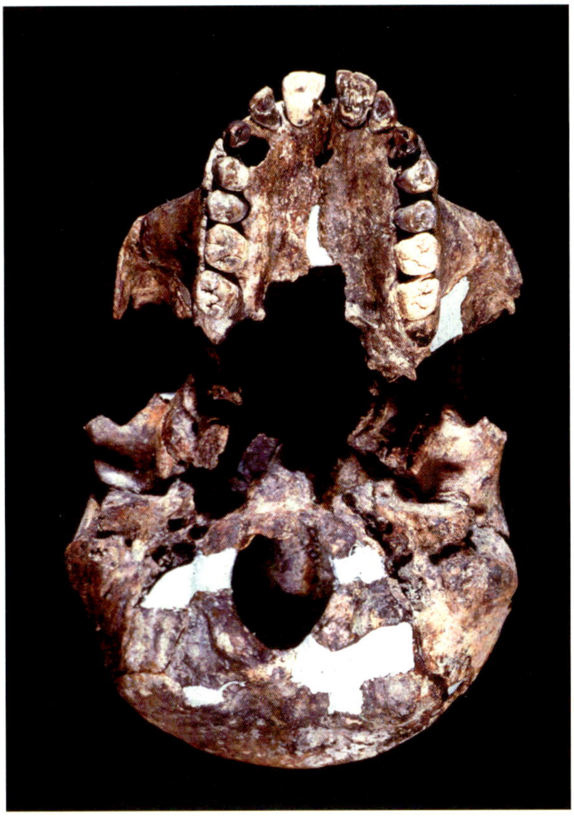

图尔卡纳男孩颅骨的基底。这件早期人类的颅骨标本完整得足以精确测量出其脑容量的大小，这在古人类学发现中尚属首次。

解读骨骼

死亡年龄

图尔卡纳男孩死亡时，他的恒齿还没有全部萌出。他的下颌包含有恒齿的门齿、犬齿、前臼齿和第一、第二臼齿，但是只有一部分牙齿完全成型；他的第三臼齿尚未萌出，同时，他的上颌依然留有乳犬齿。针对现代人的骨骼，我们可以根据牙齿萌出的时间、顺序和磨损程度等多种方法来推测个体的年龄范围。假设图尔卡纳男孩是个现代人，一些模式推算出他的年龄在 10 岁半～ 11 岁之间，也有模式算出的结果是 11 ～ 12 岁之间。另一方面，如果按照猿类的标准来进行推算，他的年龄就要稍小一些，大约是 6 ～ 9 岁之间；尽管按照猿类的标准，他的犬齿相较于其他牙齿萌出得太早。

骨骺是所有的长骨都有的骨化中心，位于长骨的一端或者两端。骨骺与中间长骨的愈合程度也是判断现代青少年年龄的一种标准，这是因为骨骺愈合具有一定的规律，并发生在特定的年龄段。图尔卡纳男孩身上的大多数骨化点都已出现，但大多数骨骺尚未愈合，尤其是髋骨，尽管他的肱骨一端和一侧肘关节骨骺已经开始愈合。这种骨骼成熟的状态对现代人而言发生在 11 ～ 15 岁，但猿类却是在 7 ～ 8 岁。

第三种可以用来推测青少年年龄的方法是身高，这可以根据长骨的长度来进行推算。图尔卡纳男孩股骨的长度为 17 英寸（43.2 厘米），由此推算出他死亡时身高应为 5 英尺 3 英寸（160 厘米），这是一名 15 岁现代青少年的标准身高。如果他有幸活到成年，他的身高可能会达到 6 英尺 1 英寸（185 厘米）。古人类学家一开图尔卡纳男孩的下颌骨与图尔卡纳湖以东的遗址所出土的匠人体质特征非常相似。该下颌骨提供了有关他死因的唯一线索：下颌骨右侧的病变暗示他生前曾患有牙龈炎。

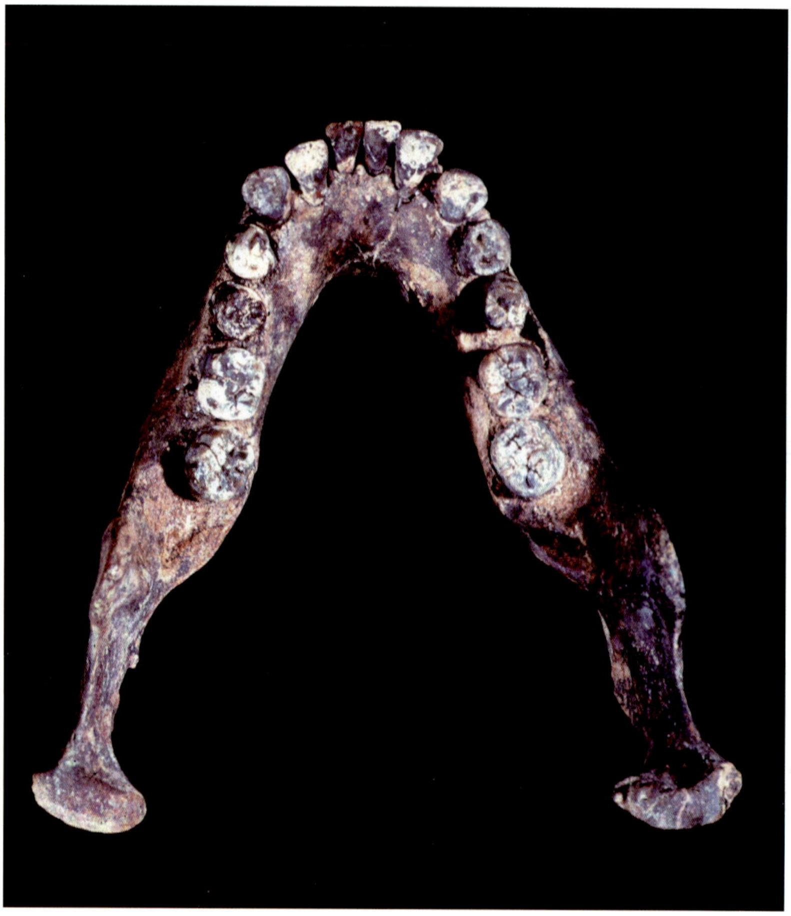

始以为他们只是发现了一个身高偏高的个体，但对同时期的其他早期人类遗存的复查证实，图尔卡纳男孩的同类人种身高与现代人相仿。然而，图尔卡纳男孩却有可能是目前所发现的身高最高的早期人类。尽管我们很难推算体重，但是根据其体格宽度，他的生前体重大约为 106 磅（48 千克）；如果他能长大成人，体重还能达到 150 磅（68 千克）。

牙齿和骨骼的发育程度显示图尔卡纳男孩明显是个青少年，但不能完全确定他到底是人类还是猿类。实际上，有人认为他的成长模式介于人类和猿类之间。

性别

判断个体性别最可靠的部位是骨盆，因为女性骨盆的形状已经完全适应了分娩的需要——例如，女性的坐骨大切迹（这是一个位于髋骨下部的指标）更宽、更向外展。图尔卡纳男孩的坐骨大切迹很窄，这说明他是一名男性。他的身高和体格的健壮也显示了他具有男性个体的特征。

学术界曾经认为早期人类的体型偏小，人类的身高在几千年的进化过程中逐渐增长。然而，图尔卡纳男孩较长的肢骨表明我们的祖先已经具备了现代人的身材比例，并且在150万年前就和我们现在一样高了。

体质特征

从现代人的体质特征来看，生活在寒冷地区的人四肢较短，生活在热带地区的人四肢较长，因为体表面积大更有利于散热。图尔卡纳男孩的身材又高又瘦，看起来完全不像人类的早期祖先，反而更像现代的热带人。他的体型能够适应非常炎热的气候条件，如年平均气温达到87.4° F（30.8℃）的地区。他的身体比例与生活在纳瑞克托（Nariokotome）河西124英里（200千米）的南苏丹高个子丁卡人（Dinka people）几乎完全一样。然而，他们的相似性仅限于体质特征而不是基因，丁卡人与早期人类的相似度比所有现代人都要小。

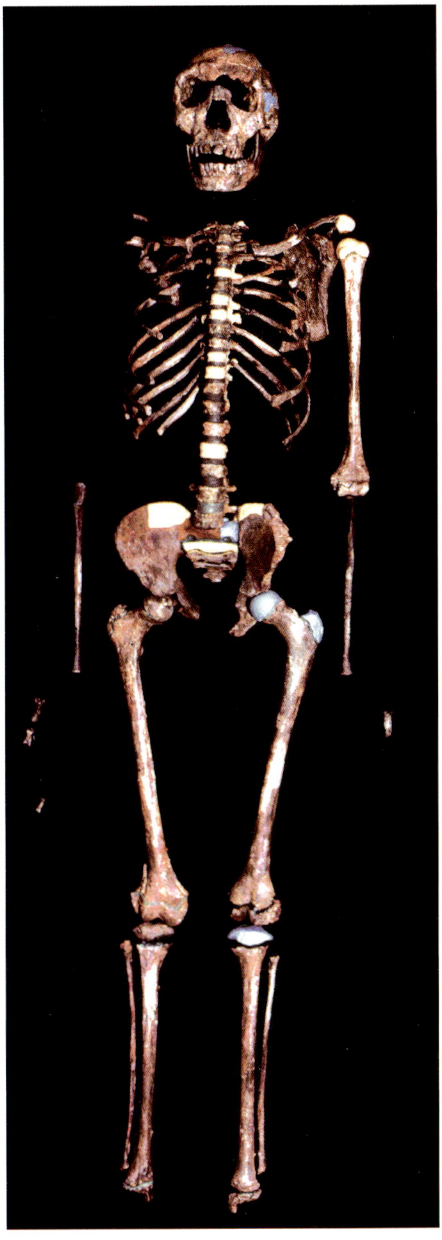

沉积物种类、花粉和动物骨骼的分析结果显示，纳瑞克托地区在150万年前的气候与今天一样炎热。这意味着图尔卡纳男孩要是像现代人一样通过排汗来降低体温，那么他将需要补充大量的水分（发掘他的考古人员深有体会）。该地点的沉积物显示，在150万年前，此地在短期内会出现一些较浅的水域，例如，我们会发现一些沼泽地区会季节性地被淹没。炎热的气候条件会使图尔卡纳男孩体内流失大量的盐分，但是他也能通过摄入含盐的矿物或者是动物的血液和组织来获取盐分。遗址里发现的动物骨骼以及被早期人类用来砸碎动物骨骼的石器说明，尽管他们食用肉类，但其中不少的肉类，尤其是大型动物的肉，可能大多数时候并不是他们自己猎取的，而是捡来的。

体态特征与行走方式

现代人类直立和两足交替的行走姿势，要求双腿以上的躯干通过脊柱和臀部的一系列弯曲以及其他适应性动作获得平衡。图尔卡纳男孩的脊柱弯曲程度、臀部的方向和平衡性，以及肋骨围成的现代人特有的桶型胸腔（而非像猿类一样的漏斗形胸腔）都表明他已完全适应了直立行走，并且他的行走方式与现代人类非常接近。

然而值得注意的是，图尔卡纳男孩的脊柱在两个地方和现代人类有所区别：百分之九十六的现代人类拥有 5 节腰椎，而图尔卡纳男孩却有 6 节。人们认为，多出来的那块腰椎最初是对促进脊柱弯曲的形成（这是直立行走的必要条件）有利的，但在图尔卡纳男孩时代之后就退化消失了。图尔卡纳男孩的脊柱比现代人细，因此他的脊髓腔也更为狭窄。这会减少通往胸部的神经数量，继而限制他自身控制空气从肺部通往口腔的能力，最终导致他无法像我们一样说话。

大脑

现代人的一个显著特征就是拥有大而复杂的大脑。现代人的平均脑容量大概为 82 立方英寸（1350 立方厘米），而猿类只有 27.5 立方英寸（450 立方厘米）。虽然图尔卡纳男孩和现代人类非常相似，但是他的脑容量为 53.7 立方英寸（880 立方厘米），只有现代人的三分之二，这意味着他的许多行为习惯和我们大相径庭。他的颅骨内侧表面存在与现代人相似的控制语言的区域，但是这些区域更多的是用于指挥运动，而非语言。有趣的是，他的大脑构造中存在一些不对称性，尤其是有与现代人一样的惯用右手的特征。

图尔卡纳男孩的死因

尽管纳瑞克托周围的草原上生存着各种各样的野生动物，图尔卡纳男孩遗骸保存的完整性有力地证明了他并不是食肉动物的猎物。只有一条线索能够暗示他死亡的原因，那就是他的下颌右侧有严重的牙龈感染。感染发生在他脱落了第二颗乳臼齿的时候，也就是死亡前不久。此处的痕迹显示，他的牙根还残留在牙床上，并且正因如此，下面的恒臼齿也很难萌出。由此引发的炎症会进一步造成口腔感染，引起败血症，而这是在抗生素发明之前的一种常见死因。

图尔卡纳男孩的骨骼是和一些鸟类和哺乳动物的骨骼碎片，

以及鱼类和两栖类动物的遗骸一起被发现的。他的牙齿集中在距离骨骼发现的主要地点 9.8 英尺（3 米）远的一处凹坑里。大多数的骨骼都是破碎的，但是并没有被风化。周围的埋藏环境显示，当男孩死后，他的尸体掉进或者被冲进了沼泽；在腐烂分解的一段时间里，尸体就面部朝下漂浮在沼泽中。他的牙齿脱落后被水冲进了一个动物足迹形成的凹坑，但是他的身体却继续随着水流缓慢地前后漂浮。大型动物踏过他的遗骸，只剩下少数的骨骼被韧带连接着，剩下的部分则一起陷入了深处的烂泥里，一直到 150 万年之后，在地表被侵蚀后才重见天日。图尔卡纳男孩的骨骼经历艰辛才保存至今，他为我们展现了一个非常完整的祖先的形象；而在这之前，我们只能通过一些零碎的骨骼碎片进行艰难的猜测。

虽然男孩的骨骼年代久远，但除了头骨之外，这具骨骼已与今天的人类非常相似。这具骨骼还显示，150 万年前的早期人类的体格大小就已经达到了今天的水平。一名古人类学家开玩笑地说，假如图尔卡纳男孩戴上帽子，掩盖住他低矮的前额和粗壮的眉弓，行走在现代拥挤的人群中，他甚至不会引起任何人的注意。不过他的动作习惯可能会与众不同，而且他可能很难找到自己的目的地，因为他所属的人种还没有进化出我们现代人标志性的大而复杂的大脑。

维尔纽斯的军队亡灵

2001 年 12 月，在立陶宛首都维尔纽斯（Vilnius）以北锡奥雷斯・麦斯提里斯（Siaure Miestelis）小镇的山上，工人们偶然遇到了一个非常奇怪的发现。当他们在过去苏联曾驻扎军队的地方铺设管道时，工人们意外地在一个大坑内发现了许多被乱七八糟堆放在一起的股骨、头骨、胫骨和骨架。这是一些步兵和骑兵的遗骸，坑内发现的蓝绿两色制服碎片、皮靴残片，带军队识别号码的纽扣以及刻着拿破仑头像的 5 法郎硬币，都提示着被召集来这里的研究人员此处发现的重要价值。维尔纽斯这些散乱错位、让人触目惊心的遗骸属于法兰西帝国的士兵，或者“拿破仑大军”——甚至他们其中有一小部分可能是拿破仑的直属近卫军。因此，这处埋葬着 1812 年从俄罗斯撤军期间死亡的拿破仑士兵的墓地，可能是目前为止所发现的规模最大的一座。

俄罗斯战役

始于 1812 年 6 月，历经 6 个月的俄罗斯远征以拿破仑军队的惨败告终。这支由来自于 20 个国家的 61.4 万人组成的大军被分成 12 个军团，分别由各军团的司令带领指挥。军队的前线由 45 万人组成，其中也包括波兰人以及他们的维斯瓦军团（Legion of the Vistula）。这支大军中还有巴伐利亚人（Bavarians）、奥地利人、萨克逊人（Saxons）、威斯特法郎人（Westphalians）、克罗地亚人（Croats）、瑞士人、葡萄牙人、意大利人、达尔马西亚人（Dalmatians）、荷兰人、普鲁士人（Prussians）和法国人，还包括 4.7 万名直属近卫军士兵。随军队前进的还包括 9 万匹战马和 2.5 万辆货车。甚至在开战前，有三分之一的人和马匹已死于干旱导致的缺水，有些军人只好喝泥潭里的脏水。在斯摩棱斯克（Smolensk）战役中拿破仑损失了将近 1 万人，但他仍然是胜利者。随后，只剩 13 万人随他继续征战 278 英里（448 千米）

以外的莫斯科。在莫斯科战役发生之前，博罗季诺（Borodino）一役虽然胜利，但却是以牺牲3万人作为代价。所以最后在1812年9月14日抵达莫斯科的是一支仅剩下10万人的军队。

撤军俄罗斯

拿破仑在莫斯科花了5周时间企图与沙皇亚历山大进行谈判——尽管在1807年签署的提尔锡特条约（Treaty of Tilsit）中，他们曾经结盟。虽然莫斯科已经失陷，拿破仑却没有能力摧毁俄罗斯的武装力量。俄军的数量虽然不多，但却时常让他马失前蹄。随着冬季的来临，气温不断降低，加上两支敌军的不断侵扰（一支来自北方，另一支则来自土耳其附近），拿破仑决定在1812年10月19日开始撤军。在一个深秋的早晨，他带领着不足10万人的军队以及大约4万散兵游勇（各种各样混在大军中希望牟取暴利的商人）离开了莫斯科。

大军一到达斯摩棱斯克，这场撤军就变成了一场暴动。初雪的来临比以往早了3周的时间；伴随着这场自然灾害，俄罗斯军

3000多名步兵，骑兵，军官，轻骑兵或是“老卫队”（Old Guard）的成员，已经在立陶宛首都维尔纽斯冰冷的土地中埋葬了两个世纪。

队亦是无休无止地攻击着这些已在寒冷和饥饿中麻木的幸存者们最后的防线。在穿过别列津纳河（Berezina）之前，拿破仑的大军仅剩下 5 万的散兵游勇。幸存者们继续前行，他们穿过了欧洲与俄罗斯帝国之间的界河涅曼河（Niemen），最后仅剩下不足 2 万人。

抢渡别列津纳河

在历史上，很少有名词像“别列津纳”一样，成为了灾难和勇气的代名词。俄罗斯军队封锁了唯一一条能过河的桥；但是法国人在距桥 11 英里（18 千米）的上游发现了一个可以涉水而过的浅滩。400 名架桥工程兵被从陆军工程部队中召集起来，他们在冰凉的水里架起了两座生命之桥，供数千名同伴到达了另一侧河岸。在这过程中，又有 5 万人不幸死亡或被俘虏，最终幸存并到达维尔纽斯的人数仅有 3 万。12 月 5 日，拿破仑得知巴黎发生了政变，弃军直奔法国。

遗址的发掘

考古学家们被迫等到 2002 年 3 月才开展发掘工作，此时气候温和，土壤解冻，田野工作才能顺利开展。在维尔纽斯大学解剖学实验室带头人李曼塔斯 · 詹考斯卡斯（Rimantas Jankauskas）的邀请下，一支因具有丰富的丛葬墓发掘经验而闻名的法国考古队进入了考古发掘现场，他们曾在 1720 ～ 1722 年对马赛（Marseillles）大瘟疫墓地的发掘工作中取得显著的成果。尽管当时的温度只有 21.2 ℉（–6℃），他们还是没有中断地尽快完成了清理，以确保城市基础设施建设的正常开展。据马赛医学学院的生物人类学带头人奥利维尔·都特(Olivier Dutour）介绍，这些遗骸被扔进丛葬墓的方式不禁让人联想到了卢旺达(Rwanda)或者波斯尼亚(Bosnia)的丛葬墓。

经过几个月的等待，大地解冻，考古学家在骨骼之间发现了士兵制服上的纽扣。一些纽扣上仍然带有“大军”的编号。

法兰克一立陶宛联合考古队（Franco-Lithuanian team）采用了

一个令人毛骨悚然的收获：考古学家在锡奥雷斯·麦斯提里斯地区的一座坑内发掘出几千具人类遗骸，随后将其运送到维尔纽斯大学解剖学实验室做进一步的研究。这些人中有的身患斑疹伤寒症；这将是一个证实历史记载的研究机会。

平面逐层揭露的发掘方法，成功区分开了这些骨骼。在连续快速的作业下，上百具遗骸被清理了出来。这个总面积766平方码（640平方米）的区域里一共埋藏了4层尸体，这是一个惊人的密度——每平方码就有7具遗骸！考古学家们在这片沙土地里总共清理出来3000余具遗骸。

这些遗骸都是谁呢？是历史上死于维尔纽斯市的那些士兵吗？就这个问题，都特和他的马赛古病理学家团队试图给出答案。除了这次发现的历史价值之外，维尔纽斯墓地还给我们提供了一个了解该时期欧洲青年人健康状况的独特机会，包括他们的年龄、身高、口腔和牙齿健康、食物短缺、疾病以及传染病等。立陶宛墓葬中所发现的骨骼能够提供所有这些信息。这些研究项目在本书撰写时刚刚启动。

立陶宛当局让法国考古队在墓地回填之前进行了几个星期的深入研究工作；回填之后，基础设施的建设将会继续开展。考古队尽可能最大限度地收集资料，以求深入研究这些骨骼。一些案例看起来十分悲惨。有些个体是筋疲力尽而死，他们死亡的时候呈蜷缩的姿势，脚跟被冻伤。一名军官还带着他的军帽，上面装饰着红、白、蓝三色的玫瑰花。

从历史记载中可知，在从俄罗斯撤退的最后几周，被击垮的

拿破仑大军的士兵遗体被汇集后混乱地堆放在一个丛葬坑内——这是迄今为止发现最早的拿破仑战争时期的墓葬之一。

士兵像潮水一样涌入维尔纽斯，脚上缠着哥萨克式（Cossack）的绷带，他们因饥饿与疾病而疲惫不堪，可能还患有斑疹伤寒症，但最主要的还是因为寒冷。从来没有一个冬天像 1812 ～ 1813 年的冬天那样寒冷，气温甚至一度达到了 –38.2 ℉（–39℃）。1812 年 12 月，拿破仑的军队中最终到达维尔纽斯郊区的士兵都像一群饥寒交迫的鬼魂。他们都是穿过了别列津纳河的幸存者，他们抗过了最艰难的困境，最终抵达了这里。

不仅所有人都忍受着饥饿，还有许多士兵受到了伤痛甚至死亡的威胁。在拿破仑战争期间，最可怕的命运就是死在医院里。在那个时期，战死沙场其实更好，在病床上躺着反而受尽折磨，因为当时根本就没有医药资源——没有截肢手术用的麻醉药，也没有治疗传染病或者坏疽的药品。大多数死在帝国战争期间的士兵事实上都是死在了医院里。人们根本没有时间照顾伤兵，所有能够自理的人都必须尽自己最大的努力坚持着继续前进，而剩下的人就只能留在医院，一直挨到生命的最后一刻。这就是在维尔纽斯所发生的一切。

1813 年 2 月，在他们到达两个月之后，无法继续前行的士兵都被俄罗斯军队追上，沦为了阶下囚。当俄罗斯人进入这座城市之后，他们担心感染传染病，因此需要尽快地处理掉这些尸体。城市居民们都反对火化，因为火化会给城市带来恶臭；他们最终决定把尸体掩埋进深坑里。在维尔纽斯医院，所有死去和即将死去的人，都被从窗户扔了下去。甚至就连死在医院的雷诺曼德将军（General Lenormand）的遗体也被扔进了庭院，和这些尸体堆在一起。

在立陶宛首都维尔纳（Virna）旁的维卡（Werka）的医院里，1813 年 1 月还有 1400 名病人，同年 3 月则只剩下 128 名幸存者。在 1812 年 12 月 8 日俄罗斯军队入侵时，幼年耶稣姐妹医院（hospital of the Sisters of the Infant Jesus）里还有 120 名患病的囚犯；仅仅 4 个月后，只剩 27 名犯人还活着。幸存人数如此之少，让人痛心。

今天，有关该墓葬发掘的后续工作尚不明朗。虽然这些遗骸

1812 年，超过 40 万人参加了俄法战争，但仅有两万人活着回去。这场灾难标志着拿破仑统治衰落的开始。

都属于法国军队，但实际上却是由来自 20 个国家的士兵组成的。这些遗骸到底应该重新埋葬在维尔纽斯的立陶宛公共墓地（今天的维尔纳市），还是应该专门为他们建立一个纪念碑呢？到目前为止，此事尚无定论。

有关拿破仑战争的受害者的纪念碑很少。在埃及和博罗季诺的战场分别建有一些纪念碑；在别列津纳东岸的布里利（Brilli），以及鲍里索夫（Borisov）和提尔西特（Tilsit）也各有一座。虽然也有一些普通的墓葬保留了下来；然而，仍有成百上千的家庭永远找不到悲伤的寄托，因为他们所爱的人在军队里只留下了一个简单的“失踪”或者“被俘虏”的记录。维尔纽斯地点的考古发掘可能给了我们一个机会，让我们重新找回那些在那个恐怖寒冬中逝去的成百上千个被遗忘的军人。

衰弱、疲惫、憔悴、冻伤——一支幽灵般的军队在 1812 年 12 月到达了维尔纽斯郊区。与此同时，俄国也牺牲了 30 多万公民。

肯纳威克人

肯纳威克人的骨骼在哥伦比亚河（Columbia River）边被发现。不断变动的水平面将骨骼从河岸边冲蚀出来，并将其在较低的海岸线一带重新埋藏。

在美国华盛顿州肯纳威克（Kennewick）小镇上，当威尔典·托马斯（Will Thomas）和戴夫·迪西（Dave Deacy）将他们在1996年7月29日发现的头骨交给警察时，他们并不知道这会招来一场多么激烈的争辩。这场法律与理智的争辩，不仅涉及了种族问题，还涉及了科学在美国社会的作用，甚至联邦法律的应用。

警察把这个头骨转交给了县里的验尸官后，在哥伦比亚河被侵蚀的岸边，与上次相同的地点，很快又找到了更多的骨骼。法医分析和鉴定了这些骨骼后，把他们交给了在该县从事验尸工作的考古学家詹姆士·查特斯（James Chatters）。初步的鉴定结果显示该颅骨具有高加索人的特征，说明他可能不是美洲印第安人，而更像是一名欧洲人。对该颅骨的进一步专业分析证实了这个结论，这是一名早期殖民者的颅骨。

当人们对骨骼进行测年时，得出的结论让人震惊。经观察，遗骸的臀部被刺入了一个石制的尖状矛头，但是这对测年来说几乎没有任何作用，因为这种类型的尖状矛头在历史上使用的时间跨度将近 9000 年。通过对骨样进行放射性碳十四测年，科学家们成功地得出了这具遗骸所属的时期，大约为距今 9580 ～ 9330 年，也就是公元前 7580 ～前 7330 年之间，可以说，这具遗骸起码已经有 9000 岁了。肯纳威克人属于前印第安时期（Paleo-Indian age），也是目前在北美发现的最早的史前个体之一；然而他的骨骼与美洲印第安人相比，却只有极少的相似之处。

在进行进一步的学术研究之前，美国陆军工程兵团（the U.S. Army Corps of Engineers）（作为相关联邦责任机构，因为这些骨骼是发现在江边的）与多个美洲印第安人部落团体协同行动，阻止了对遗骸的研究，并且没收了这些标本。陆军工程兵团还表明，他们打算将这些标本归还给一个声称要将肯纳威克人重新埋葬的族群，尽管这个族群几乎没有给出任何肯纳威克人与他们的文化相关联的证据。

根据 1990 年联邦法律中的《美国原住民墓葬保护和归还法案》（*NAGPRA: Native American Graves Protection and Repatriation Act*），美洲印第安人的遗骸在被用于研究之后，应该归还给相关部落的后代。这条法律只是对美洲印第安人的遗骸具有效力。任何一个在北美发现的可以追溯到欧洲人到来之前（公元 1492 年）的人类遗骸，不论有多少年的历史，均被看作是美洲印第安人。

虽然有联邦机构力量的支持，但是这条法律并没有被充分贯彻执行。在很多地方，发现的人类遗骸都被成功地用于研究，因为需要返还部落的条件是基于遗物鉴定、历史文献记录、口述史及与区域性部落讨论的结果。然而在另一些案例中，基于泛印第安文化（Pan-Indian culture）的概念，但凡发现的人类遗骸，无论属于哪一时期，与部落有无文化关联，一律都要归还给美洲印第安人团体。部落团体还曾使用《美国原住民墓葬保护和归还法案》来挑战联邦政府，提出土地要求以及颠覆性的主张。就像创世纪的传说一样，美洲印第安人的宗教信念被频繁地当作论据来否定西方的科学体系。

包括华盛顿州国会代表、世界媒体和科学团体在内的多股力量聚集起来，尽力在对肯纳威克人完成进一步的科学研究之前拖延再埋葬的时间。当这一方法失败的时候，一些知名考古学家提出了对陆军工程兵团的诉讼，触发了一个在考古学家、联邦政府和美洲印第安人之间长达 9 年的冲突。考古学家们在诉讼中声称，返还肯纳威克人遗骸和阻止如此重要的科学研究都是非常任性武断的决定。1998 年，事情发生了转变——诉讼被暂时搁置了，陆军工程兵团同意进行一些研究，但是他们要亲自挑选科学家。科学研究刚刚结束，就在国会休会期间，陆军工程兵团回填了遗址，尽管当时的美国国会已然下令不允许破坏遗址所属的现有河岸。

美国内政部（The US Department of the Interior）在一份政治决策中，公开声明肯纳威克人属于 5 个美洲印第安人部落团体共同所有。这 5 个部落团体早前均宣称肯纳威克人属于他们部落，并要求将遗骸返还重葬。政府解释到，根本不用怀疑，《美国原住民墓葬保护和归还法案》是一条属于印第安人的法律，所以决策也应该对印第安人有利。被搁置的考古学家们的诉讼，在 2003 年 8 月再一次被提上议程，美国波特兰地方法院（the U.S. District Court in Portland）的地方法官约翰·杰德克斯（John Jelderks）的裁决倾向于考古学家们的主张。杰德克斯法官在裁决中提出，由于在法律上缺乏充足证据证明肯纳威克人与印第安文化有关联，所以允许考古学家们研究肯纳威克人的骨骼遗存。判决下达后，陆军工程兵团和 5 个美洲印第安人部落团体迅速地提起了上诉。

紧随着肯纳威克人的头骨，遗骸的其他部分也在被侵蚀的河岸边相继被发现。

2004 年 2 月，此次上诉被美国第九巡回上诉法庭（the United States Court of Appeals for the Ninth Circuit）驳回。法院在判决中回应，诉讼中涉及的肯纳威克人与任何美洲印第安部落之间的文化关联都无法在基因方面得到证实，因此有关肯纳威克人的科

研工作应该继续进行。同年 4 月，法院拒绝了陆军工程兵团要求复审的请求。

2005 年 7 月，包括最初作为原告的 8 位研究员们所组成的研究团队，终于得到了研究肯纳威克人骨骼标本的许可。但是陆军工程兵团只给了他们 10 天的时间，所以研究员们把重点放在了埋藏学分析上。2006 年 3 月，初步的研究报告被提交给了美国法医科学学会（American Academy of Forensic Sciences）。计划在 2006 年开展的第二步研究最终没有实现，因为陆军工程兵团又提出了一些复杂并且难以实现的要求。这些要求再一次中断了科学家们对肯纳威克人的更深入研究，并导致了研究成果的发表延误。

2005 年的肯纳威克人研究成果很快就被正式发表在由史密森学会（the Smithsonian Institution）的道格拉斯・奥斯利（Douglas Owsley）主编的期刊上。应陆军工程兵团的要求所做的研究也已有了结果，在国家公园服务（the National Park Service）的网站上可以看到相关的信息。

自从法院在 2004 年对肯纳威克人案件做出判决以来，为了满足美洲印第安人的要求，避免以后类似的尴尬局面出现，美国内政部正准备取消执行《美国原住民墓葬保护和归还法案》需出示文化相关的证据的条例。新拟定的规则将会满足任何一个美洲印第安人群体提出遗骸遣返的诉求。这项提议后来因遭到科学家和国会成员的反对而没能实施。

肯纳威克人继续“住”在华盛顿大学的伯克博物馆（Burke Museum），这也是法院指定的保存地点。

肯纳威克人是谁?

对所有骨骼的完整分析证实，肯纳威克人是一名四十余岁的男性个体。他身高 5 英尺 9 英寸（175 厘米），惯用右手，死亡年龄在 38 ～ 55 岁之间，体重大约 159 磅（72.2 千克）。对骨骼的碳同位素检测结果显示他的饮食很有营养，尤其是食用了许多鱼类。他的肌肉很发达，但在成年时期受到过许多伤害，他的头上有好几处被击打的痕迹。由于伤病，他的肋骨几乎难以支撑起他的胸腔。他的左肩和肘部在早年所受的伤一直没有愈合，而且还一直忍受着非瘫痪性的脊椎、膝盖和肘关节炎的折磨。在他的臀部还有一件深深刺入伤口的大型石制矛头，这也可能会导致长期的疼痛。

虽然肯纳威克人受了这么多伤，但他还是顽强地挺了过来。至今他的死因尚不明确。他被有意埋在江边，从 1996 年被发现之前 6 个月，他的遗骸开始在江水冲刷下露出地面。

政府团队得出的测年数据也与早期的测年结果相符，对肯纳威克人发现地点的地质学研究也进一步证实了肯纳威克人的年代。科学家们还尝试对肯纳威克人进行 DNA 研究，但是因为陆军工程兵团的阻止而没能成功。

肯纳威克人与美洲印第安人并不相似，最大的差异是二者颅骨的侧面轮廓。其次，肯纳威克人具有更窄、结构更轻巧的方形下颌，以及更突出的下巴、高耸的鼻梁和前倾的面部。插图中展示的就是肯纳威克人的面部复原像。对肯纳威克人进行人像复原后，他的相貌与英国演员帕特里克・斯图尔特（Patrick Stewart）比较相像。还有人认为他非常像一幅名画上的主人公布莱克霍克酋长（Chief Black Hawk）[公元 1767 ～ 1838 年北美五湖西部地区索克（Sauk）和福克斯（Fox）部落的首领] 和他的儿子。

对于人种的分类，目前还存在着争议，关于“欧罗巴人”“蒙古人”和“尼格罗人”的分类有点局限于表面，这并不能充分反映群体内部个体之间的差异。基于这种争议，肯纳威克人被当作一个极端的例子，任何一个美洲印第安人部落个体都可能出现的例子。然而，通过对肯纳威克人遗骸进行研究，他确实可能是一个种族的典型个体，但是他到底属于哪个种族呢？

对肯纳威克人颅骨测量数据的多元统计学分析显示，他并不属于任何一种典型的现代人，而在某些方面比较接近波利尼西亚人（Polynesians），另外一些方面又比较像日本的阿伊努人（Ainu），只有很少的部分才与美洲印第安人相似。反复的分析得出的结果也是相似的：肯纳威克人更接近波利尼西亚人和阿伊努人，不像是美洲印第安人和欧洲人。牙齿形态特征的分析也与此结果相吻合。

虽然肯纳威克人的头骨和牙齿特征与包括美洲印第安人在内的任何现代种族都不相似，那他会不会属于另外一个后来因为死亡或者联姻而消失了的种族呢？在公元前 9000 年的北美有许多共

尽管对河岸进行的调查工作受限，考古学家还是发现了更多的肯纳威克人的骨骼。揭露出的沉积层里所包含泥土和砂也能帮助测定遗存的年代。

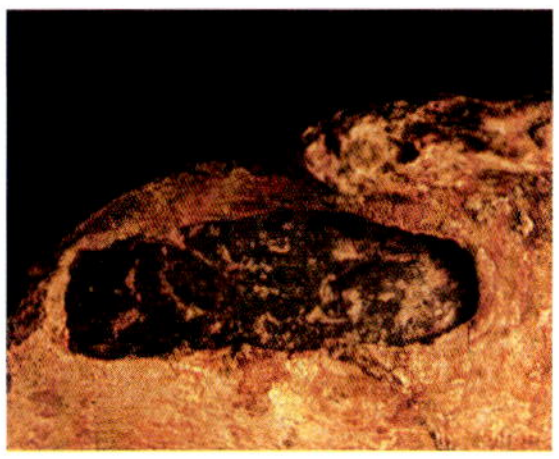

这件大型石矛头嵌入了肯纳威克人的臀部。注意这个中部偏右的弯曲区域，那里的骨头已经围绕着矛头生长。

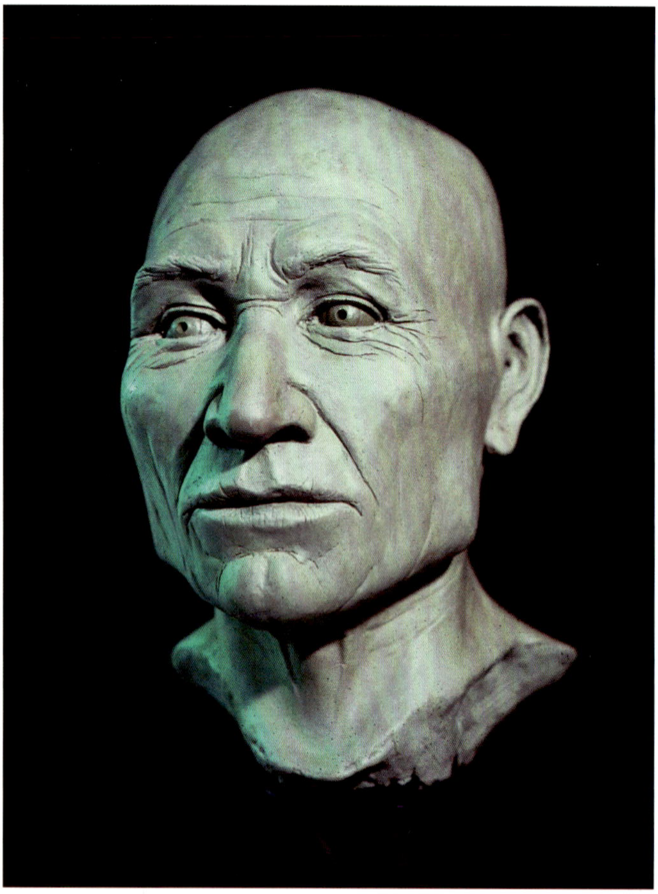

存的文化系统，从这时起，不同文化开始在一定地域内相互更替。但是这种文化传统的变化是否伴随着人口的更替呢？这个问题通常很少被考虑到。在北美考古研究中，文化传统的变化通常被解释为同一人群内部文化的进步。人群之间的差异被最小化，而单一的区域文化成为标准模式。

不像世界的其他地方，在美洲大陆的研究中，科学家们很少关注不同人群迁徙交流的轨迹。尽管早期到达美洲的人类可能是一批批迁徙过去的，科学家们依然简单地假设从最早到达美洲大陆的人类直到现代的美洲印第安人是连续迁来的，因此，他们假设是在一个很小的基因基础上繁衍出了大量相同的本土人口。但肯纳威克人的案例却有趣地反驳了这一观点。

肯纳威克人头骨的复原显示出其有较高的向前突出的面部，方形的下颌及突出的下巴，这些并不是美国本土印第安人的典型特征。

到达美洲大陆的史前人类应该是一波一波不同的小群体通过各种路线间断性地迁徙而来的。毫无疑问，这些独立的小群体在这个与世界隔绝的环境下彼此融合。正如肯纳威克人所展示的一样，这片大陆上的人类充满了复杂性，有一些人群繁衍昌盛，而有一些人群却彻底消失了。虽然目前有关前印第安人遗骸的发现很少，但这些材料已经为我们认识这些早期居民提供了相当有价值的信息。未来对这些人类遗骸的研究还会继续开展吗？肯纳威克人在政治上的问题仍然未能解决，我们等待着最后的结果。

第三章

蓄意致死

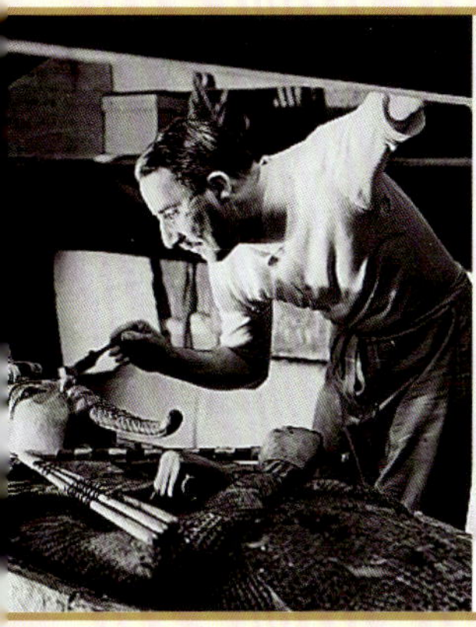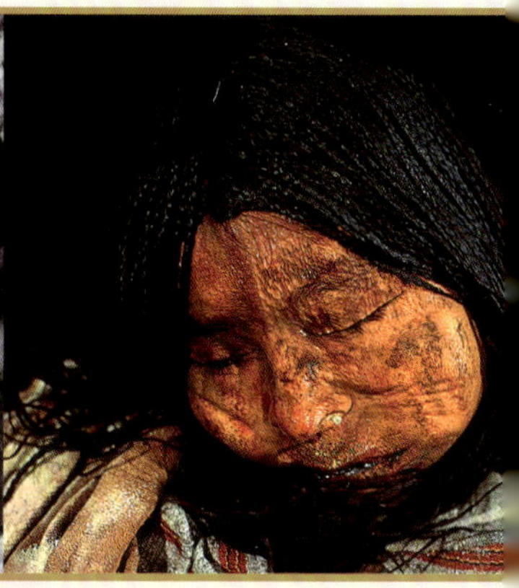

在一些案例中，骨骼上的创伤控诉着致命的蓄意伤害。有时，完好的遗骸也能为史前人类各种各样可怕的死于非命的方式提供形象的见证。

冰人启示录：石器时代的密语

冰人被发现于意大利和奥地利交界处的阿尔卑斯高山地区。当夏末的阳光融化了他周身的冰雪后，埃里卡（Erika）和赫尔穆特·西蒙（Helmut Simon）发现了他。

1991 年 9 月 19 日，两个在阿尔卑斯山徒步的德国旅行者在意大利和奥地利的交界处巧遇了 20 世纪晚期最轰动的考古发现——一具头部与身体从满是泥浆的沟壑中伸出的男性遗骸。这就是冰人，他在被发现后的十多年中源源不断地向人们提供着新的素材。

尸体的发掘

阿尔卑斯山区的救援队挖出了这具尸体，推测他可能是数十年前失踪的登山者。他们使用气锤将尸体躯干上的冰破除，由此不慎损伤了他的左侧臀部。但幸运的是，不久他们的电就用完了，再没有对尸体造成其他伤害。然而接下来几天来到此地的游客对尸体又戳又拽，造成了进一步的破坏。最终他被用冰镐和雪杖整体提取出来，运送到了奥地利因斯布鲁克（Innsbruck）。

一些参与尸体挖掘的人感觉他也许比最初设想的更加古老。在尸体旁边发现的木柄金属斧以及其他由木头、皮革、燧石和草制成的人工制品为此提供了关键的线索。接下来的几日，冰人生活的年代被不断向前推，先是中世纪，然后是铁器时代。最终，因斯布鲁克大学考古系教授康拉德·斯平德勒（Konrad Spindler）结合尸体和相关的发现提出冰人约有 4000 年的历史，可以追溯到青铜时代。

斯平德勒的推测立刻引起了轰动，因为现在看来冰人是最古老的保有肉身的尸体之一。北欧铁器时代的泥沼尸显示出了史前尸体的潜在研究价值，而冰人较之更为古老。一具保存完好的千年古尸有着很高的科研价值，斯平德勒和他的同事们书写了考古学史上最具戏剧性的侦探故事。

考古学研究、测年与保护

研究者们又回到了泥浆谷地，发现了更多的毛皮与皮革，许多纠结在一起的草团，一个桦树皮容器和一张草编网，这些物品都没有显示出被移动的痕迹。当时和尸体一起被发现的还有一张弓，现在又发现了一个装着箭的箭筒，有些箭的上面还残留着羽毛。凛冬的到来终止了这些初步的调查。

有两件重要的事迫在眉睫：首先，尸体需要在不破坏重要的生物化学证据的前提下保护起来；其次，必须对尸体进行更加精确的测年，即采用高精度碳十四测年的方式，通过加速器质谱仪进行测年。冰人首先被放置在因斯布鲁克大学的一个无菌冷藏室中，并用苯酚进行了擦拭。组织和骨骼样本被送到牛津和苏黎世（Zürich）的放射性碳测年实验室，草的样本则被送到乌普萨拉（Uppsala）和巴黎的实验室。同时，精美的文物被送到了德国美因兹（Mainz），那里有一支考古学和文物修复团队着手对它们进行编号、修复以及保护。

第一个碳十四数据造成了很大的轰动，来自不同实验室的数据都将时间指向了 5300 年前，比斯平德勒 4000 多年的推测还要早一千多年。那么最初被认为是用锡青铜制成的金属斧又该如何解释呢？经过冶金测试，斧子几乎是纯铜制成的，而不是青铜，它的年代也与碳十四测年的数据相符。

冰人身上有超过 50 处文身，在背部、脚踝、膝盖以及小腿肚上的面积较大。大多数人认为这些文身是为了装饰，但也有人推测这是为了缓解他身上的疼痛。

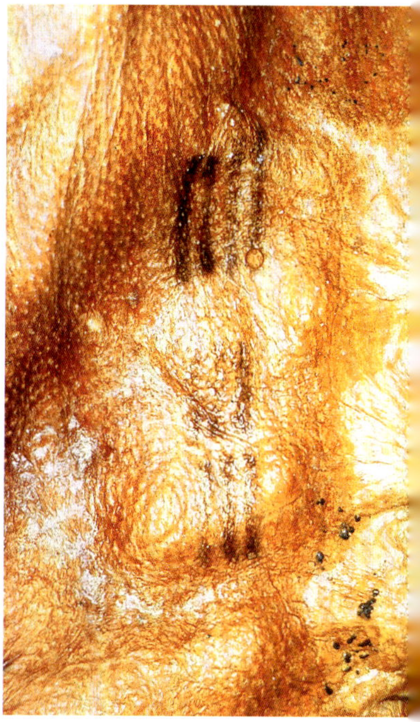

铜器时代的欧洲

冰人不是青铜时代的居民，他应当生活在一个更早的时期，考古学家称之为新石器时代。在新石器时代晚期，铜开始为人们所用，尤其是在南部欧洲，一些考古学家将这个时代称为铜器时代（Copper Age），虽然人们依旧使用石器。

在铜器时代，或者说新石器时代晚期，许多类型的陶器和石器被制作出来。墓葬中常有精美的随葬品，比如大铜斧，以及铜和金制成的各种装饰品。住在村中的人们都过着自给自足的日子，一些居民获得了更高的地位和更多的财富，考古学家因此了解到了这一时期社会差异的根源。财富上的差距也许源自于获取的资源，比如铜和用途日益增加的牲畜，人们可以由此获得肉、毛料、奶和动力。在这一时期，欧洲首次发现了轮式车和犁耕。

考古学家们想更多地了解冰人那个令人着迷的时代，冰人随身穿戴的物品让他们认识到自己对铜器时代的生活知之甚少。在此之前从未有易腐材料制成的衣物和装备保存下来。最受关注的问题也包括冰人本身：他从何处来？他要在阿尔卑斯山做什么？他要去哪里？他是如何死亡的？

冰人成名

生活年代的确定、保存完好的尸体以及罕见的发现物使冰人成为了媒体报道的常客。每个新发现都能调动公众的想象力，他

冰人的财产中最不寻常的发现是两块桦滴孔菌（Piptoporus betulinus），它们被穿孔系在皮绳上。有些人推测它们可能具有药用价值。

也变得有名起来。他有了很多新名字，例如“斯密劳恩人”（Similaun Man），因为他是在阿尔卑斯山顶峰附近一个叫斯密劳恩的地方被发现的；不过这个名字并未得到广泛的接受。“蒂罗伦西斯人”（*Homo tirolensis*）和蒂罗尔人（Tyrolean Man）同样未被接受。对冰人最常用的称呼是“奥兹”（Ötzi），得名于遗址北部一个名为奥兹托（Ötztal）的山谷。不知什么原因，奥兹这个名字脱颖而出，频频出现在许多大众刊物上。

关于冰人尸体的一些受关注的细节开始被揭露出来：他生前高约 5 英尺 3 英寸（160 厘米），重约 110 磅（50 千克）。他的年纪大约在 40 ～ 53 岁之间，这对于铜器时代的人来说是相当长寿的了。初步的 X 光检测显示他没有第 12 对肋骨，这是一种罕见但并无大碍的骨骼异常。特别有意思的是他背部、膝盖、脚踝和左腕上的文身。这种文身的原理是将木炭擦进细微的伤口中，待伤口愈合之后木炭的碎屑就留在了皮肤之下，形成了文身。这些文身都是一些只有几厘米长的线条，在一侧膝盖上有一个十字。

最初，冰人被认为是在奥地利国境内被发现的，然而国境线其实并没有被划分得很清楚。媒体报道促使人们对冰人的发现地点进行了更加严格的审查，而一份调查报告则证实该地点实际上位于意大利境内，距边境线 101 码（92 米）。两国经过协商后同意将冰人留在因斯布鲁克做后续研究，一旦意大利建好了接收他的设施就要立刻送返。

调查进行时

1992 年，考古学家回到了冰人被发现的地点，对整个山谷进行了彻底的搜查。他们又发现了一些皮毛、皮革以及几片冰人的皮肤、肌肉组织和毛发，甚至还发现了一片指甲；最重要的是还发现了冰人曾经戴过的皮帽。

同时，在因斯布鲁克，人们对冰人的尸体进行了更加深入的研究。指甲显示冰人曾经营养不良，而鼻子和一截肋骨表现出折断又愈合的迹象；他的其他肋骨则在死亡前后尽数折断。尽管他并没有龋齿，但牙齿磨耗严重，也许是因为常吃用磨石磨过的谷物。冰人饱受动脉硬化和骨关节炎之苦；最近的放射学研究还显示他有胆囊结石，并且脚趾被反复冻伤。篝火的浓烟熏黑了他的肺；

在他的头发中还发现了冶炼金属留下的微量矿物质。各种证据显示，奥兹过着艰难的生活。

在奥兹的肠道中发现了小麦和肉的混合物，以及一些其他的植物，这无疑证实了冰人来自一个种植小麦的农业社群，并且这些农夫的菜单上还有各类其他植物。他吃的肉来自红鹿和野山羊。在他的肠道中还发现了 30 种花粉粒，主要种类有蛇麻草角树、榛树、桦木以及松木。蛇麻草角树需要温暖的生长环境，所以它的出现表明冰人在死前不久居住在阿尔卑斯山南部的一个温暖的谷地。

蛇麻草角树花粉还明确了奥兹死亡的季节。早期的研究推测冰人殒命于秋季或者冬季的暴雪中，而蛇麻草角树在春季开花，其他通过花粉被鉴定出来的植物也是。这些花粉粒保存完好，表明它们是在冰人死前不久被摄入的。因此冰人是死于冬末，而不是初冬。

冰人的衣物

奥兹的衣物和装备在意大利波尔扎诺的南蒂罗尔考古博物馆被复制展出，真品则在旁边的展柜中展出。

冰人的随身物品使我们得以一窥 5300 年前史前人类的生活细节。这些物品可以被分为两类：衣物及装备。史前的衣物鲜少保存下来，欧洲铜器时代的衣物更是从未听说过；同样，奥兹的装备大部分也是用易腐材料制成的，它们也已超出了考古学家们的认知。

奥兹的衣物包括他的帽子、上衣、绑腿、带小袋的腰带、腰布、鞋子和斗篷。其中最特别的可能是那件无袖斗篷，它是用草绳将一捆一捆的草茎编在一起制成的。这件斗篷原长约 35 英寸（90 厘米），穿在其他衣服外面既温暖又防水。事实上，近几个世纪的阿尔卑斯山牧羊人也穿着类似的斗篷。

冰人的上衣、绑腿、腰带、束带以及鞋子的一部分是用皮革制成的，这套装扮究竟用掉了多少种动物的毛皮也是一个值得关注的问题。他的上衣、绑腿和腰布是用山羊皮制成的，帽子和鞋底用的是熊皮，鞋子表面是鹿皮，腰带和腰带上的小袋用的则是牛皮。令人惊奇的是，他没有穿戴任何羊毛制品。

冰人的每件皮衣物都有着与众不同的特点。他的上衣是用动物筋腱将山羊皮拼接缝制而成的。绑腿就是一种能遮住大腿和小腿的皮革管，一条鹿皮的皮带将之系在鞋子上，防止它向上移动。奥兹的皮带是小牛皮做的，有 6.5 英尺（2 米）长，足够绕他腰间两圈；上面还用皮革缝制了一个口袋。腰布与围裙类似，用腰带绑住。熊皮帽子有两根皮带，可系在下颌处将帽子固定在头上。他的鞋子是由椭圆形的皮革底，包裹双脚的草编网，以及填充在里面、被草编网固定住的大量青草组成。熊皮的鞋底被皮带固定住，脚与鞋底之间是草编网，而网的缝隙之间塞满了青草或干草，顶部还覆盖着一片鹿皮。穿上这双鞋子需要花费一番工夫，因此这双鞋子所提供的温暖肯定抵得上花费的这些工夫，尽管它们的耐久度和防滑性显得有些差强人意。

冰人的财产

冰人也许知道他需要穿越阿尔卑斯山，因此他的装备是经过精心挑选的，里面包括许多不同种类的木材和一些修理工具。在这些发现中有一些令人疑惑的地方，尤其是未完成的弓和箭。

冰人的铜斧广为人知，不仅是因为接近纯铜的成分确定了它的年代，也因木质的把手向人们展示了金属斧头是如何安装以及持握的。把手是用接近 2 英尺（60 厘米）长的紫衫树枝制成的，一端还延伸出一段较短的树杈。这段树杈被从中间劈开，接上铜斧刃，使用桦树沥青进行黏合，又用皮革带紧紧地绑住。这件铜斧既能作伐木的工具又能当武器，是极为珍贵的器物。

奥兹还随身携带着一个用木头和皮革制成的背包：一根约 2.2 码（2 米）长的榛木棍被弯成 U 形作为框架，并被裹上皮革制成的包袋。他还

奥兹的 14 支箭用坚硬笔直的荚蒾木制成，其中两支完成了，12 支未完成。箭杆的一端装有石头或鹿角箭头，另一端装有羽毛。

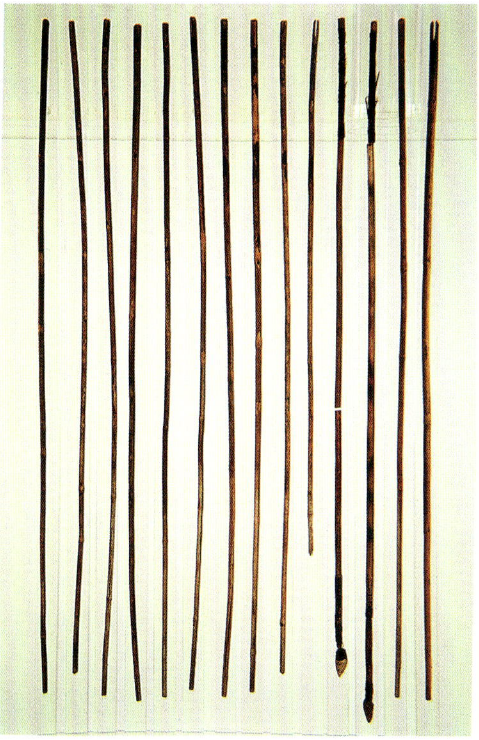

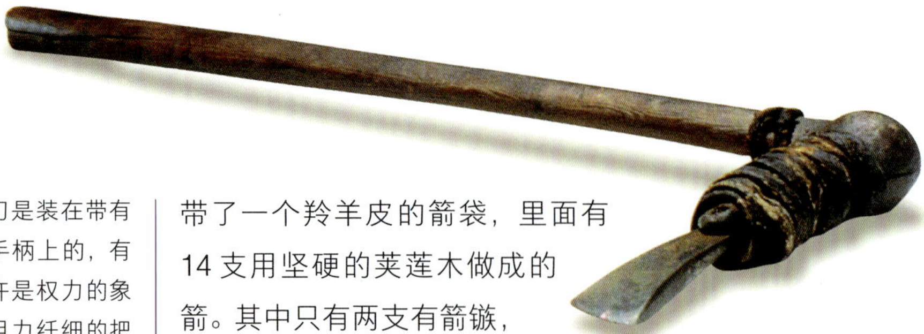

奥兹铜斧的斧刃是装在带有枝杈的紫杉木手柄上的，有些人认为它也许是权力的象征，因为稍一用力纤细的把手就可能会断掉。

带了一个羚羊皮的箭袋，里面有14支用坚硬的荚蒾木做成的箭。其中只有两支有箭镞，箭袋中还有可能是用作箭镞的鹿角尖。冰人的紫杉木弓也没有做完，这就引发了人们的推测：他是否死前还在做这张弓。

奥兹在他的背包和小袋中装了许多有用的物品：两个用来保存火种的桦树皮容器，用来捕捉鸟和其他小动物的草编网，以及一件白蜡木手柄、燧石刃的匕首（这把匕首被装在植物纤维制成的鞘中）。匕首上的燧石来自意大利北部的一个矿藏，临近加尔达湖（Lake Garda）。还有一根菩提木棍，一端尖锐，嵌有火烧后硬化的鹿角，应该是用来加工燧石片的。

有些发现依旧让人摸不着头脑。两个桦滴孔菌的圆片被系在皮革带上，也许是为了药用，类似于抗生素。还有一个中间有孔的大理石圆片被皮革带绑着，而后者又被系在了皮带的流苏上。

奥兹的最后时刻

关于冰人，一个被反复提及的问题是他是如何死亡的。最初人们认为他似乎是一个单纯因暴风雪而死亡的旅人——即使在春季，暴风雪也是会突然发生的。而且在这个海拔，跋涉于冬季遗留的积雪上时，人很容易陷于泥沼中，并因体温过低而死。

奥兹折断的肋骨和破损的装备引发了新的推测。康纳德·斯平德勒推测冰人在那场令他的肋骨与箭矢受损的打斗中幸存，但最终饥寒交迫，倒在山谷中死去了。在20世纪90年代的许多冰人故事中，这个情节似乎有些夸张，人们更倾向于用一次严重的坠落来解释冰人折断的肋骨与破损的装备。

几乎是在冰人被发现的10年后，CT扫描在他左肩中发现了一个小小的燧石箭头，先前它一直都被冰人的肩胛骨遮住了。起初，

通过CT扫描在冰人左肩发现的小箭头被认为是从伤口后方射入的，有人据此推测他死于谋杀。

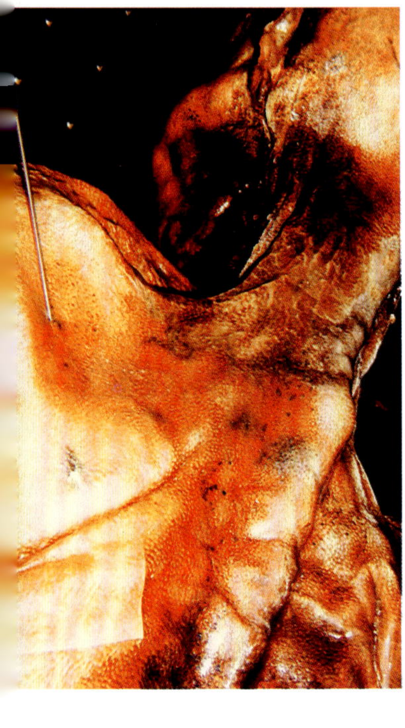

发现一个未愈合的射入伤是很困难的；但最近的研究在奥兹的皮肤上发现了一个小洞。这个箭伤足以导致冰人死亡吗？2005 年的多层螺旋 CT 检查显示这枚箭头撕裂了冰人左侧锁骨下的动脉，造成大出血，最终在几小时内导致了休克性心脏骤停。奥兹是失血过多而亡的。

是谁射出了这支致命之箭呢？我们不得而知，但是通过对冰人肠道内的花粉分析可以还原他生命中最后两天的活动轨迹。死前一天，他从高山地带的松树和云杉森林一直走到附近长满铁木的山谷。他在此停留了数小时，之后又回到了亚高山地区的针叶林，开始继续攀爬。是置他于死地的人在追杀他吗？

通过利用多层螺旋 CT 对冰人的胃部进行检查，科学家们有了更多的发现。对胃容物的初步分析向我们说明了他去世前一个小时左右的最后一餐。冰人吃了大量的野山羊肉，他应该感到相当安全，因为他甚至烹调过了他所享用的食物。也许杀手就是在他吃饭的时候突然出现的。

尽管有确凿的证据表明奥兹因致命的箭伤而死，但在这一案例中还有许多悬而未解的地方。比如，考古学家们此前一直假定冰人死于他的发现地或其附近。近来一些学者们提出冰人可能死于别处，他的遗体先被制成木乃伊，之后被带到山上正式埋葬。他们的推测遭到了许多研究冰人多年的学者的激烈反驳。在被发现 20 年后，奥兹仍然在刺激着考古学家们的想象力。

奥兹躺在距他的随身物品展览不远处的恒温室中，他空洞的眼眶茫然地看着列队经过的参观者。他们对他十分尊敬，就好像他还活着。

拜访奥兹

1998 年 1 月 16 日，奥兹和他的随身物品被送到了意大利波尔扎诺（Bolzano）新建的南蒂罗尔考古博物馆（South Tyrol Museum of Archaeology）。奥兹的尸身被保存在一个恒温恒湿的房间内，参观者们肃穆列队，缓缓前行，通过小窗口瞻仰他的遗容。他的随身物品被展示在周围的房间内。一个与真人等高，全副武装的冰人复原像呈现了他生前的样子。在博物馆之外，人们可以买到关于奥兹的纪念品，甚至是“奥兹披萨”。一个死于 5300 年前的无名旅者不仅成为了一项重要的科学发现，而且还成为了世界名人，这真是让人感到惊奇。

被屠杀的阿纳萨齐人

一个四角地区的阿纳萨齐丛葬墓。死后不久，这些阿纳萨齐人就被丢进了地下坑穴，所有颅骨都被不同程度地压碎，还有一些遗骸没有四肢。

阿纳萨齐人（Anasazi）是普韦布洛（Pueblo）印第安人的祖先，从公元600年一直到接触欧洲人之时都生活在美国西南的四角地区（Four Corners region）。阿纳萨齐人遗址的一个共同特征是有丛葬墓，大量的人骨经常会在一个封闭的区域内被发现。这些墓葬有可能位于一处地表的房屋、灰坑或者地穴（地下的仪式性空间或建筑）中，也可能就在一处窖穴、岩石掩体、自然岩穴或者裂隙里；在极少数的情况下，还会在空地上被发现。

在考古学史上，这些堆积的遗骸往往不被当作墓葬。当一堆破破烂烂的人骨被发现时，它们常被认为是被随意丢弃的遗骸；而只有那些正式的、有时还发现有随葬品的墓葬才会被认为是阿纳萨齐人的墓葬。那么，丛葬墓中埋葬的究竟是谁？这种墓葬又代表着什么呢？

我们现在已经知道，这些丛葬墓里埋葬的都是部落冲突的受害者们，它们无声地控诉着部落战争的残酷后果。丛葬坑中的人骨都是脱节或是部分连接在骨架上的，它们代表着不计其数的个体。这些个体的颅骨常被压碎，长骨被劈开或粉碎，肋骨和其他骨骼也碎成小块。有些骨骼碎片（往往是椎骨和长骨）上有被砍伤的痕迹，还有一些骨骼曾被火烧过。这些骨架往往有某些部位是缺失不全的。

现代解释

显而易见，许多长期流行的关于阿纳萨齐文化的理论是错误的。最近，一个更加全面、真实的关于阿纳萨齐文化的观点被提出，考古学家开始承认并且接受这个文化中存在暴力和战争。当认识到安置死者的方式有很多时，我们开始接受更多的丧葬习俗。正式的墓葬只是众多埋葬方式中的一种，还有很多阿纳萨齐葬俗尚未得到人们的完全理解。

人们至今还在犹豫是否要接受这些有关阿纳萨齐社会的新观点。曾经有一种错误的说法认为这些丛葬墓是食人留下的残骸，据说墨西哥的突击队曾经穿越过今天美国西南部的某些地方，杀死并吃掉了这些受害者。这种关于阿纳萨齐文化的狭隘看法源自于在此处工作的考古学家们的落后观念——他们认为阿纳萨齐人是温和的农夫。他们认为阿纳萨齐人很少参与战争，暴力对他们而言是一种“异常”的行为。食人理论的支持者利用最初是为分析动物骨骼的破碎模式所建立的埋藏学模型（埋藏学研究的是那些影响动物死亡后骨骼完整性和组成成分的过程）来探讨这些人是否曾像动物一样被屠宰。显然，若是战争受害者和被屠宰的动物显示出相似的骨骼破碎模式以及砍切痕迹，那么就说明造成这些创伤的都是相同的动机——供人类食用。这个解释只有在人类仅被视作动物的时候才能说得通。食人论者认为动物骨骼上的砍切痕迹是切割和屠宰造成的，因此，人骨上的砍切痕迹也是为了食用造成的。在另一项研究中，考古学家在人类的排泄物中发现了人类的组织遗存，这被当作阿纳萨齐人食人的决定性证据，也支持了一些早期的类似观点。

战火迫使许多阿纳萨齐人住在被称作是“悬崖屋”的易于防守的大型公共建筑中。这些建筑被建在崖壁中间延伸出来的巨岩上。

然而到目前为止，没有任何阿纳萨齐人食人的观点得到确切的证实。大多数食人观点的拥护者都将他们的论点建立在对文化和人性不切实际的狭隘观念上。仅凭人骨上留下的相似创伤是不可能区分造成创伤行为的动机的。正确运用埋藏学方法只能找出死因以及骨骼发生的改变，但并不能明确死亡发生的背景。对阿纳萨齐丛葬墓中人骨遗存的分析表明他们是被钝器击打致死的，遗骸上的创伤同时来自生前和死后。骨骼损伤模式的报告经不起考证，而含有人类组织的粪便也可能是来自于食腐的郊狼。也许阿纳萨齐人确有食人习俗，尤其是在饥饿的环境下；然而在不将文化作为其变量之一的方法论中，这种习俗无法得到证实。

阿纳萨齐人的战争

阿纳萨齐人中有暴力行为的观点被接受后，考古学家们开始注意到之前忽视的战争证据，例如可以辨认出的战

这些被杀害的阿纳萨齐人遗骸来自于新墨西哥北部。数名个体的残骸散落于这座被发掘了一部分的房间中。

争受害者。正式的墓葬中仅有少数几例骨骼上嵌有石镞，或是颅骨上有被钝器击打后形成的创伤。然而，由于这种墓葬很少见，大多数已知的阿纳萨齐战争受害者还是丛葬墓中破碎人骨所代表的个体。

我们现在知道，战争在史前阿纳萨齐人的生活中是家常便饭。用有历史记录的美国印第安人的活动作为参照，我们能够还原出阿纳萨齐人的战争模式。阿纳萨齐人作战的基础模式可能是对周围部落连续发动小规模侵袭，间或也会发生一些大规模的战争或者屠杀。人们可能会在田间劳作和取水的时候被伏击；小部落会在大型的袭击中被屠杀。交战双方往往是有一定关联的。虽然有很多种类的武器被使用，但使用最多的是棍棒。在阿纳萨齐的废墟中最常见的武器就是石锤，受害者身上严重的骨折就来自这种武器的重击。锋利的碎石片能切开内脏器官，并在骨骼上留下伤痕。受害者们不仅被杀害，他们的尸体往往还会被精于屠宰的人肢解，骨骼也会被棍棒敲碎。

死者的尸体会长时间暴露在外，渐渐腐烂，之后被环境和食腐动物分解。在大多数情况下，战争中的幸存者以及遇难者的亲属会在安全时返回，也就是在死者被肢解之后，收集还能找到的尸块。有时骨骼上的肉可能会被用石刀刮干净，许多美洲原住民部落就会这么做。被收集起来的骨骼碎片通常会被置于废弃的建筑物或房屋中的暂时安放地。有时他们会被再次埋葬。而对这些残缺遗骸的二次埋葬就成为了阿纳萨齐遗址中的丛葬墓。

令人惊喜的是，一些支持阿纳萨齐战争模式的强有力证据被发现了。本土印第安人口口相传的传说中有一个位于波拉卡 - 沃什（Polacca Wash）（亚利桑那州霍皮台地，Hopi Mesas 西南部）的丛葬墓。在霍皮人（Hopi）的口头传说中，埋葬在这里的是来自霍皮人村庄阿瓦托维（Awatovi）的恶人，他们被其他袭击他们村庄的霍皮人抓住后带到了波拉卡 - 沃什并被折磨至死，而尸体则被肢解。后来，他们的骨骼被亲属们收集起来埋葬在那里。波拉卡 - 沃什也出土了相同规模的人类遗骸，遗骸状态和阿纳萨齐的丛葬墓情形类似。

其他支持阿纳萨齐人战争的证据是遗址中发现的防御设施：一些村落周围有木栅栏环绕，其他部落则将他们的居住地建在易防御的位置。在科罗拉多（Colorado）西南的弗德台地（Mesa Verde），聚落被建在岩石掩体中，只能手脚并用或者通过爬梯爬上陡峭的悬崖。大型的阿纳萨齐部落，如普韦布洛，是为了集体防御而建，其外部只有很少的窗户和门。这些建筑的入口要么是墙上狭窄且易于防守的门洞，要么就是只能通过爬梯抵达的屋顶开口，只要关上就无法从外面进入。在某些地区，聚落之间可以相互照看，形成某种区域性的防御合作。查科（Chaco）体系的大型聚落通过连续的道路相连，或许就是一个区域性的防御联盟。

阿纳萨齐人的世界是危险的，已知的敌人可能就在临近的村庄，而未知的敌人随时可能会来偷袭。就像在大多数文化中那样，对阿纳萨齐人来说，作战也是一种重要的社会机制，它能够保护集体，并通过刺激集体情感以及一致对外的思想来增强凝聚力。阿纳萨齐人丛葬墓的大量出现证明了集体观念对于这些人的重要性。对他们而言，这是一个攸关生死存亡的大问题。

新墨西哥北部有大量的火山沉积岩，阿纳萨齐人就是在这种较软的岩壁上挖出了网状分布的房间。修建这种只有通过台阶才能进入的住宅区是为了易于抵御敌人的攻击。

高卢的战争遗址

约 2250 年前，一场战争发生在高卢北部一个现在被称为利贝蒙（Ribemont-sur-Ancre）的地方。此地距亚眠（Amiens）东北部 12 英里（20 千米）。一个名为安比亚斯（Ambians）的比利其人（Belgae）部落，抵御了来自阿莫里凯（Armorica）（现在是勒芒区域的下诺曼底 Basse-normandie, the Le Mans area）的凯尔特人（Celts）。虽然有数千人参战，上百人因此丧命，历史上却并无记载。是考古学家发现了战争胜利者所建立的纪念碑，从而向我们揭露了这场战争。这也是欧洲凯尔特人唯一已知的胜利纪念碑。

遗址在皮卡迪（Picardy）延伸了超过半英里（1 千米），是一个由探沟围起来的区域，其中人骨散落的区域原来应当围有栅栏。这个地点最早是被罗杰·阿加西（Roger Agache），一个伟大的法国空中摄影专员，在空中发现的。初次发掘是在 1966 年，人们认为这可能是一处巨大的高卢罗马人圣所，虽然在该处发现了高卢的铁兵器和人骨，但这些都被解释为被高卢罗马建造者破坏的墓葬遗存。伴随着发掘的继续，不同的意见出现了，有人提出这里可能是建于公元前 3 世纪的凯尔特人圣所。

考古学家在发掘中记录下了每一块骨骼以及文物的空间位置。所有的遗骸都被保留在原地。

20 世纪 80 年代，一批特殊的人骨被发掘出来。这些四肢骨骼被成排交错地摆放成骨墙，形成了一个立方体状的结构；此外还发现了一个大型的停尸房。人骨在凯尔特圣所中很少见，因为凯尔特人多使用动物（大多数是牛）作为牺牲；因此，这个遗址显得非同寻常。20000 件人骨的发现表明这里一定有上百位受害者，也意味着这不大可能是献祭。

20 世纪 90 年代的进一步分析表明这些骨骼来自于大约 500 个个体，但这些遗存又与同时期墓葬中的骨骼不尽相同。遗址中没有一例死者是女性，所有死者均是年纪介于 15 ～ 40 岁之间的成年男性或者少年。这些男人相当魁梧，他们的平均身材和现代法国人接近，而且骨骼健壮，没有发现疾病或异常的痕迹。

除了这个被探沟围起的区域，遗址还包括了一个 16 码 ×5.5 码（15 米 ×5 米）的长方形区域，在这里，武器和骨骼碎片以令人难以置信的方式交错在一起。这些骨骼大多为长骨，并且没有发现头骨。大量的椎骨上显现出斩首的痕迹，大多数是由周围死尸身上的刀所致。由于需要切断大量的肌肉，完成这项艰难的工作起码需要半个小时。这些没有头颅的遗骸来自于大约 140 个可能的战败者，他们没有被人为地埋葬，也许就像“稻草人”一样在外面暴露了 200 多年，之后渐渐地伴随着它们的支撑物一起溃烂倒塌了。在漫长的岁月里，沉积物在上面层层累积。而这些战败者的头颅也许被胜利者们挂在马上当做战利品带走了。

考古学家们发现了超过5000件兵器，大多是矛、枪、盾的碎片，仅有少数的剑鞘和剑。总之，这些被丢弃或者破损了的武器以及在逃跑中丢掉的盾牌等都是能在战场上收集来的。但是象征身份

许多椎骨上都有屠杀留下的痕迹，清楚地表现了这些人头是如何被砍下的。

的私人武器，比如剑，则会被它的主人随身带走，或者是被杀死它主人的人当作战利品夺取。

一些武器的状态表明它们原先可能是在一个高平台上，当平台倒塌时掉落在地。周围数以百计的尸体、武器、马匹和战车表明，这座纪念碑明显是被竖立在战场及其附近的。

遗址中发现的 15 枚金币将这场战争的发生时间限定在了公元前 260 年左右，并证明了这些人可能是当时生活在下诺曼底的勒克索维人（Lexovii）。古典作家们有关凯尔特人在作战时会佩戴金颈环的记载在出土物品中得到了证实。遗址中出土的花粉和种子则指出这场战争发生在夏末。

在这个被包围起来的区域内，遗骨的埋葬形式更加多样；但最值得一提的还是前面说到的长骨立方体。这座立方体占地约 1.6 平方码（1.5 平方米），高约 2 英尺（60 厘米）。它的中心是一个填满了压碎和燃烧过的人类骨骼的洞。目前为止共发现了六个这样的方块，包含了来自 300 个个体的约 2000 块骨骼，还混合有马骨。

这一区域内的人骨遗存似乎是被以与该时期普通墓葬类似的方式埋葬的，因此这很可能是胜利者们的集体墓。之后出土的马骨也证明了这种假说，因为在当时，马总是受到人们的普遍重视，经常与死者一同被埋葬。人们认为胜利者最可能是公元3世纪中期到达这片高卢北部地区的比利其人。古典作家告诉我们，这一时期的人会将士兵的尸体暴露在地表任鸟啄食，只有这样他们才能化身成神。

异教徒占领了这片土地长达 2～3 个世纪，他们经常在土地的外缘献祭武器，举办宴会。当罗马人来到此地时，他们毁坏了此地的纪念碑；公元前 30 年左右，他们又在此地建起了代表荣耀的罗马神殿。

考古学家对遗址中的数千块骨骼进行了精确测量，对骨骼上的剑伤或长矛穿刺伤等屠杀和暴力的痕迹进行了细致研究。

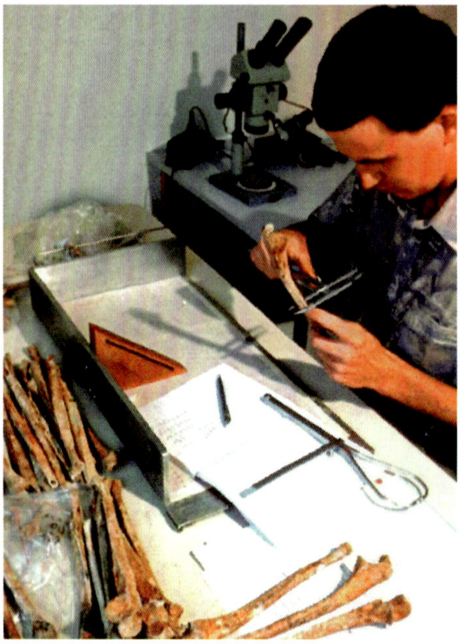

在20世纪80年代对利贝蒙遗址的发掘中，成千上万块骨骼上的泥土都被仔细小心地清理过了。

图示是遗址中出土的上千件武器中的一部分，包括矛头和箭头。

温德比少女：一具铁器时代的沼泽尸

1952年5月，几位泥炭切割工人在德国石勒苏益格-荷尔斯泰因州（Schleswig-Holstein）温德比（Windeby）旁的一个小沼泽中工作时，注意到有人类的四肢碎块出现在他们的传送带上。他们查看了切割泥炭的地方后发现，这些碎块是从一具陷进泥沼的保存完好的尸体上切下来的。人们报了警，但是随后发现这个人不是近期谋杀案的受害者，而是一具古代尸体。在之后的工作中，考古学家代替了警察，对泥炭沉积进行了更深入的研究。

考古学家研究发现，这里一共有两具古尸，二者相距5.5码（5米）。其中一具是老年男性，只有皮肤保存了下来，他的身体则已被压扁；另一具保存完好的尸体则是一个女孩，她仰面躺着，一只胳膊保持着伸展的姿势。除了皮革颈圈和眼睛上的一块布，这个女孩没有穿任何衣物。泥炭工和考古学家共同发现了温德比男子和温德比少女；然而，他们其实只是众多北欧“沼泽尸”中的两例而已。

在铁器时代（公元前300～公元200年）的北欧，沼泽以及小池塘是神圣的地方，为了取悦神灵，人、动物和金银器被用来祭祀。

北欧的沼泽尸

“沼泽尸”是指那些发现在欧洲西北部泥炭沼中的尸体，这些尸体的软组织——皮肤、脏器、头发，以及坚硬的骨架和牙齿，都一起保存了下来。泥炭沼是酸性的湿地，在这里，植物的生长和死亡速度比腐烂速度更快，没有腐烂的植物就累积成了泥炭。几个世纪以来，泥炭被用作房屋炉膛

和工艺生产的主要燃料，最近它还被用于增加花园土壤的肥力。直到近代，泥炭的采集还一直沿用着人工开采的方式；不过，今天的工人已经能够直接利用机器将泥炭层刮下，并用传送带运送到打包的地方。

为什么泥炭能将人类遗骸保存得如此完好？这是因为充满水分的沼泽仅包含少量的氧气，因此只有很少的微生物会加速尸体的腐败。当然这也需要尸体能够迅速地进入缺氧环境，不与空气和微生物接触。沼泽的酸性也减少了微生物的数量。沼泽中的化学物质不仅仅起到了防腐的作用，事实上也为尸体提供了一种保护。泥炭藓是一种生长在泥炭沼中的主要植物，能够产生一种“泥炭藓素”。死亡的苔藓中会释放出泥炭藓素，并与尸体相结合。这一过程会产生两种影响：首先，它会提取出尸体中的钙，减少细菌赖以生存的养分；其次，它能使皮肤鞣化，同时占用氮元素，使之同样无法被细菌利用。因此，沼泽尸的皮肤经常是黑棕色的，并且骨骼脱钙，导致尸体有时会变形甚至是消失。

古代的沼泽尸

第一例有记录的沼泽尸发现在 18 世纪，但直到 19 世纪末期人们才意识到这些尸体来自于史前时代。考古学家们调查了沼泽下的地层，探讨这些与遗骸有关的史前定居点以及史前古器物之间的关联。证据表明大多数尸体来自于铁器时代，对北欧来说就是 2000 多年前，也就是耶稣诞生前后的几个世纪。

1897 年，在荷兰北部的波坦吉莫（Bourtangermoor），泥

哈拉兹卡尔（Haraldskaer）女士，19 世纪早期发现于丹麦，最初认为她是传说中的挪威皇后贡希尔德（Gunhild）。放射性碳测年显示她是铁器时代祭祀活动的牺牲者。

在酸性的沼泽沉积物中，头发往往能被很好地保存，所以沼泽尸能为我们提供有关铁器时代发型的证据。这些发型常包括精美的辫子以及花边结。

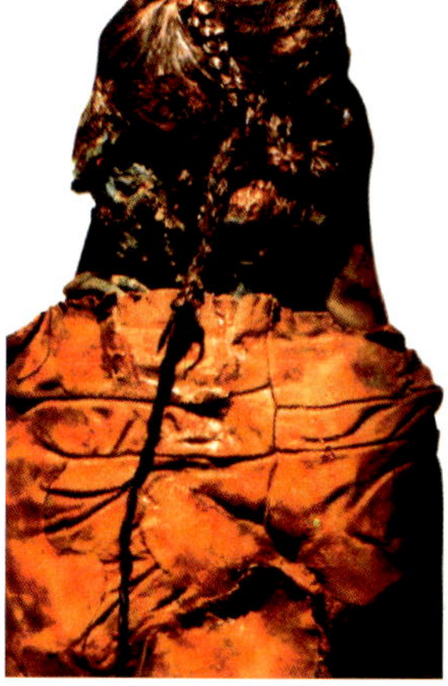

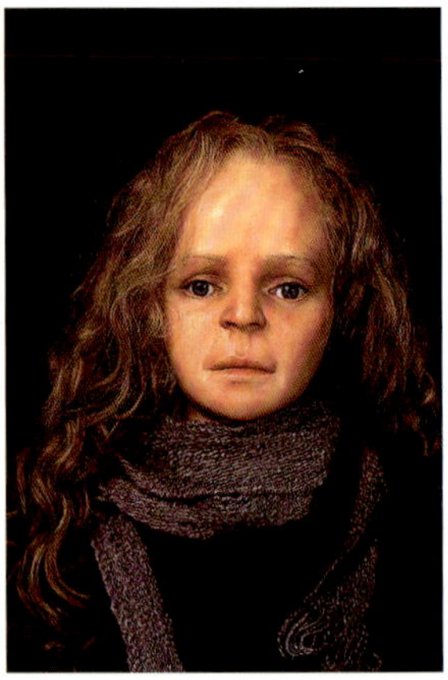

一位医学艺术家重建了少女伊迪的外貌。她那扭曲干枯的尸体被保存在荷兰阿森（Assen）的德伦特博物馆（Drents Museum）。为了呈现出她生前的面部结构，科学家正在进行细致的研究。

炭切割工人们惊恐地发现了少女伊迪（Yde）。她最突出的特点是拥有一头超过 20 英寸（20 厘米）的红发，但只集中在她的头部左侧，她右侧的头发被剃掉了。16 岁的少女伊迪是被仍然系在她脖子上的羊毛绳勒死的，脖子底部的刺伤也是她死亡的原因。

1938 年，人们在丹麦锡尔克堡（Silkeborg）的布杰尔斯科夫（Bjaeldskov）峡谷发现了一具女尸。她的头发长度超过 1 码（1 米），被编在一起绑成发髻；她的身体被羊皮披肩包裹，腿部裹着皮革披风。后续的研究显示她的年龄在 25 ～ 30 岁之间。她的颈部有一个深沟，表明她可能是被吊死或者勒死的，使用到的也许是在一旁发现的皮革绳。

1950 年 5 月 8 日，在布杰尔斯科夫峡谷距 12 年前发现的女子 77 码（77 米）远处，考古学家发现了另一具沼泽尸。这具尸体保存极佳，发掘人员仔细地将他及其周围的泥炭整体提取了出来；然而整件提取物实在太重了，竟致使其中一名工作人员心脏病突发，倒地身亡。尸体和周围的泥炭被送到哥本哈根的国

托兰男子可能是最著名的沼泽尸。图片显示了他被发现时的样子——他头戴锥形皮帽，向一边侧卧，勒死他的绳索还留在他的脖子上。

家博物馆进行分析。由于发现尸体的沼泽名为托兰（Tollund），这具尸体后来就被称作托兰男子。

和 1938 年发现的女尸一样，托兰男子是被吊死的。绕在他脖子上的编织皮绳毫无疑问地说明了这一点。他戴着一顶尖头皮帽，帽子被系在颈下的绳子固定在头顶；他的腰部系有一条皮带；除此之外，他没有穿任何其他的衣物。这名男子呈蹲踞的姿势侧躺着，脸上是一种诡异的平静。托兰男子的年龄大概在 40 ～ 50 岁之间。胃容物分析显示他的最后一餐是大麦、小麦、胡麻及一些草类混合而成的粥。

在北欧农村地区发现的泥炭，是用来取暖以及烹饪的重要燃料。它们被切成薄片后烘干储存，供日常使用。

两年后，在距离托兰沼泽 11 英里（18 千米）的格劳巴勒（Grauballe），泥炭切割工人发现了另一具尸体。这名格劳巴勒男子俯卧在地面上，全身赤裸，左腿伸展，右胳膊和右腿蜷曲。这次发掘借鉴了托兰的发掘经验，整块包含尸体的泥炭被送去了奥胡斯（Aarhus）的史前博物馆。格劳巴勒男子的死因很明确：他的脖子前面有一条从一侧耳朵延伸至另一侧耳朵的致命伤痕。此外，在他的消化道中发现了 63 种不同植物的种子。

托兰男子和格劳巴勒男子的碳十四测年数据证实他们都来自铁器时代，托兰男子的组织样本可以追溯到公元前 220 ± 55 年，格劳巴勒男子的生存年代在公元前 265 ± 40 年。1938 年发现的女尸的测年数据显示为公元前 210 年左右；北欧其他沼泽尸的测年数据也都为公元前后几个世纪。

1984 年 8 月，在英国曼彻斯特附近的林多（Lindow），一个泥炭加工厂的工人捡起了一块看起来像是木头的东西，并将它朝一个同事丢过去。当它掉在地上的时候，一只人脚显露了出来。当地的考古学家检查了发现它的泥炭块切面，找到了剩下的身体。这是一个大约 25 岁的男子，留着小胡子和短发。除了胳膊上的一圈狐狸毛，他没有穿任何的衣物。随着泥炭在实验室中被清理干净，证据显示林多男子不仅是被勒死的，他

林多男子的头从泥炭中露出，展示出他极短的头发和胡须，这在沼泽尸中十分少见。细致检查的结果显示他被勒死前已被钝器击打过头部。

还惨被割喉，同时遭受过严重的颅骨创伤。看来在公元 1 世纪的某个瞬间，有人真的想要他的命。

铁器时代的社会

产生沼泽尸的社会是一个由普通农民、熟练的工匠、军队以及强大的宗教领袖组成的神秘世界，考古学家称之为铁器时代，因为在那时铁器被冶炼出来用于制造工具和武器。历史学家塔西佗（Tacitus）曾描述过罗马侵略高卢、德国以及不列颠期间见证过的北欧的铁器时代社会。我们并不能从罗马人那里知悉哪个集团的成员死后会被埋葬在沼泽，所以我们只能通过考古学发现来初步了解他们。

在丹麦以及德国北部，铁器时代的居民住在长 16 ～ 33 码（15 ～ 30 米）的长屋中。这些房子的中间有两排柱子支撑茅草顶。长屋的内部结构被分为多种不同的用途，一端是人住的空间，在另一端则是饲养家畜的小隔间。在英国不列颠群岛，铁器时代的房屋经常围成直径约 11 码（10 米）的圆形，将炉火围在中间。动物被养在外围的屋子里，谷物则被存放在地下储藏室。

这些农场通常共同组成村落。有的遗址就是那些拥有忠诚下属和平民的领主的地盘。他们治下的能工巧匠能够制作精美的金、银、青铜器。领主也领导军队对敌对集团发动突袭。

铁器时代居民的精神世界是一个谜团。我们对他们的信仰知之甚少，但可以肯定的一点是，人们非常重视有水的地方。北欧的池塘和沼泽中有大量的宗教仪式遗留物，如陶器、金属饰品、木偶、武器、动物以及战利品。这些不是随意丢弃的，而是有意的向强大力量献祭的行为。沼泽中的尸体也是祭祀这些力量的贡品。然而，也有一些考古学家认为他们是罪犯或流浪者，广泛发生在池塘和沼泽的献祭行为使得这些人的死亡看起来更像是服务于某种宗教目的。

温德比少女之死

至此，让我们再次将目光转向 2000 多年前成为沼泽祭品的温德比少女，在被剃掉左半边头发后，这位少女被蒙住眼睛带到沼泽，或许就是在很浅的水中被淹死。为了使尸体下沉，她的身上被绑上了大石头和树枝。她是如何被残酷的命运选中的呢？杀她的人想要实现什么目的？他们想要取悦的究竟是怎样一种强大的力量？我们不得而知。但是，温德比少女和其他的沼泽尸为我们了解残忍的铁器时代祭典仪式提供了管中窥豹的机会。

这就是令人难过的温德比少女，她的双眼被蒙住，且有一半头发被剃掉。伊朗诗人，诺贝尔文学奖得主谢默斯·希尼（Seamus Heaney）由此得到灵感并于 1975 年写下了诗歌《惩罚》，在诗中将她描述为“部落内至亲复仇”的受害者。

图坦卡蒙死亡疑云

图坦卡蒙墓中有两个装着女性胎儿木乃伊的小棺材。最近的研究显示她们是双胞胎。她们没有名字，但许多考古学家推测她们是这位少年帝王的女儿。

1992 年，霍华德・卡特（Howard Carter）发现了沉睡在帝王谷的埃及“少年法老”。他的木乃伊憩于 3 个密闭的棺材中，被石英岩外椁保护着，陪葬在周围的黄金宝藏更是令卡特大吃一惊。但图坦卡蒙（Tutankhamen）墓在某种意义上又是令人遗憾的：墓里留下的文字记录很少，我们无法从中得知这位已故帝王的一生，只能通过从尸体上获取的证据来了解他英年早逝的原因。

实物证据

图坦卡蒙死亡的时候大约 18 岁。他在位近十年，因恢复了父亲埃赫那吞（Akhenaten）统治时期废除的对埃及旧神的崇拜而被赞誉。他结过婚，两个胎死腹中的女儿的小金棺也在墓中。但是，作为一个从出生和婴儿时期幸存的埃及王朝男性，他本应活到 40～45 岁。事实上，作为法老他是有条件活得更久的，因为埃及的上层阶级能享受到优质的食物和医疗，而且埃及的富人能免于那些使劳动人民寿命缩短的身体伤害。人们甚至怀疑这位新国王热衷于搏斗，因此早逝。一些法老的寿命更为长久，甚至一直活到 90 多岁。那么是什么造成了图坦卡蒙过早的死亡呢？

图坦卡蒙的木乃伊被发现时，法医考古学刚刚起步。卡特对于木乃伊兴趣寥寥，他不甚尊敬地处理了国王的尸体，仅将图坦卡蒙看作是一件需要保护的文物。在葬礼仪式上使用的厚松脂使得这位国王的绷带被黏在了内棺上。解剖学专家道格拉斯・德里（Douglas Derry）承担了将图坦卡蒙从棺材里取出来的精细工作。

1925 年，在昏暗狭窄的赛提二世的墓室中，德里开始了他的尸检。德里发现这位国王的绷带几乎炭化了，这有可能是木乃伊内部氧化造成的，卡特加热分离三重棺材的方法也可能对此产生了影响。德里清理了腐烂的绷带，在检查的过程中解剖了这位国王。

最终，金面具被用加热过的刀子分离了下来，人们发现图坦卡蒙是一个不蓄胡须的年轻人，并且带有在埃及男女性之中都很受欢迎的耳洞。尸检结束时，图坦卡蒙没有了绷带，支零破碎地躺在外棺中。

人们原本计划在将图坦卡蒙的绷带剥离之前对他进行 X 光检查，但是放射技师却在前往墓地的路上死了，他也因此不可避免地被人们视作法老诅咒的牺牲者。X 光检查一直推迟到 1968 年才进行，后续的检查则在 1978 ～ 2005 年期间得以开展。今天，图坦卡蒙的尸体被保留在墓中，在前室的温控箱中展览。

图坦卡蒙的墓室炎热且潮湿，霍华德・卡特为了打开多层棺，被迫建造了一个临时的起重设备。

犯罪嫌疑人

图坦卡蒙生活在一个非常艰难的时代，他的父亲异教徒埃赫那吞废除了旧神，独尊阿吞神。他不顾世俗，前往他的新都阿马尔纳（Amarna）。九岁的图坦卡蒙继承了一个不受信任的王位和一个分崩离析的国家，同时也继承了一个由经验老到的大臣们所组成的内阁，他们想要控制他刚刚开始、充满变数的步伐。他们之中为首的是埃（Ay），一个曾侍奉过 3 位法老、智慧且受人尊敬的政治家。同样比较杰出的是作战经验丰富的哈伦海布（Horemheb）将军和埃赫那吞之女——既是图坦卡蒙同父异母的妹妹也是妻子的皇后安赛娜雯（Ankhesenamen）。

图示是霍华德・卡特发现的木乃伊胎儿，依旧躺在为了保护她们而裹的羊毛毯中。埃及学家希望她们携带有第十八王朝末期贵族家庭的基因信息。

附在图坦卡蒙木乃伊上的金面具也许是古代埃及保存最好且最出名的文物了。它也是开罗博物馆（Cairo Museum）的镇馆之宝。

历史疑云

法老们认为自己是无敌的，纪念法老的神殿则宣扬他们的名字将永垂不朽。然而我们知道，弑君的情况确有发生——至少有一位法老被谋杀，那就是拉美西斯（Ramses）三世，他死于后宫密谋的暗杀。但是在官方大力宣传平民杀死王室成员多么罪不可恕的情况下，类似这样的案件就不会被记载和提及。因此无论图坦卡蒙的死因如何，都会被他的子民当作一场不幸但毫无可疑之处的悲剧。

死神突如其来地带走了图坦卡蒙，由于当时没有男性继承人，也没有建好的皇家墓穴，埃担起重任，将法老葬在了他匆忙布置的简陋墓室中，随后被加冕为了埃及的王。但埃早已是迟暮之人，不到 4 年他也安息于皇家墓地。随后轮到哈伦海布将军来当法老。

不是每个人都对新政体感到满意，至少有一个人被迫采取了前所未有的行动。失去丈夫的埃及皇后给长期的敌人赫梯（Hittite）国王写了一封信，要一位赫梯王子与她结婚成为法老，“因为我不能嫁给我的侍从”。不幸的是，写信人的名字没有保存下来，不过写这封信的时间接近图坦卡蒙的死亡时间，我们有理由猜测它来自于安赛娜雯。这封信也可能是给赫梯人下的圈套，如果是这样，她无疑是十分成功的。被送来当法老的王子在穿过国境线的时候就被谋杀了，随后，埃及与赫梯的关系急转直下，跌入谷底。如果这真的是一封求救信，那就是一败涂地。安赛娜雯没有保住她皇后的位置，此后就从历史记载之中消失了。

众说纷纭

图坦卡蒙被极富野心的朝臣们包围着，他们中的两个在其后继承了他的王位。他的死亡充满了疑点：此前他一直都很健康，而且，在他死后不久他的皇后就失踪了。1923 年，亚瑟・梅斯（Arthur C. Mace）发声称，图坦卡蒙是被谋杀的，这个理论此后流行了起来。梅斯认为埃是凶手，而其他人则认为是更年轻、更有野心的哈伦海布将军。不过这些都是口说无凭，没有任何文字资料可以作为调查的方向，而且历史记载多少会有偏差。当下所有对历史的重构都是建立在对这位国王木乃伊的一系列检测之上的。

证据

1925 年 11 月的第一次尸检过后，这位国王在他的椁中安静地躺了 40 多年。1968 年，利物浦大学（Liverpool University）解剖学教授哈里森（R. G. Harrison）带领的团队重新检查了这具木乃伊。他们的注意力最开始集中在了图坦卡蒙的头部，哈里森的 X 光片显示颅内有一片骨骼，然而专家们认为这是一处死后伤，可能是在防腐工作或是草率的现场发掘中造成的，而并非是图坦卡蒙的死因；因此他的死可以被排除在谋杀之外。更有趣的是，专家在他头颈连接处的颅底发现了一片骨壁增厚且发黑的区域。颅骨各处的密度有所不同，因此当时哈里森认为这处增厚在正常范围之内。当随后的研究者都同意他的判断时，有人却坚信这是脑后被大力击打后大出血造成的。这样强力的击打已足够引起瞬间死亡，又或者国王还弥留了两个月，使得钙化膜在血凝块之上形成。无论属于哪种情况，这样的击打位置都不可能是一次简单的意外坠落造成的。

创伤在这位帝王的身体各处很常见。道格拉斯·德里提出图坦卡蒙的胸部和肋侧有大量的伤痕，不过这些部分在木乃伊化之前就已经不存在了。法老的身体应当被仔细地防腐处理过，但这些部分不像是在木乃伊化的过程中丢失的。也有人提出国王可能遭受过一次严重的胸部创伤，那么这是一次事故还是蓄意为之，

图坦卡蒙墓中的一些文物上有他持着手杖的形象。最近的研究显示他生前行走不便。

图坦卡蒙木乃伊身上的绷带被卡特的考古队剥离了。今日，这位少年国王依旧沉睡在国王谷的石棺中。

以至于防腐人员必须移除这些部位呢？最近的调查则指出，整个前侧胸腔以及胸骨是在 20 世纪 20 年代的初次解剖后丢失的，这也许是为了取走最后一点珠宝而进行的不正当操作所留下的证据，因为珠宝就结实地嵌在被卡特涂抹在国王身上的树脂中。

判决结果

2005 年，作为对新王国时期法老的最新调查的一部分，人们希望能通过检测图坦卡蒙的遗骸再一次探索他的死因。CT 扫描尸体后，关于他死亡时的健康状况得到了一些意想不到的结果。没有任何证据表明图坦卡蒙像一些评论家所推测的那样，遭到过脑后打击这种谋杀行为。他生前患有科勒病（Kohler disease II），这是一种由轻度马蹄足内翻引起的骨骼疾病，这无疑对图坦卡蒙的行走造成了影响，这也许就解释了他的墓中为何有多达 130 个完整或残缺的手杖以及棍棒，而它们之中有些已经磨损。实际上，在墓内的一些装饰场景中，国王通常应当是站着的，但图坦卡蒙却是坐着的。

最耐人寻味的是，图坦卡蒙的左侧股骨有骨折过的痕迹，虽然德里提到过，但是并未引起人们的注意。骨折处包含有松脂，这说明骨折是在木乃伊化之前发生的，也许就在死前不久。DNA 检测揭示图坦卡蒙曾患有疟疾中最严重的热带性疟疾（Malaria tropica）。疟疾在古埃及广为肆虐，图坦卡蒙的祖父母可能也感染了同样的疾病，而尼罗河谷（Nile valley）的居民对这种疾病已经产生了部分免疫。

整体来看，图坦卡蒙是个走路不稳的瘦弱年轻人，在疟疾感染发生时，一次可能是由坠落导致的腿部骨折对他造成了致命影响。广为接受的推测是马车坠落，因为我们了解到图坦卡蒙热衷于驾驶战车，并且有六架战车和他的尸体埋葬在一起，其中有些已因使用而产生了磨损。尽管他有轻微的残疾，但图坦卡蒙可能很享受战车竞速时带来的刺激感，也许还曾发生一场致命的追逐。

从图坦卡蒙的墓葬被发现开始，有关他死于谋杀的猜想就没有停息过。这种猜想一直引导着人们对图坦卡蒙的生平展开或学术或想象的重建。尽管大量的证据表明图坦卡蒙是自然死亡，或至少是死于意外，谋杀的可能仍无法被反驳，因此也不可能完全排除。

勃朗峰女士

勃朗峰（Cap Blanc）的石灰岩洞窟位于法国多尔多涅河（Dordogne）地区的莱塞济（les Eyzies）东北，靠近劳赛尔（Laussel），这里因为保存着最完整的晚冰期雕带而闻名于世。这也是最早被发现，并在目前对外开放的所有雕带中保存得最好的一处。虽然这处雕带上的马、公牛以及鹿的形象在 1909 年被波尔多（Bordeaux）的加斯东・拉兰纳博士（Dr. Gaston Lalanne）发现时遭到了破坏，但总体看来依旧具有极强的感染力，令人为之动容。拉兰纳在此处挖掘时，发现了一系列精美的马格达林期（Magdalenian，大约已有 1.5 万年的历史）典型文物，其中包括石、骨和鹿角制成的工具，比如鱼叉和许多大型石器。这些大型石器是用来制作浅浮雕和高浮雕的。正是拉兰纳粗暴的发掘使得这些后墙上的雕刻重见天日。

1911 年，为了建造一个将雕带围起保护的小屋，并且降低水平地面以方便更多人前来参观，考古学家们在洞穴前启动了进一步的发掘，并在这次发掘中发现了一个人类颅骨。工作因此被迫暂停，史前学家路易斯・卡皮坦（Louis Captian）以及丹尼斯・佩罗尼（Denis Peyrony）被请来提取骨骼。这项工作花费了他们总共 3 天的时间。

勃朗峰人骨十分重要，因为它不仅属于一座相对完整的晚冰期土葬遗存，也是很少见到的同该时期石壁艺术一起被发现的骨骼。事实上，这具尸体就位于中央雕刻区域的前方，唯一能与之相提并论的就是在意大利罗米托庇护所（Riparo Romito）出土的旧石器时代双人墓葬——这座墓中埋葬着一名成年女性，她的胳膊则环抱着一个 17 岁的矮小男性（见本书 179 页）。发掘者推测，勃朗峰墓葬也许就葬着完成这些雕塑的人，或者他们中的一员。这确实是有可能的，墓葬的位置说明这个人和遗址有很密切的联系。

有争议的报告

在法国，这次发掘引发了一篇主要讨论由同一批发掘者在拉费拉西（La Ferrassie）发掘出的两具骨骼的简要报道。发掘者仅介绍了很少有关勃朗峰发现的细节，只说到人骨位于堆积的底部，距离雕饰带 2.5 码（2.3 米），且就在中间马雕的马蹄 2 英尺（60 厘米）以下。骨骼被埋葬在石头当中，在它顶部还摆放了 3 块相当大的石头，一个位于骨骼头部，其他的在骨骼的脚部。骨骼是被朝向左侧屈肢摆放的，只占据了 3 码 ×2 码（1 米 ×0.6 米）的空间，仅次于一个马格达林期火炉的体积。

令人啼笑皆非的是，早期关于勃朗峰骨骼的报道宣称该个体是一个年约 25 岁的男性；而体质人类学研究结果显示，她是一名年轻的成年女性。

两个用高浮雕和浅浮雕工艺刻画出来的马的形象，它们面向右侧，位于勃朗峰石灰岩洞窟的后墙上。左边雕塑的长度为 6 英尺（1.9 米），右边的雕塑则长 4.5 英尺（1.4 米）。

对菲尔德博物馆（Field Museum）所藏相关档案的最新研究使得重现当时的情景成为了可能。最早的档案记录是一封写于 1911 年 1 月 24 日的信件，这封信是位于普瓦捷（Poitiers）的西方古董公司（Société des Antiquaires de l' Ouest）董事长给土地所有者格里莫（J. Grimaud）先生的。信中是劳赛尔岩洞（也就是勃朗峰）报告的回执，此外还附有照片以及五个盒子，一个盒子里装有驯鹿的牙齿和骨骼，其他四个盒子里则是燧石工具。另外一封写于 1911 年 8 月 5 日的信件则是来自巴黎公共艺术教育部（Ministère de l' Instruction Publique et des Beaux-Arts in Paris）的保罗·里昂（Paul Léon），信中感谢了格里莫先生报告人骨的发现，并说他会要求佩罗尼用正确的方式来保护它。佩罗尼当时是塞济地区历史古迹委员会的代表成员（the Membre correspondant

de la commission des monuments historiques aux Eyzies），他在8月8日也写信给部长，要求验证劳赛尔人骨的真伪，进行所有必要的科学观察，并监督发掘的过程。因此，他每天早上都会前往遗址所在地，在格里莫的卫兵维雷（Veyret）在场时检查所发现的遗物。发掘出的遗骨被证明是真实无误的。

电视照明使得勃朗峰宏伟的浮雕得以显现出来，特别是中央长达7英尺（2.2米）的巨大马匹。参考目前已知的所有石器时代浅浮雕，也许它最初被上过色。

两天后格里莫收到了来自法国教授卡皮坦博士的信，这封写于8月10日的信是这个遗址的关键记录。信中包括了对骨骼位置的速写，并记录到它们距离马雕2.5码（2.3米），就在马的鼻口部27英寸（70厘米）以下。骨骼被埋在20英寸（50厘米）深的坑中，颅骨不幸被工人的镐敲破。卡皮坦一再坚持发掘要由有经验和资历的人来做，并推荐他自己和佩罗尼来担任此项工作。他们早先在拉费拉西发掘了两具年代更加久远的人骨。为了把事情说清楚，他承诺由发掘者撰写科学报告，而所有的发现物都归格里莫所有。同时，为保护人骨，他们还在上面加盖了木板和石块。

卡皮坦在另一封8月28日的信中写道，人骨连同土块被整体提取，一旦佩罗尼在9月或10月将它们用火车运送到巴黎，就可以小心仔细地对骨骼进行清理了。现在，骨骼则是由佩罗尼照看着，他会将它们慢慢干燥。信中最重要的一句话是这么说的："我们在骨骼旁边只发现了一个不成形的碎片，也许是象牙"。确实有一个0.6英寸 ×3英寸 ×0.4英寸（16毫米 ×74毫米 ×10毫米）的象牙箭头被保藏在菲尔德博物馆，曾和骨架一起被出售。它被描述为："几个连同少量基质被粘在一起的薄片，部分被重新组合或敷着某种填充材料"。根据最初的陈列柜标签，这个箭头被"发现于遗骸的腹腔"，"有可能就是导致死亡的武器"。

这是亨利·菲尔德（Henry Filed）所持有的观点，他最终买下了骨架，并将之藏在博物馆中。他在1927年发表的文章中宣称该个体为自然死亡，但也指出：

一个发现在腹部上方的小象牙箭头可能是他死亡的原因，这也许引起了致命的败血症。初步推测这个年轻男子（原文如此）觉察到了死神的逼近，于是来到了这个岩洞，因为他想死在他参与制作的杰作前……如果他不曾参与创作，或是与这里直接相关，他不可能被允许来到这里亵渎圣地。

在菲尔德的回忆录中，他的猜想甚至更加天马行空："为什么她被埋在马雕下面？她是被恋人的象牙箭头杀死的吗？是另一个克罗马农（Cro-Magnon）少女干的吗？她的兄弟为家族荣耀复仇了吗？她是在战争中死亡的吗？她为什么被埋在圣地？她是雕刻技术高超的神父的女儿吗？除了死亡可能是由败血症导致的之外，我们没有发现任何其他真实的证据。"

说象牙箭头是致死原因是毫无依据的，况且说它发现于腹部也许只是格里莫的一面之词。不过令人费解的是，卡皮坦和佩罗尼在发表的报告中竟然漏掉了如此重要的文物。事实是，在卡皮坦的信件中，从未提到过有象牙箭头，没有人能保证这个箭头和勃朗峰人骨存在联系。并且象牙在马格达林期的法国西南部并不常见，更不用说象牙箭头可以成为置人死地的原因。关于这一点，值得一提的是仅有的一例能证明晚冰期人类间存在暴力冲突的证据，是在西西里岛（Sicily）的圣特奥多罗洞穴（San Teodoro Cave）发现的一名成年女性，她的骨盆中嵌入了一个可能是燧石的箭头，以及来自意大利巴尔齐 - 罗西（Balzi Rossi）的一位椎骨中镶嵌箭头的洞穴小孩。

佩罗尼在 1911 年 8 月 31 日写给格里莫的信中提到，"我们能将所有的东西在良好的状态下提取出来。整副骨架都能被重构，

勃朗峰女士模型，2001 年 7 月 14 日被放在她原来安眠的地方，也就是岩窟的中央雕饰带下。

且会成为很好的研究材料。我在莱塞济将它保护起来了，因为卡皮坦先生无法带走它；而我将在明年 10 月把它送往巴黎。”显然卡皮坦在将骨骼送往巴黎研究的事上遇到了大麻烦。他在信中抱怨很难找到有资历且时间充裕的人去准备骨骼的倒模与展示。同样有意思的是，人们原本计划铸造骨骼模型并摆放在岩洞内，但事实上这一计划因为某些原因没有被实行，取而代之的却是出于同一目的所放的其他骨骼模型。在 1913 年 7 月 29 日的一封信中，卡皮坦告诉格里莫，他将派一位艺术家去完成这项工作。格里莫在 1924 年的信中提到，“按照文化部（Ministère des Beaux Arts）的要求，我在雕像底部放了一具现代骨骼，用以代替真正的遗骸”。

尽管如此，原来的骨骼最终被国家历史博物馆古生物学实验室（the Laboratoire de Paléontologie at the Musée National d' Histoire Naturelle）的帕普安（J.Papoint）从沉积物中提取出来了，他是在博物馆主任马塞兰・布（Marcellin Boule）和卡皮坦的指导下进行的。帕普安在 1915 年 2 月 27 日的信中也记录了骨骼当时的状况：

你将会看到木盒中的颅骨。它有两半，我无法修复它，因为它已经因化石化而变形了。我已经尽了最大的努力将骨骼从沉积物中提取出来，但在修复上、下颌骨以及第七颈椎上陷入了死胡同。我将两颗上门齿放在了一边，因为我无法将它们安放进对应的牙槽。这两件颅骨碎片非常脆，需要小心翼翼地分离出来。他的胸椎和腰椎都在，肋骨不太完整，四肢骨保存状况良好。肩胛骨碎片以及骨盆碎片丢失，这是由于这些部位的骨骼十分脆弱。一些手足部的指、趾骨也丢失不见了。

骨骼出售

1915 年初，勃朗峰人骨被归还给它的主人格里莫先生，此后它就消失在了公众的视线中，直到 9 年后格里莫试图将骨骼卖给一家美国博物馆。根据亨利・菲尔德所说，“1916 年，由于格里莫先生没有从他的现存资产上挣到钱，他下定决心通过这件标本来取回自己预期的利润。受战争环境所迫，他只能用船将人骨送到纽约”。在后来的回忆录中，他还补充道：“据说骨骼在一战中被伪装成了美军士兵的尸体，放在棺材中走私到了法国境外。”然而在菲尔德博物馆没有记录能解释为什么格里莫要将人骨送往美国，或者为什么他又等了 8 年才尝试再次出售骨骼。他最初的选择是纽约的美国自然历史博物馆（the American Museum of Natural History），但简而言之，他在巴黎和美国律师展开的一场旷日持久的谈判无疾而终，部分原因是他漫天要价（开价 1.2 万美元，相当于今天的 25 万美元）。最终，在大幅度降价后，他将它低价卖给了芝加哥的菲尔德博物馆，根据菲尔德的回忆录：“花费 2.5 万法郎（相当于 1000 美金），钱货两讫。”他继续写道“几天后，一份来自巴黎的电报声称，勃朗峰人骨是我们的了。我赶去纽约，在自然历史博物馆的地下室用棉绒仔细地将她包起，装箱放入“20 世纪号”（这是列车名）的隔间内，我们一起度过了平静的一晚。”

带着后见之明，菲尔德在回忆录中写到，当他在芝加哥展出这些骨骼时，他判断“这个盆骨一定是女性的”——然而正如前文提到的，在 1927 年的文章中依旧说这个个体是位年轻男性！在首次展览中，这些人骨被放置在了博物馆主要入口附近的显眼位置并被作为“美国唯一的史前人骨”介绍给媒体，登上了头条新闻。第一天有 2.2 万人前来参观，“到了中午，她周围的人群实在太过拥挤，以至于保安队长 ...... 告知主任，这里需要两名保安人员帮助人群有序地移动 ...... 菲尔德博物馆盛况空前 ...... 这是这座新馆第一次吸引公众与媒体注意的展览。”

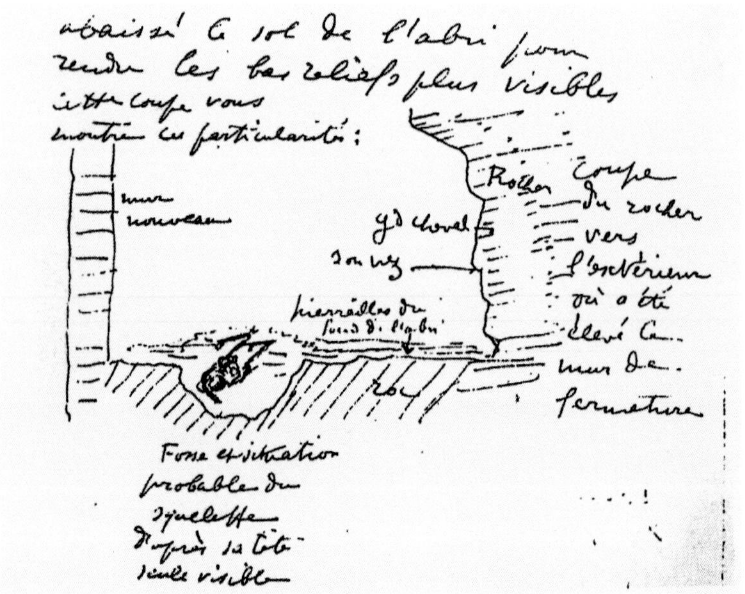

勃朗峰女士安息之地的素描，附于 1911 年 8 月 10 日卡皮坦写给遗址主人格里莫的信中。

1932 年，骨架被撤出展览，以供伊藤（T.Ito）在伊利诺伊大学（University of Illinois）解剖学系的格哈德・凡・博宁（Gerhardt von Bonin）指导下进行复原。凡・博宁记录道：

当骨骼抵达博物馆的时候，它已经被基本清理

图示是 1911 年 8 月勃朗峰人骨的发掘现场。人群前排左侧是路易斯·卡皮坦，右侧则是丹尼斯·佩罗尼，而岩窟雕饰带就在他们的右侧。

完毕，只有少数骨骼还陷在某种类似粗砂质地的土块中。它的长骨保存几乎完好，骨盆和肩肢带有一定的损坏，尤其是耻骨部分和肩胛骨。脊柱完整，脊椎大部分被附着的土壤连在一起。我们总共发现了 12 根左侧肋骨和 10 根右侧肋骨，还有一块腐烂严重的方形骨片，很明显它们都是从胸骨柄上脱落下来的。它的颈椎与下颌以及部分上颌紧紧相连在一起，颅骨则碎成了大量的碎片。骨骼呈现为褐色，各处深浅不一。总体上来说，这具骨骼足够坚固，处理起来很方便，然而有些部位还是容易破碎的。为了防止它们破碎，一些部位已经被用牙科粘固粉加固过了。

在充分地进行了解剖学研究后，凡·博宁得出结论：这些遗骸来自于一个约 20 岁的年轻女子，她的身高大约为 5 英尺 1 英寸（156 厘米）。在骨架旁边的展柜里，博物馆请弗雷德里克·布拉施克（Frederick Blaschke）按原比例制作了一个勃朗峰岩洞的立体模型。作为唯一展出于美国博物馆的欧洲旧石器时代完整人骨，在芝加哥的第一个 10 年中，勃朗峰女士接见了数百万的游客。总而言之，故事的结局皆大欢喜。感谢一位慷慨的个人赞助者，一套勃朗峰女士和象牙箭头的模型最近被制作了出来，并于 2001 年 7 月 14 日被摆放在了她原来的位置上——法国勃朗峰岩洞的中央雕饰带下。

巴达维亚号墓园

巴达维亚号暴动的故事在几年内广为流传，这张灯塔岛上的屠杀的插画来自简·扬茨（Jane Jansz）的《巴达维亚号的不幸航程》（*Ongeluckige Voyagie van't Schip Batavia*）一书。该书出版于 1647 年。

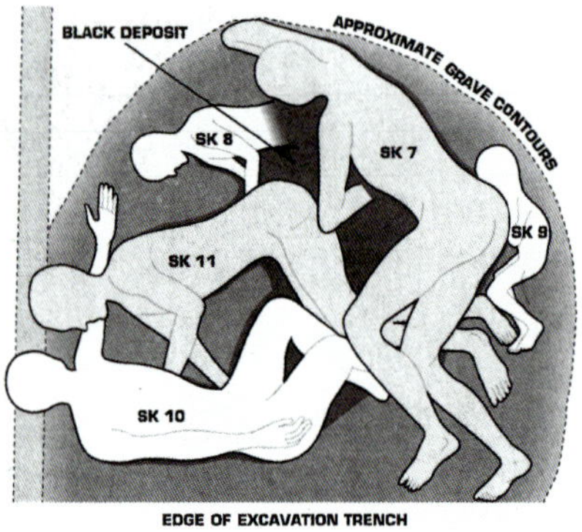

图中展示了遗骸在丛葬墓中的相对位置，黑色的沉积物后来被送去实验室研究，其中包含了一些小骨骼以及一名 9 个月左右婴儿的牙齿，这些牙齿尚未萌出。

1629 年 6 月 4 日，荷兰东印度公司的巴达维亚号（Batavia）在离开澳大利亚西部的杰拉尔顿（Geraldton）后撞上了豪特曼群礁（Houtman Abrolhos）的暗礁。这艘船上承载着 300 多人，包括乘客，船员和 100 名士兵，其原本的目的地是巴达维亚（Batavia，今天的雅加达 Jakarta）。在接下来的一片混乱中，大约 40 人溺水而亡，余下的人则登上了一个小小的灯塔岛（Beacon Island）。

大副弗朗西斯科·佩尔萨特（Francisco Pelsaert）和船长阿丽亚纳·杰克布斯（Adriaen Jacobsz）决定驾驶两艘小船北向航行去巴达维亚寻求帮助，剩下的大约 225 人则绝望地滞留在岛上。在此期间骚乱发生了，商人杰罗尼穆斯·科内利斯（Jeronimus Cornelisz）发动了一场早有策划的暴动。他发挥作为公司官员的威信，控制了岛上的局势。他的计划是当救援船只到达时将其夺取，为此，他和他的追随者们密谋杀害了大部分的幸存者。

杀戮开始于 1629 年 7 月 3 日，最初是悄悄进行的。这些叛变者引诱人们晚上走出帐篷，并刺死他们，或带他们去木筏上钓鱼，趁机将其淹死。最血腥的杀戮也许是传教士一家的灭门，这起惨案发生在传教士和他的长女同反叛者们一起用餐的时候。忠于部队的士兵是最大的威胁，于是科内利斯将他们中的大多数都派去探索西瓦拉比岛（West Wallabi Island），并将他们困在了那里。他称自己为“统治者”，开始了恐怖的统治。

当佩尔萨特在 9 月 17 日返回时，已经有 125 个人被屠杀了。幸运的是，佩尔萨特并没有惊慌失措。被派去西瓦拉比岛的士兵找到了食物和水，灯塔岛的脱逃者也和他们顺利地会合了。这些人一起袭击了叛变者，并抓住了科内利斯。佩尔萨特立刻审判了叛徒们，他那详细记录的审讯证词被称作《佩尔萨特日志》（*Pelsaert Journal*），大多数巴达维亚号墓园中臭名昭著的暴行见闻都来自于此。科内利斯以及其他叛变者被就地处死，幸存者被带去了巴达维亚。

那时死亡的人类遗骸是从 1960 年起断断续续被人们发现

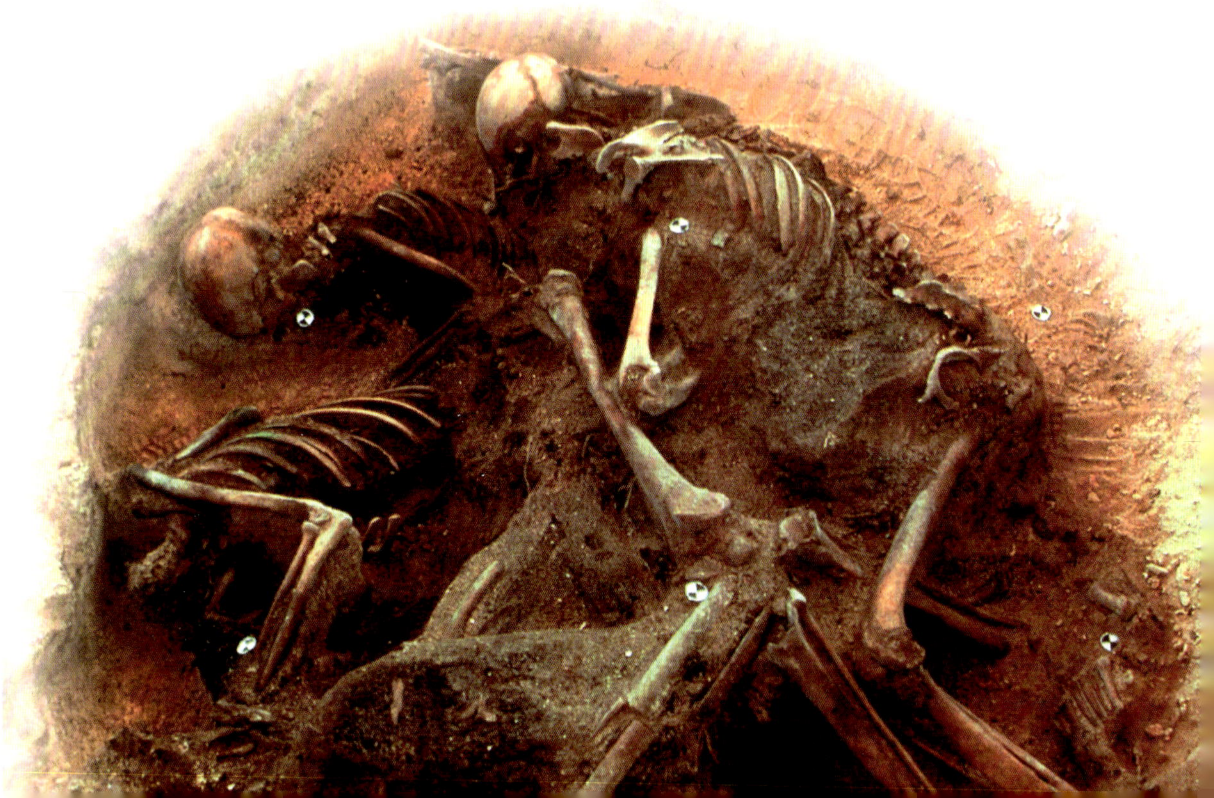

图中是在灯塔岛上被发掘的丛葬墓，一具已经被移走的六岁小孩的遗骸被挤在一具成年遗骸的背部右侧和坑壁之间。

的。1994 年，西澳大利亚海事博物馆（West Australia Maritime Museum）在一座丛葬墓上建成，并在接下来的 1999 年和 2001 年组织了发掘。博物馆召集了位于珀斯（Perth）的伊丽莎白二世女王医疗中心（the Queen Elizabeth II Medical Centre）的法医病理学家，对当前发现的 9 具人类骨骼进行了深入研究。研究的重点放在了身份辨认上，这些遗骸能和我们所知的被反叛者杀害的人吻合吗？为了做到这点，病理学家们必须尽可能多地的查明这些受害者的细节，如年龄、性别、体质特征以及死因，以便和历史记录作比较。

在 125 个受害者中找到遗骸的对应者乍看起来是一项令人望而却步的任务，然而有几个因素可以使工作变得简单一些。第一，受害者差别很大，他们中有男人、女人、小孩，并且这些人来自于不同的国家和社会背景。第二，不是所有受害者都是在灯塔岛上被杀害的，在别的岛屿上被杀的人不会被埋在这里。此外，许多人是被溺死的，没有被埋葬。《佩尔萨特日志》中特别提到了尸体是被埋葬还是丢进海里，其中至少有 10 人被埋在了灯塔岛上。由于不是所有尸体的处置方式都被提及，这一数量实际应该大于 10 人。第三，《佩尔萨特日志》中给出了对身份认定有帮助的细节，而且对受害者被害的方式也有特别详细的描写。

或许是击打所致，这位男性的颅骨右侧已经破损，他的一枚牙齿也被压进了颌骨中。他可能是在死亡或者沉船时受的伤。

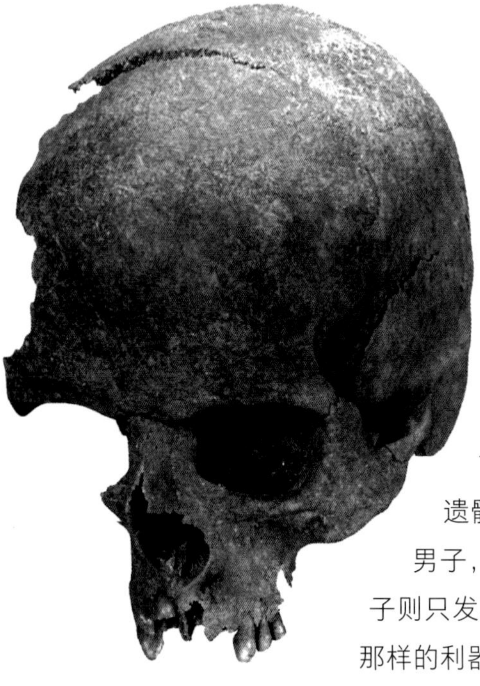

人类遗骸

20 世纪 60 年代，考古学家在这里发现了 4 具遗骸。第一具是一位年轻女子，大概在 16 ～ 18 岁。颅顶的浅压痕显示她曾经被利器击中。当时她也许被击晕了，但是没有立即死亡。1963 年又发现了另一个与她年龄相仿的青年遗骸，胸部的火枪弹可能是致死原因。最初发现这一遗骸时未见头骨，然而另外一个单独发现的头骨可能是属于这具遗骸的。人们还在 1963 年和 1964 年分别发现了被并排埋葬的两名男性，其中一具遗骸是完整的，属于一名年龄介于 35 ～ 40 岁之间的高个男子，他可能曾被剑或弯刀那样的利器击中头部；第二名男子则只发现了颅骨，他的年龄在 35 岁左右，可能曾被斧子或锛那样的利器重击头部。

一座近似圆形，直径约 5.75 码（1.75 米）的丛葬墓中则埋葬着 3 名成人和 3 名儿童的骸骨，其中还有一名是婴儿。最大的孩子被最先放在坑中，然而由于小孩的性别很难判定，我们只能知道这个孩子的年龄在 12 ～ 14 岁间。人们在这名儿童胸部靠近左手腕的地方发现了纽扣，这也是唯一的衣物证据。随后被埋进去的是两名成人。第一具遗骸的情况很糟糕，除了是成年人之外，其性别年龄都无法判断。第二具遗骸曾被破坏和挪动，因此情况也与前者相同，只能知道这是一位成年人。第三名成年人被放在最上面，他是一个 20 岁出头的青年男子，左侧小腿有骨质增生，并扩散到了他的左足。我们很难了解这一病理现象的成因，这可能是受伤后感染导致的，并且给他带来了相当大的痛苦。他的脊柱显示他曾从事繁重的体力劳动，且患有脊柱侧凸。约 5 ～ 6 岁的小孩是最后被埋葬进去的，为了能被塞进去，这个孩子被挤放在了第三个成年人的腰部。

此外，两具性别年龄不详的成年人颅骨也和这个丛葬墓有关。然而不幸的是，这两具颅骨和其余遗骸均不吻合，因此我们无从得知它们的确切归属。其中一具头骨属于一名 40 岁出头、但无法判断性别的成年个体；第二具则属于一位 30 岁出头的男性，且颅骨的右侧有裂缝，也许这名男性的头部曾遭受过重力击打。他的右上犬齿被压进了上颌骨，这也像是重击所造成的。

在丛葬墓的中部区域还发现了大量黑色的有机物。2001 年，考古学家将之提取并在保护性实验室中进行了研究。这些有机物中包含着一些骨骼以及 19 颗尚未萌出的牙齿，它们属于一个约 9 个月大的婴儿。

辨认受害者

推测出遗骸的身份是可能的吗？ 1960 年偶然发现的那名少女是被确认身份的三个人之一。在灯塔岛上被杀死的女性很少，而且其中有 3 个是青少年。

一个带有哺乳期婴儿的乘客名叫麦肯・卡多斯（Maijken Cardoes），她在逃跑时的反抗中被击中了头部，随后被割喉并埋进了为掩埋东印度公司任命为部长的传教士一家所挖的洞中。我们不知道传教士的次女维尔明姬（Willemyntgie）的年龄，她可

这根胫骨不规则的表面说明他经历过左膝下部由感染导致的慢性炎症，这一定使他感到了巨大的疼痛。

能是青少年，或者更小一些，最后被殴打致死。这个家庭的女仆维姬布莱特·克拉斯（Wijbrecht Claes）在描述中是一位“年轻人”，也许即将成年，她是被刺死的。这 3 位女性大概和其他的家庭成员被一同埋葬在了丛葬墓里。

发现于丛葬墓几码之外的年轻女性墓葬似乎只葬有一个单独埋葬的个体，但是，由于缺乏科学的发掘，也许还有其他的骨骼散落在这片区域中，或许是在另一座丛葬墓里。

1963 年发现的那个胸部有火枪弹的个体也许是简·得克瑟斯（Jan Dircxsz），反叛者之一。他在与西瓦拉比岛士兵们的打斗中被射中，并在 11 天后死去，那时佩尔萨特已经重新夺回了控制权。他是唯一一个死于枪伤的人。

准确地说，丛葬墓中最有可能埋葬的是同时被杀死在灯塔岛上的人。《佩尔萨特日志》描述了 4 起这样的事件，其中一起是 7 月 21 日传教士夫人和她的 6 个孩子以及女仆被谋杀的事件，维姬布莱特·克拉斯就是和他们一起被杀死，并被掩埋的。一个公司官员亨德里克·蒂尼吉斯（Hendrick Denijs）也在同一晚被杀死了，但关于他的尸体被如何处理并没有留下记录。

第二批被集体杀死的人中有木匠雅各布·亨得利士（Jacob Hendricxsz），炮手帕谢尔·凡·登·恩顿（Paschier Van Den Enden），以及一个虚弱的船上服务生。他们在 7 月 10 日或 12 日被割喉后掩埋。一个英国士兵，简·品特（Jan Pinten）也许同时被杀了，后续还有两拨生病的人在 7 月 10 日和 13 日被杀死。

《佩尔萨特日志》中没有一组符合由 3 个成年人、2 个儿童以及 1 个婴儿组成的丛葬墓的记录。这有两种可能：7 月 21 日被杀死的几组病人也许被埋在了不止一个丛葬墓中。另外，几天内被杀死的其他受害者也可能被掩埋在之前的两个男人和一个生病的服务生的墓中。

关于 7 月 10 日以及 13 日被杀的病人，其信息不足以使他们和丛葬墓及其他墓坑中的遗骸相吻合。那么，怎样的信息可以用来判断传教士家庭或者两个男子以及生病的服务生就在出土的遗骸中呢？

尽管丛葬墓中出土了 2 个孩子与 1 个婴儿的遗骸（婴儿也可能会是麦肯·卡多斯的孩子），但这些遗骸身上完全没有暴力痕迹，这意味着丛葬墓中没有传教士家庭的成员——他们都是被斧子和锛打死的。同一晚死亡的亨德里克·蒂尼吉斯被重击头部，雅各布·亨得利士、帕谢尔·凡·登·恩顿以及服务生都被刺死并且被割喉，这些伤口可能不会在骨骼上留下痕迹。此外，亨得利士在《佩尔萨特日志》中被描述为“跛行的”，那个膝盖有炎症的 20 出头的青年遗骸可能就是他。

丛葬墓中的其他人会是谁呢？ 3 个成年人中的一个可能是简·品特，那个被割喉的英国士兵，他也许是和亨得利士、凡·登·恩顿以及服务生在同一天被杀死的。几天前被勒死的 6 岁小女孩席乐婷·哈登斯（Hilletgien Hardens）可能会是丛葬墓中的第二个小孩。

目前已知的证据没有能够准确与丛葬墓中遗骸相对应的，研究者们还在探索其他的查证办法。DNA 分析也许能提供更多信息：它能指出性别，并且分析出丛葬墓中的人是否是亲属，以及将散落的两个头骨和正确的尸体对应上。如果他们之间没有亲缘关系，那就不会是传教士家庭。不幸的是，灯塔岛人骨遗骸的 DNA 提取没有成功。小组正在尝试另外一种尚在试验阶段的技术——铅同位素分析，它可以将不同区域的人们区分开来，也许能帮助我们辨认出英国士兵简·品特。

高山上的印加献祭者

即使是带着氧气和登山装备，安第斯山脉的高峰对今天的攀登者来说仍是巨大的挑战。带着尤耶亚科山儿童去往神山的印加祭司并没有这些装备，然而他们依旧完成了行程。

即使是在现代，山峰对于传统安第斯山区的人们也是神圣的。那些白雪皑皑的山峰是重要的水源地，被作为圣地的传统可以追溯至百年或千年前的印加人及其祖先。今天，安第斯山脉的朝圣者们一如既往地供奉着高山的圣地和神明。500 多年前，在印加帝国统治时期，供奉给神山的物品可不只是珍贵的小物件和牲畜，人们还在特别重要的场合献上最珍贵的祭品：美丽纯洁的孩子和少女。然而一直到最近，这种在印加历史记载中存在的行为都没有得到很完整的考古记录的证实。今天，越来越多的证据已然证明了安第斯山脉存在人祭；这种仪式虽非经常进行，却是广为流传。

即使对于最有经验的登山者来说，攀登安第斯山脉的顶峰也是一项挑战。待在高海拔地区是很危险的，这就使这处被印加人作为举行神圣仪式的地点更加非比寻常；新发现也证实的确如此。最近一次对这样的地方进行考察，是 1999 年由美国探险家约翰·莱茵哈德（Johan Reinhard）和阿根廷考古学家康斯坦萨·塞鲁蒂（Constanza Ceruti）所带领的前往尤耶亚科火山（Llullaillaco

volcano）进行的为期 23 天的探险。这支队伍在火山顶停留了 13 天；而在这个海拔进行工作，甚至思考，都几乎是不可能的。然而，他们发现了一些迄今为止保存最完好的安第斯山脉木乃伊，为已知的印加祭祀牺牲者名册又增加了重要的一笔。

尤耶亚科火山位于阿根廷西北部，曾经位于印加帝国一个偏远的省，但在这里举行的仪式对于印加帝国非常重要，他们一定通过某些方式得到了秘鲁库斯科（Cuzco）中央政府的赞助。当队员们登上海拔 22057 英尺（6723 米）的火山顶时，这一切都变得清晰起来。在凛冽的寒风中，他们发现了一些有关几起发生在 500 多年前的奇特事件的蛛丝马迹。

难以置信，这是一个死于 500 多年前的儿童的脸。

在山顶，印加人建起了两个石遮棚和一个平台，周围有石墙环绕。平台长 33 英尺（10 米），宽 20 英尺（6 米），是尤耶亚科祭祀遗址的中心。印加人的祭品是用金、银以及海菊蛤壳（一种来自于厄瓜多尔海岸的材料）制作的俑，彰显了它们的重要性。在平台下面则发现了 3 个独立的墓葬，每个墓葬里都有一个被冻住的牺牲者。这些木乃伊包括一个小男孩、一个小女孩和一个少女，除了一个小女孩的尸体曾被闪电击中，他们的保存状态接近完美。这个细节非常重要，或许能说明这个仪式是为了祭祀雷神的。

研究木乃伊的工作几乎是立刻展开的。这些遗骸被带下尤耶亚科山后，在还未除去外包裹物和衣服之前就被送去进行了 CT 扫描，这种技术可以显示出骨骼、软组织以及血管的影像。引人注目的是，扫描显示尤耶亚科山木乃伊的血管中还有冰冻的血液，而其他 15 具发现在安第斯峰的木乃伊都处于冻干状态，没有冰冻的血液保存下来。尤耶亚科山木乃伊与安第斯峰木乃伊的不同还在于他们的细胞没有损坏，完美的保存状态使得他们成为迄今最有科研价值的木乃伊。

在考古发掘中，任何一个发现都是振奋人心的。当发掘者们瞥到纺织物出现在疑似墓葬的地方时，他们就开始对其中同样保存有完好的尸体抱有期待。

射线分析证实他们死前的状态良好，牙齿和骨骼的 X 光片则使得研究者可以估算每一具木乃伊死亡时的年龄。被闪电击中的小女孩约 6 岁，男孩约 7 岁，大一点的少女约 15 岁。所有木乃伊的内脏都完好无损，肺部依旧充满空气，心脏和血管中还看得见血液，没有一个孩

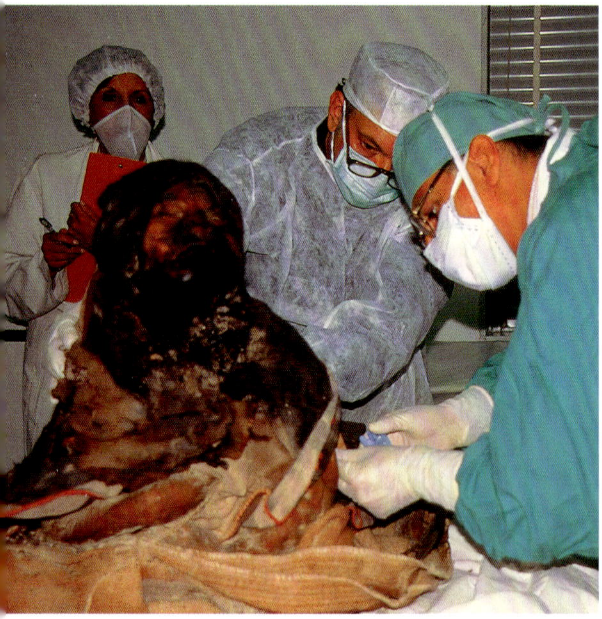

子身上有受伤的痕迹，可以排除他们像其他印加献祭牺牲者一样被敲击头部致死的可能。另一个有趣的发现是，年纪大一些的女孩的头部被人为地造成了畸形，这是一种在许多族群的上层集团中流行的做法。若要使头部变成这样的形状，在婴儿时期就要将头裹起来使头变成锥形（或是山峰的样子）。

接下来对木乃伊的研究被引向头发。在头发中常会发现人们死前数周摄入的毒药的残留（尽管死前几天吃的东西不会在头发中体现出来）。在 3 人之中，少女生前摄入了大量的古柯——一种制作可卡因的主要材料，在被加工之前是安第斯山区一种重要的仪式用、药用植物。

尤耶亚科山的冰冻木乃伊近乎完美地保存了下来，因此我们可以对之进行更加深入的研究；这就是我们能知道很多有关那个在印加帝国偏远地区被献祭的孩子的故事的原因。

献祭的牺牲者是谁？这是一个重要的问题，对尤耶亚科山木乃伊 DNA 的样本分析为回答这个问题提供了方向。线粒体 DNA 分析得出他们和古代以及现代南美人有着明确的关系。只有取得更多可以比较的具体族群的 DNA 数据，才能知道这些木乃伊来自哪个史前部落。核 DNA 分析研究得出尤耶亚科山木乃伊中的两个女孩虽然不同母，但有着很近的亲缘关系。

结合遗址点以及遗物等考古材料对尤耶亚科山冰冻木乃伊进行科学分析，加上已知有关印加祭祀的历史信息，我们可以试着

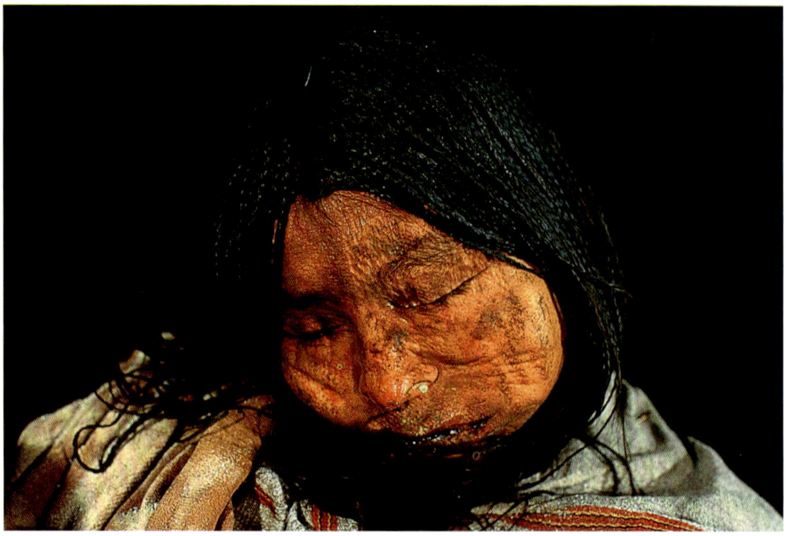

这些木乃伊保存得十分完好，以至于他们看起来就像还活着一样。如此不可思议的遗体保存状态拓宽了可进行研究的范围，使科学家们的研究内容包括了从古代发型到胃寄生虫的一系列课题。

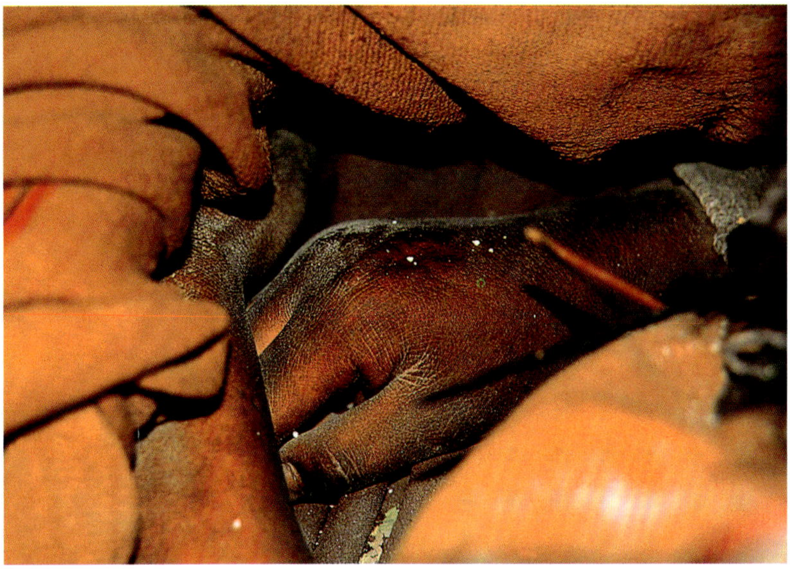

尤耶亚科山的儿童木乃伊保存得太过完好，以至于经验丰富的考古学家看到他们如生者般的脸和手时都吓了一跳。

去解答在这些尤耶亚科山冰冻木乃伊儿童的身上曾经发生了什么。

关于印加人的信仰，我们知道人祭是很少见且极其神圣的，只会在最严峻的情况下进行。被选为祭品的必须是最美丽无瑕的孩子，以及最美丽纯洁的处女。被选作祭品可能对一个家庭或者村子来说是巨大的荣耀。那些从帝国各省挑选出来的孩子（至少其中一些来自印加帝国）被带着踏上前往库斯科的朝圣之旅，在那里，他们将浑身被涂抹圣油，参加一个特殊的仪式。他们被允许穿戴成印加贵族那样，出游的方式也和贵族无差。由印加祭司引领的祭祀队伍来到高山之巅，一路载歌载舞，举行各种仪式和盛宴。在最后的宴会上，他们被杀死或者以其他体面的方式死亡。可能在他们死前的几小时或者几天，献祭的牺牲者会被喂食古柯或者麻醉药。

参考历史资料，尤耶亚科山的 3 个牺牲者是在国家赞助举行的盛大典礼上被献祭的，主持者应该是印加的宗教领袖。考古学信息以及在他们周围发现的物品也证实了这一观点。年轻的牺牲者们都穿着用羊驼毛织成的贵重衣物，有些颜色十分鲜艳（有红色和黄色），3 人之中的那位少女还戴着白色羽毛制成的头饰。在木乃伊的墓中以及上方的祭祀平台都发现了大量贵重的供奉，有海菊蛤壳制成的项链以及昂贵的印加毛织物；织物除了木乃伊身上穿裹着的一套之外，还有单独的两捆。遗址中发现了 36 个用

金、银制成的男、女性雕像都穿戴着印加风格的服饰及羽毛头饰，它们被发现于安第斯山脉的几个高山祭祀点。

金、银以及海菊蛤壳制成的雕像，其中有一套美洲驼商队的大型雕像以及一系列盛装人俑，有的上面还点缀着镶嵌物。这里还发现了装饰精美的印加陶罐。许多陶罐都带有完整的盖子，有的里面所盛放的祭品也保存了下来。内容和数量如此丰富的祭品表明，提供供奉的可能是一支重要且庞大的团队。

对木乃伊的发掘受到了严寒、缺氧以及近乎连续的暴风雪的干扰。

尤耶亚科山的木乃伊是迄今在安迪斯山脉发现的冰冻木乃伊中保存得最好的。后续研究将揭露他们的健康、营养以及亲缘关系信息，或许还有他们生活的其他方面。他们的意义不仅在于对这几具木乃伊本身的研究，同时在于同其他印加献祭牺牲者的木乃伊作比较。尤耶亚科山的木乃伊加上有名的胡安妮塔（Juanita）和其他来自智利和秘鲁的木乃伊，在安第斯山区一共已发现了 18 例印加祭祀牺牲者的木乃伊。这些尸体能带领我们了解到怎样的过去？对木乃伊的后续研究将会继续开拓我们的视野。

史前的谋杀和暴力冲突

我们通常将攻击和暴力导致的死亡当作我们所生活的时代才会存在的现象，然而，来自南非西开普省（Western Cape）海岸的一系列几千年前的遗骸告诉我们——人类从石器时代就开始互相杀戮和攻击了。

梅尔克博斯特兰（Melkbosstrand）遗址

令人惊悚的发现

1996 年 7 月，在开普敦（Cape Town）北海岸郊区的梅尔克博斯特兰，一个建筑工人正在使用反铲挖土机挖掘一个沙丘，他被出现在沟槽断面上的人骨吓了一跳。警察闻讯赶来，但随后把工作交给了开普敦大学的考古学家约翰・帕金顿（John Parkington）和罗伊登・耶茨（Royden Yates），因为他们意识到这些遗骸可能是前殖民地时代的。

位于南非的开普敦北海岸的梅尔克博斯特兰发现的两例头部有致命伤的受害者。左边的头骨来自一名少女，右边则属于一位 20 ～ 30 岁的女性。她们被葬在一起。

当考古学家们发现了一个巨石掩盖下的双人墓葬时，警察们的猜想被证实了。这块距离现代地表4英尺3英寸（1.3米）的巨石可能是压顶石或者墓碑，被压在前殖民地时代充满贝壳残片的垃圾场遗存下。墓葬中没有陪葬品，出土的头骨则带有本地典型的狩猎采集人群特征；放射性碳测年结果显示这些骨架已有超过2500年的历史。两具骨架并肩躺在一起，她们的腿向后屈着，胳膊弯曲，双手朝着脸的方向。和其他骨骼不同的是，两具尸体的头骨都被染黑了，这也许是她们死后赭石中的化学成分改变所造成的。赭石是一种广泛运用于装饰的软铁氧化物颜料，也许两人也曾在头发上使用。还可以观察到的是，两个头骨都曾受到过生前创伤。

击打头部左侧所造成的一片骨骼下边缘向内侧弯曲，暗示暴行是在梅尔克博斯特兰少女的骨骼还新鲜时发生的。特写中展示的是比例尺上方的长条形砍痕。

因为不同的食物内含有不同含量的碳和氮，骨骼和牙齿中的碳、氮含量可以显示个体生前的饮食结构。这样的研究在梅尔克博斯特兰的个体中也得出了结果：这些人要么食用了大量的沿海贝类，要么吃的是内陆植物，以及同样吃这些植物的动物。食用贝类食物的可能性更大，因为在大约3000～2000年之前，生活在开普敦北海岸的人们采集贝类并留下了大量的遗存，人们称之为“贝冢”。

图中展示的是梅尔克博斯特兰少女颅后切创的特写。与上部边缘平行的划痕以及两个压痕说明这个创伤是由石器造成的。图中的刻度单位为毫米。

人类遗骸

两具骨骼中，梅尔克博斯特兰1号是完整的。它属于一个牙齿和长骨具有13～16岁儿童特征的青少年；虽然还未发育完全，但是坐骨大切迹的宽度（即坐骨下缘凹陷的地方）已经能显示出她是一名女性。她的股骨长15英寸（37.9厘米），身高约4英尺8英寸（142厘米）。她的牙齿状况良好，没有龋齿，而且长骨上没有疾病或者骨折的迹象，仅在一个眼眶中发现有轻微的筛孔状骨质增生，即眶顶筛孔样变，这说明她患有某种程度的铁缺乏症。

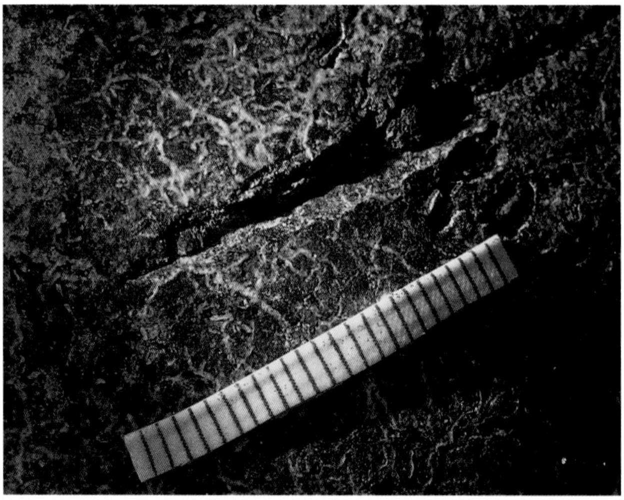

她的颅骨上还有两处圆形的骨折，周围有辐射状的裂缝。骨折发生在骨骼还新鲜的时候，因为骨折处的骨骼向内弯曲，是典型的新鲜骨骼遭受强烈伤害的表现，并且没有愈合的痕迹。这道深深的伤口是击打而不是切割造成的，凶器也许是某种边缘不平整的工具。放大来看，其中一个创伤显示出石制工具造成的刮痕和连续的凹陷。

第二具骨骼——梅尔克博斯特兰 2 号除了其中一个手臂骨的末端以外都完整，而这处骨骼可能是在发掘过程中丢失的。通过坐骨我们可以得知她是一名女性：髋骨一些部位的点蚀和疤痕不止能推测年龄，还说明她可能曾经不止一次分娩过。她的股骨长约 15.5 ～ 16 英寸（39.5 ～ 39.9 厘米），说明她的身高在 4 英尺 10 英寸（148 厘米）左右。她的牙齿磨损情况和狩猎采集社会中 20 多岁到 30 出头的女性一致，骨骼愈合情况则反映她的年龄在 24 ～ 46 岁之间。因此她大概 30 多岁。和之前的少女一样，她的眼眶也显示出轻微的铁缺乏症。她的腰部有至少一处椎间盘突出和椎间盘滑脱，这会造成腰痛以及行动不便。她出生时似乎受过伤，导致血液流通不畅，因此留下了颈部、上身和左臂不对称发育的后遗症。她的左侧肩胛骨比右侧小三分之一，这不一定会导致严重的残疾，因为没有骨骼废用的证据。

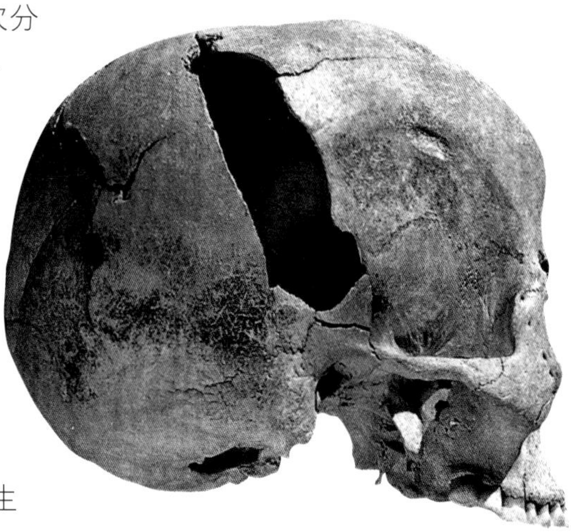

在梅尔克博斯特兰女性颅骨的右前方有一处塌陷性骨折，颅骨后部则另有两条长度分别为 3.1 英寸（80 毫米）和 1.2 英寸（30 毫米）的砍痕。在第二条砍痕下面还有一个圆形的创伤。

她的颅骨上有许多裂缝，是从两道明显的砍痕延伸出去的；此外她还有一个可能是由箭镞造成的尺寸较小的穿刺伤。她的右眼眶上缘有受伤的痕迹；颅骨的其他地方也有两处塌陷，分别位于两边的太阳穴，这是由来自两侧的暴力击打造成的。她似乎是在被击中了右侧太阳穴后失去了意识，当左脸着地的时候又被击打了头部的右侧。

杀人行为的判定

这两个人似乎是被蓄意杀害的，因为在墓葬中找不到任何能造成其颅骨伤痕的东西。她们被杀害时或许是在睡梦中，或许当时毫无意识，又或许是被绑住了，因为在可能发现伤痕的地方，

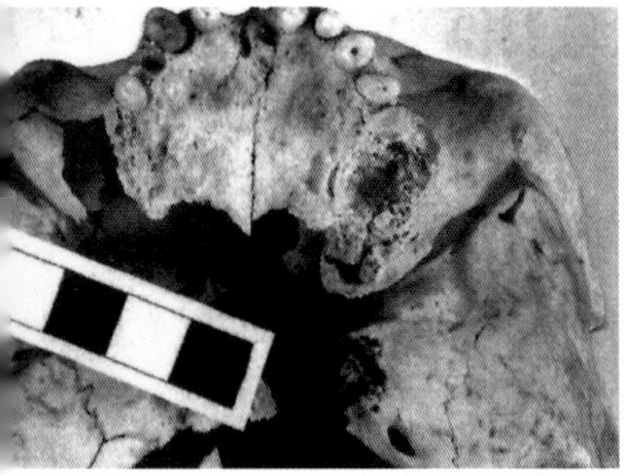

斯纳弗克里普男子来自南非南部海岸，已经有2400岁了。下图中是他的前部牙齿特写，这些牙齿几乎全部被磨耗掉了。图中刻度单位为厘米。

如胳膊，都没有发现反抗造成的创伤。可惜的是，考古材料中没有留下任何关于这起暴力事件的线索。

斯纳弗克里普（Snuifklip）遗址

被抢救的遗骸

在西开普省海岸还发现了一具与前面两位女士几乎同时期的骨骼，其上有故意造成的头部创伤，但是这名受害者幸存了下来。这具遗骸是1984年在斯纳弗克里普被发掘的，进行发掘的先是弗朗西斯（Francis）和安妮·萨克雷（Anne Thackeray），然后又由开普敦附近的斯坦陵布什大学（Stellenbosch University）接手。斯纳弗克里普是南海岸威利斯贝依（Vleesbaai）附近的著名渔场，当时一个度假屋的主人报告说在他的土地上有头骨暴露在沙丘外，他担心可能是过路人所为。开普敦大学（The University of Cape Town）人类学系的艾伦·莫里斯（Alan Morris）记录和描述了这个头骨。

墓葬

因为罹患关节炎，斯纳弗克里普男子的大脚趾骨是向外撇的。图中刻度单位为厘米。

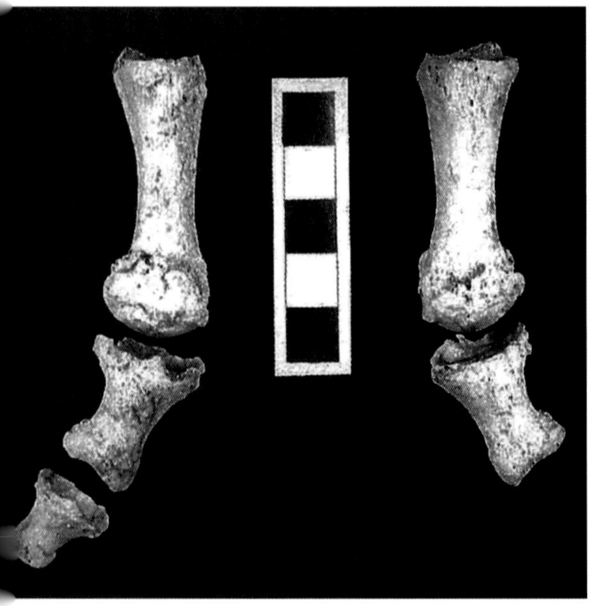

骨架呈现出蜷伏的状态，右胳膊置于两腿之间。因长期被埋在松散的沙地中，骨骼变得十分易碎。除了少数的指骨，几乎所有的骨骼都被发现了。在遗骸的脸部发现了一些随葬品，包括一件河马牙齿、一件已经化石化的大型食草动物背部骨骼、帽贝和贻贝壳（其中一个贝壳上面还有洞，也许是为了穿成吊坠）以及一些石器。放射性碳测年说明其死亡时间大约在2400年前。

骨骼

这具骨骼具有本地狩猎采集人群的特点。严重的牙齿磨耗、愈合的骨骺以及退行性关节疾病都说明这个成年个体已经步入老年，年龄也许在50岁以上。他的髋骨保存情况较差，性别鉴定较为困难，但发达的眉脊和眶缘以及骨骼上附着的粗壮肌肉痕迹均暗示这是一名男性个体。他身材矮小，根据长骨推测只有大约4英尺10英寸（148

厘米）高。

斯纳弗克里普人的腰部以及足部骨骼都患有严重的退行性关节疾病。腰部的椎骨融合虽然在发生时给他造成了相当大的痛苦，但并不会造成严重的行动不便。然而大脚趾处的关节炎一定使他每走一步都痛苦万分。

他的牙齿不仅磨耗严重，并且伴随有龋齿、脓肿和牙齿脱落的情况。有些牙齿是在他死前不久脱落的，有些则早在几年之前就脱落了，因为牙槽已经完全被下颌骨吸收。牙齿的状况一定令他很不舒服；而且有些牙齿疾病在以狩猎采集作为生活方式的石器时代是很罕见的，比如龋齿。然而莫里斯观察到在该地区其他史前遗址中却有较高的龋齿率，这可能是当地水中含氟量较低导致的。

与在梅尔克博斯特兰发现的遗骸一样，眼眶中的筛孔状骨质增生表明斯纳弗克里普男子生前患有贫血症。总体而言，在死亡前的一段时间，他的健康状况很差。

斯纳弗克里普男子的颅顶的有两个凹陷，表明他的头部曾经受过伤，并在他死亡前愈合了。

头部创伤

斯纳弗克里普男子在颅骨顶部有两处创伤，一个近似圆形的较小创伤压碎了板障（即颅骨外板与内板之间的海绵骨），但几乎没有对颅内造成损伤。第二处损伤较大且形状偏细长，也伤及了板障；创伤产生的同时还将颅骨的内板压向了大脑的方向，尽管并没有尖锐的骨片刺入其中。因为骨骼上有愈合的迹象，显然受害者从这次伤害中幸存了下来。实际上，这两处创伤的愈合形态与一例已知受到非致命性颅骨创伤后存活了6个多月的个体是相似的。斯纳弗克里普男子受的伤都非常集中，也许是用小物件大力击打所致，看起来不像是一场意外。

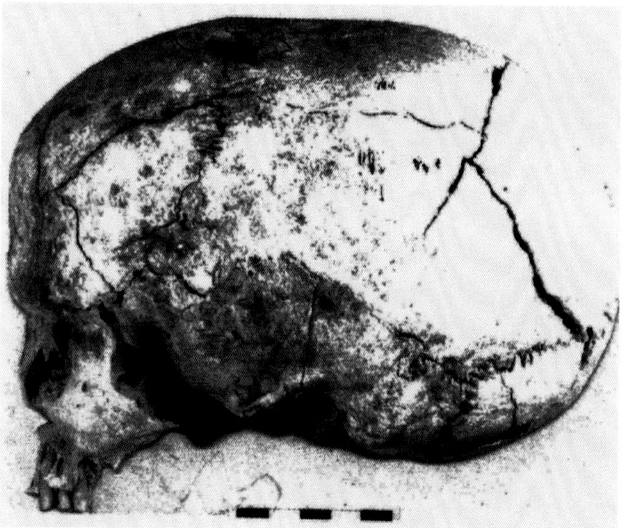

斯纳弗克里普男子颅骨的左侧，看起来有些变形，这是被埋在松散的沙地后开裂造成的。

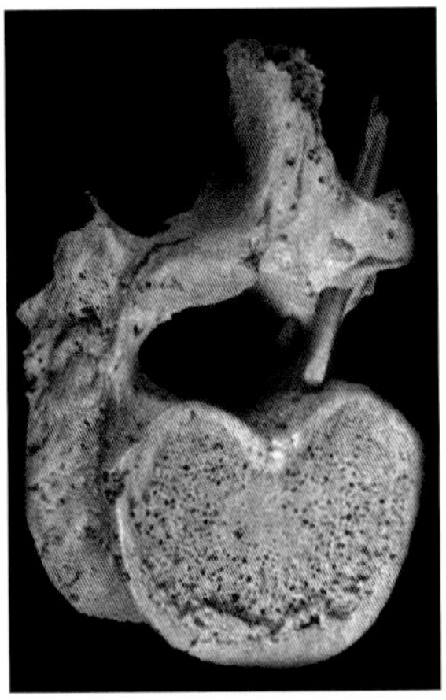

倾斜视角下的骨镞碎片，它们被嵌在一个石器时代女性遗骸的脊柱骨骼中并且刺入了椎孔。这具女性遗骸来自于南非南部海岸的奎因点。

奎因点（Quoin Point）

意外收获

1966～1967 年夏季的一天，开普敦大学的考古学家约翰·帕金顿和杰弗里·沃伊特（Geoffrey Voigt）在位于南非南海岸、开普敦东南的奎因点附近的沙丘做调查。他们发现了由于风沙侵蚀而暴露于沙丘外的散落人骨；经过仔细筛查沙地，他们发现了一个成年人和一个婴儿的散落骨骼，以及一些动物骨骼，多数是沙丘中的鼹鼠。他们还发现了 3 片薄陶片，均是采用该地区过去 2000 多年中典型且粗糙的工艺制作而成的。开普敦大学人类学系的艾伦·莫里斯研究了这些人类骨骼。

骨骼

这名成年个体的坐骨显示她无疑是一位女性，瘦小的体形和无大块肌肉附着痕迹的骨骼也证明了这一点。骨骺愈合情况显示她的年纪在 25～30 岁之间，髋骨前部愈合处的耻骨联合状况则指示她的年龄在 22～40 岁之间。耻骨处的伤痕显示她可能生育过 1～2 个孩子。

从她的长骨情况来看，她的个子很小，约在 4 英尺 9 英寸到 5 英寸之间（145～152 厘米）。孩子骨骼的保存状况较差，但能看出年龄小于 3 个月。考虑到本地狩猎采集者的身材矮小，孩子的实际年龄可能大于估算年龄，但这个孩子仍然年纪很小，尚需全母乳喂养。

死于箭伤

在成年个体的一节脊椎上发现有两件嵌进骨头的骨镞碎片，较小的骨镞两端均已折断，有短銎，是该地区遗址中的典型箭镞。在筛查后考古学家又发现了两件类似的碎片，其中一件骨箭镞的柄部平整，虽然他们不能直接和嵌入椎骨的骨镞碎片对接上，但这些箭镞碎片也许是来自于同一个箭头。另一件较大的骨镞则截面平整；我们通过博物馆收藏的一些箭头样本推测，它可能是有铤骨镞的一种，或者是柄部连接箭杆的部分。

这些碎片可能代表了两个单独的投掷武器，而穿刺伤的严重

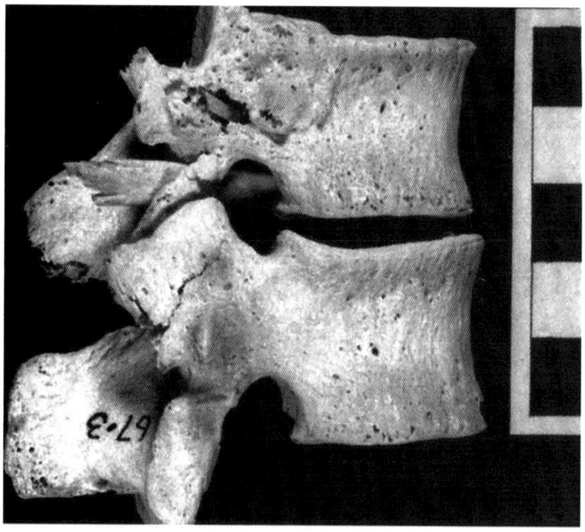

嵌在奎因点女性遗骸脊柱骨骼中的骨镞，侧视图。

程度则说明它们是在很近的距离被投出去的。两个箭头碎片的存在表明这并不是意外。大箭头的入射角度说明袭击者是跪或者蹲在站立的受害者身后的，或者是受害者脸朝下倒在地上，而袭击者站在她身后。小箭头的入射角度则有些许不同，也许入射的时候还被肋骨挡了一下。

传统的狩猎采集者，如布须曼人（Bushmen），使用的箭头不是为了造成致命箭伤，而是靠涂在箭头上的一种从甲虫中提取的致命毒素将对方毒死。奎因点女性个体的箭伤也许不是致命的，但如果箭头有毒就另当别论了。可以确定的是，这名女性在骨骼还没来得及愈合时就已经死亡了。

耐人寻味的是，孩子的颅骨上出现了骨质吸收的现象，这暗示着严重的饥饿。如果骨骼发现地的受害者是孩子的母亲，那么她在毒发身亡前几天可能就已无法为她的孩子哺乳了。

暴力时代

梅尔克博斯特兰、斯纳弗克里普、奎因点的案例提供了罕见的石器时代人群间暴力冲突的考古材料。可惜的是，我们无法仅凭骨骼来重现当时戏剧性的时刻，也不能知道攻击者和受害者是否来自于同一个族群。不过这些案例告诉我们：暴力冲突不仅存在于复杂且进步的社会，在石器时代的人群中也时有发生。

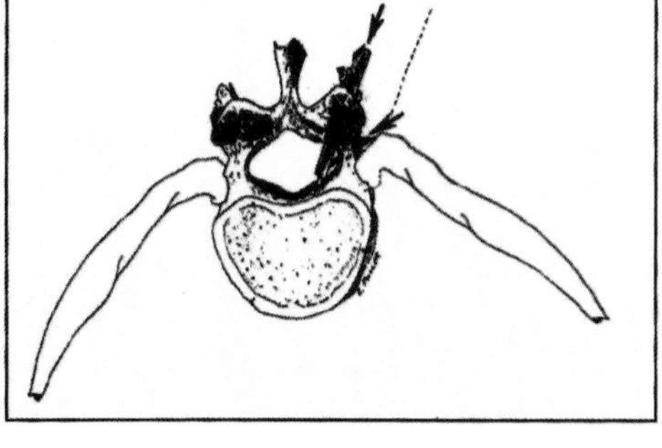

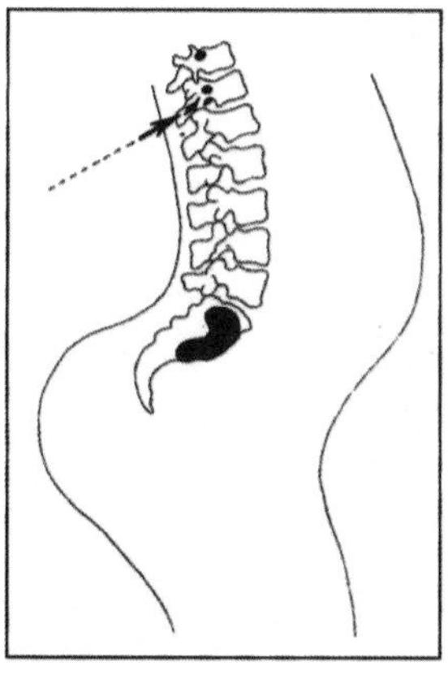

左图中描绘了两个骨镞是怎样射入奎因点女子的脊柱的。人们推测其中一个箭头在入射时被肋骨挡了一下。

右图中是奎因点女子的侧面素描，指出了骨镞可能的入射路线和方位。

月亮金字塔的人祭

很少能有让考古学家不寒而栗的发现，但是最近的一些人类骨骼遗存做到了。这些遗存属于超过 70 个青年个体，包括完整和破碎的骨架，以及被肢解的胳膊、腿、手和脚部骨骼。他们是在 1500 ～ 1300 多年前的仪式中被献祭的。他们被发现于秘鲁北部海岸，莫切（Moche）月亮金字塔（Huaca de la Luna）祭祀仪式的平台上。研究者们依旧在尝试弄清楚这里发生了什么，以及他们为何要这样做。

月亮金字塔是莫切遗址中两个主要的金字塔之一，属于秘鲁北海岸典型的莫切文化遗址，在约公元 200 ～ 700 年间达到了繁荣期。该遗迹因其装饰有精美壁画的纪念性土坯砖建筑而闻名，每年都有络绎不绝的游客来此参观。研究者还发现了大片古代莫切人居住和工作的住宅区。直到最近，研究者才发现了举行过可怕仪式的祭祀平台，大量的战俘在此被献祭，同时也发现了食人习俗可能存在过的证据。

考古学家将在月亮金字塔发现的通过关节相连或部分相连的骨骼都送到了实验室进行研究。他们是一些在搏斗中受到过多种创伤的青年男性。

最近，当考古学家在靠近一块露出地面的岩石底部的广场上发现散落的人骨时，月亮金字塔的相关研究开始朝着意料之外的方向发展。考古学家在清理中发现这些骨骼几乎覆盖了 66 平方码（60 平方米）的面积，而仅有很少的骨骼是处于关节连接的自然状态下的。大部分个体已被肢解，头骨、四肢以及手足骨骼都有丢失。

四肢骨四处散落并且没有位于正常的解剖学位置上，表明这些被献祭的士兵的尸体也许就直接暴露在秃鹫的嘴下。

在后续的研究中，发掘者发现了一些坚硬的黏土层，有的顶层有人骨，有的则在其中嵌有人骨。他们还发现了一个从广场和一堵墙中挖下去的大约 4 平方码（3.6 平方米）的古代深坑，里面充满了人骨和破碎陶器组成的混合物。这些陶器被制成了脖子上套有绳索的裸男形象。黏土层中的人骨应该是建筑黏土被暴雨冲刷至广场堆积而来的结果。

为了了解这些发现，考古学家需要结合莫切人在月亮金字塔的行为证据，对骨骼进行进一步的研究。在实验室中研究这些遗骸是一个挑战，因为有太多骨骼碎片和太少的完整骨架，人们很难确定这些骨骼到底代表了多少个体。研究发现这些骨骼至少来自于 70 个人，但或许实际数字要更少；所有的骨骼都来自于 15 ～ 39 岁的男性，平均死亡年龄为 23 岁。对考古遗址中出土人骨的性别年龄鉴定是人类学研究中最基础的部分，为揭示这些人的身份提供了初步的线索。

埋在月亮金字塔中的骨架要更为完整，能提供最可靠的性别、年龄、健康信息。这里有许多散落的骨骼不能组成完整的骨架，使得人们很难确定其中有多少名个体。

这些男人和男孩的身体指标显示，他们普遍健康且经常运动，从童年到死亡前

的营养状况均良好。不过骨骼显示他们参与的活动并不都是无害的——他们的许多骨骼都有骨折后愈合的痕迹，比如手臂、腿和头部的骨骼；这些人的骨折愈合间隙又是相对一致的，说明骨折可能是人群间的暴力行为所致。他们使用了特定的武器，这无论如何也不像是一场意外。许多骨骼上带有新的伤痕，是在死前的一个月内形成的；受损的四肢骨和鼻骨也有开始愈合的痕迹。

性别、年龄、健康状况以及创伤分析都说明他们是一群特殊的年轻人。有长期迹象表明他们就是一群特殊的莫切士兵，而牺牲者全部是男性的发现显然也为此提供了支持。

莫切文化

没有愈合痕迹的骨骼创伤证明了这些男人和男孩是如何被杀死的。他们之中几乎没有人死于搏斗；相反，许多遗骸的颈部骨骼都有割喉产生的痕迹，而其他的遗骸有大片的颅骨骨折，他们似乎被钝器击打过，比如战锤。

就像之前提到过的，只有很少的骨架是完整的，大多数遗骸都没有四肢、手足骨或头骨。许多被切断的四肢也被找到了，但不是每一个肢干都能准确对应到它们的主人。大多数遗骸都没有留下它们是如何被肢解的证据，骨骼上没有切割的痕迹，更何况也没有发现那些仅能表现在软组织上的暴力肢解迹象。各种解释都是有可能的，其中一种意见认为，肢解是一种偶然事件，是死后由食腐动物，如秃鹫造成的。许多骨骼上有因太阳暴晒而发白的部分，说明他们没有立即被掩埋，而是经历了一段时间的风吹雨淋。它们也可能是在尸体暴

许多骨骼都是被故意切开的，就像图中所示的骨骼这样。同样就像图中这具颅骨，许多颅骨在被发现时都没有下颌骨。

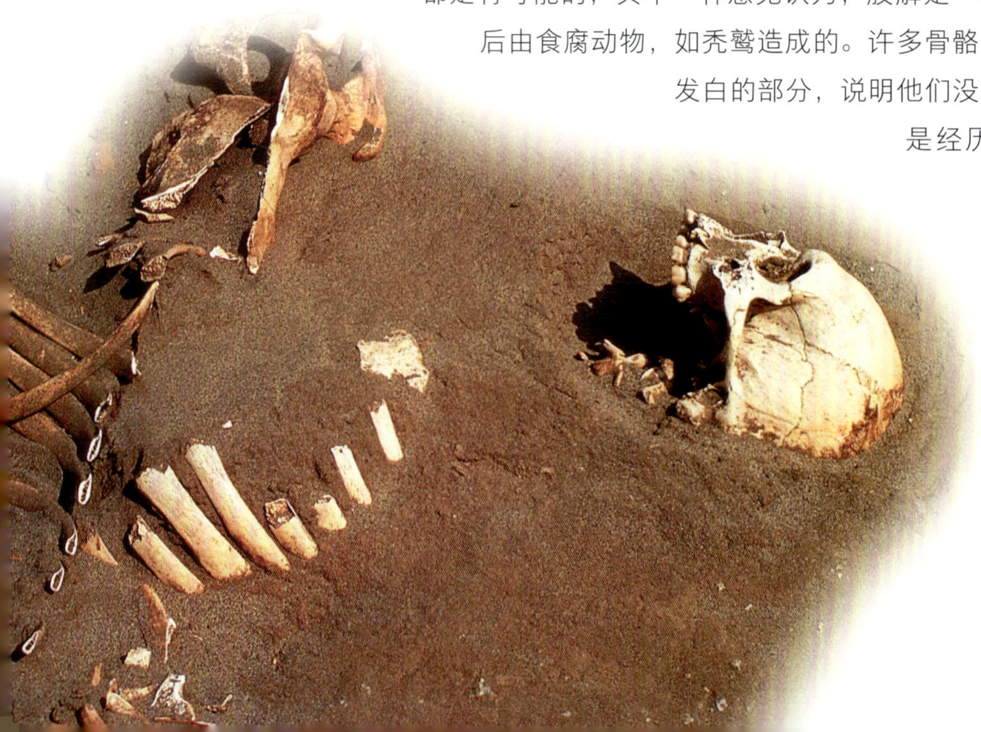

露在外腐烂之后被有意弄散的。

一组骨架上的确存在被肢解的痕迹。在大多数人类遗骸出土地点的附近有个广场，这里有一组大约 6 ～ 7 具年轻人的骨骼。除了和其他遗骸相似的特性以外，这组骨骼还显示出切割肌肉的痕迹——这些痕迹表明它们不只是被肢解，骨骼上的肉也被剔除了。这种切创和被屠宰的动物骨骼上所见到的痕迹没有什么不同，说明这些人可能被用于食人仪式。

骨骼证据表明了许多人被莫切人用来祭祀，他们中的大多数可能是被俘虏的年轻男性战士。当我们将之与更多其他证据联系起来，我们就能更加大胆地猜想月亮金字塔在很久之前发生了什么。莫切艺术以及环境气候信息就为我们提供了线索。

在莫切艺术以及传统形象中，有大量的证据显示，战争以及俘虏的关押、处决和献祭对莫切人而言是重大的仪式。莫切遗址的壁画上画有一排排脖子上捆着绳索的赤裸男性囚犯；而带有囚犯形象的陶器也很普遍，它们同样被描绘成脖子上套有绳索，甚至双手被捆绑起来的裸男。莫切的细线纹陶器上还保留有关于月亮金字塔祭祀牺牲者生与死的详细记录。

莫切细线纹陶器上的场景描绘得十分仔细，从使用棒槌的肉搏战，到盛装的勇士，再到年轻勇士们的赛跑与狩猎，还有研究

发掘和研究都因祭祀区所发现的多层骨骼而变得复杂。

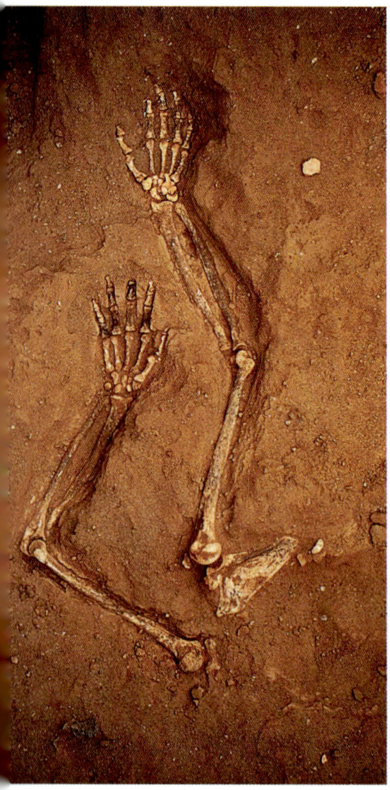

好几个区域都发现了成对的脱离躯干的四肢骨，就像图中所示的上肢。

者们认为应是审讯以及献祭囚犯的场景。在这个场景中，装饰华美的人坐在尊贵的位置上，地位低下的裸体男子正在或是已经被献祭，而一旁的秃鹫或是扮成秃鹫的人则是侍卫或者行刑者。其他图像还描绘了献祭的牺牲者被肢解、砍头的场景，以及他们周围绑着绳子的四肢。毫无疑问，对莫切人来说，用囚犯献祭是一个重要的仪式项目。

另一条线索则是雨。雨在世界上的许多区域都被认为是有益的，但对莫切人来说也许就是灾难。他们所居住的秘鲁北海岸是一个极度干旱的区域，在一年中的大多数时候几乎没有降水；而农业和捕鱼业是莫切经济的支柱，集中位于穿过沙漠区域的富饶的河谷地带。就像其他所有的古秘鲁文明一样，莫切投入了大量的劳力和资源以建造主要的灌溉网。下雨只是偶然现象，是由周期性的气候异常——厄尔尼诺（El Niño）所致。厄尔尼诺会导致灾害性的降水，毁坏沟渠和农田，甚至会影响海洋，造成渔业减产。祭祀牺牲者被发现的地方可以看见多层雨水冲积的黏土，说明祭祀发生在对莫切人而言是大灾难的时期。

在祭祀区修成不久后的雨期，有 5～6 个人被献祭，他们的尸体被放置在泥浆池中，泥浆干了以后便露了出来。又一段雨期之后，更多的囚犯被献祭，之后一个 4 平方码（约 3.6 平方米）的坑被挖了出来，一些尸体以及囚犯造型的陶器碎片被一起埋了进去。在更多的倾盆大雨之后，又有更多人被砍头和肢解了。他们的尸体随后被丢弃，很多时候一个压着另一个，暴露在地表，以及更可能的是秃鹫的嘴下。

这样一套祭祀仪式对于莫切人来说一定意义重大。他们选择在一个或是一系列的暴雨期进行祭祀，这意味着发生了大型甚至是连续的厄尔尼诺现象。在这样的背景下，莫切人可能遭遇了一系列的严重问题，饥饿、疾病以及战争都有可能发生。囚犯献祭可能是为了安抚神明，使气候回归正常。事实是否真的如此我们不得而知，因为在祭祀之后月亮金字塔中就几乎再没有出现过新的建筑。

乌尔的皇家陵园

20 世纪 20 年代，莱昂纳德·沃利（Leonard Wolley）爵士在伊拉克南部发掘了苏美尔的主要城市乌尔（Ur）。他特别关注了城市的宗教辖区，在那里，他使乌尔 - 纳莫（Ur-Nammu）时期雄伟的齐格拉特神塔（the great ziggurat）重现于世。沃利最惊人的发现是在这片辖区的南部，这里有大量公元前 3000 年的垃圾坑被作为墓地再度利用，其年代主要为第三王朝早期，从大约公元前 2600 年一直沿用到了公元前 2100 年左右。他在这里发掘了超过 2000 座土坑墓。墓葬采用的是屈肢葬的形式，尸体被苇席包裹，并经常伴有随葬品。但有一例墓葬是特殊的——这座墓葬中的随葬品非常丰富，里面甚至还有一个巨大的黄金头盔以及两个刻有“麦斯卡拉姆杜格”（Meskalamdug）的金碗，表明其所有者可能是一位已知的早期乌尔王。

在普阿比（Puabi）皇后身上找到的印章证明了她的身份。她戴着装饰有鲜花的精美黄金头饰以及黄金和天青石制成的项链。

沃利将 16 个共同构成陵园原始核心的精美墓葬判定为贵族墓葬。它们在外形上虽有不同，但是具有相同的特征——通常为穹隆顶的石室或砖室，包含一个或者多个房间，而这些都建在一个有倾斜甬道的大坑中。丰富的随葬品被排列在墓葬坑中，其中有用金、银、天青石、玛瑙及皂石等珍贵材料制成的精美物什，展示着工匠们高超的技艺。几件七弦琴的装饰采用的是马赛

沃利熟练的发掘技术使得那些仅剩下装饰构件的木质文物得以被复原，比如这件装饰着黄金牛头以及贝壳、玛瑙和天青石马赛克的七弦琴。

克镶嵌工艺。一个后来被称作“乌尔军旗”（Standard of Ur）的琴箱上，一边描绘有战争故事，一边则描绘着胜利的宴会。其他精美的物品还有博弈盘和珠宝，以及由金、银、铜或细石料制成的容器。墓中随葬车辆，主要是四轮战车，还有一架雪橇，曾被用来拉雪橇的几对公牛也和它埋在一起。

这 16 座墓葬最令人吃惊的特点是都有人殉。通常墓主人都穿着华丽的服饰被放置在墓室中，在墓坑、偏室，有时是在主室会有人殉，数量大致在 3 ～ 74 人。他们之中的大部分是女性，这点是从大量的珠宝以及宫廷侍女所穿的精美红袍中推测出的。许多人身边放置着陶或金属质的杯子；有些还抱着七弦琴。也有几名陪葬者是男性，他们在墓中的位置以及陪葬的器物则说明他们分别是守卫、车夫和侍从。骨骼的保存情况较差，导致死者的性别主要是依靠随葬品而判定的。

这些摆放整齐有序的尸体大多是围坐在坑壁周围，或者背靠墓室的。沃利推测这些人是自愿为国王或者王后殉葬的，他认为这些人喝下了身旁杯子中的毒药，在土壤盖到他们身上之前已经失去了意识。

沃利不仅是一个有创造力且熟练的发掘者，还是个有天赋的作者，他令人信服的描述使得人们接受了乌尔城的大量墓葬都是人殉的解释。在美索不达米亚的其他墓葬遗址中并没有发现类似的殉葬仪式，但我们也许能从文字记载中发现些许线索：在稍晚时期描写乌鲁克（Uruk）国王吉尔伽美什（Gilgamesh）葬礼仪式的文字中存在一些零碎的记载，这位生活在公元前 2600 年左右的传奇人物的妻子、儿子以及近臣曾为他陪葬。然而在乌尔的贵族墓葬中，没有证据表明墓主人的妻子或者孩子为他陪葬，而且那些文字记录看起来也是模棱两可的。

多年来，一直不断有人质疑沃利的推测，除了“吉尔伽美什之死”外，美索不达米亚的文字中再无将人殉作为葬礼仪式一部分的记载。虽然偶有将奴隶列入陪葬品的情况，但也只是将之作为物品而不是人。也有人质疑主墓埋葬的是否是国王和王后；而另一个被人认可的说法是，他们有可能是男祭司和女祭司。

经过仔细研究，科学家发现墓中的这些人不一定是在同一时间死亡的；至少在其中一座墓中，墓主人是在随葬人员死后下葬的。有些骨架还被人重新拼合在了一起。考古学家彼得·查瓦特（Petr Charvat）推测，为了能被埋在他们尊敬的世俗或者宗教领袖的身边，亲属以及先于其主人而死的忠实仆从会被临时安葬，直到主人去世时被一同埋葬。墓葬中采用人殉的观点虽然未曾被完全否定，但看起来愈发显得不可信了。

著名琴箱“乌尔军旗”的一面——“和平”。展示的是一队队输掉战争的战俘手捧战利品的情形；顶部那层则是苏美尔男性牵着动物去庆功宴的场景。左侧有一个音乐家正在演奏，其手中的七弦琴和贵族墓葬出土的那件相同。

皇家陵园的土壤并不利于骨骼的保存。泥土巨大的重量压碎了许多颅骨，所以埋葬在乌尔的骨骼保存情况很差。然而，科技的进步使得即使是碎片的材料也可以被用于分析。2009 年，宾夕法尼亚大学考古学与人类学博物馆（the Penn Museum of Archaeology and Anthropology）的乌尔藏品中有两具颅骨碎片被送去做 CT 扫描，以此来构建 3D 模型。结果出人意料，他们发现两名个体的头部均遭受过锐器的击打。与沃利推测的自愿殉葬相反，这两个人似乎是被杀死的。自此，人殉的说法又流行了起来。

但是对这两件颅骨的分析还揭露出了更多信息：他们不是在墓葬和随葬品就位的时候被杀死的，而是在那之前，也许是在为期数天的葬礼仪式开始的时候。为了使尸体能被保存到被需要的时候，他们被烘干，并用辰砂处理过。

我们尚不清楚这些乌尔贵族墓葬中发生了什么，但起码最近对于颅骨的检测清楚地显示，至少高等级墓葬的主墓中是存在人殉的。乌尔人已经开始制作最基础的木乃伊了；因此，附属墓葬中的人先死亡，而等到主墓的墓主人被埋葬时再被迁进来的这种情况还是可能的。

乌尔的辖区受到了乌尔 - 纳莫的齐格拉特神塔的管制。乌尔 - 纳莫是乌尔第三王朝的第一位国王，从公元前 2112 年就开始统治美索不达米亚南部地区。乌尔城在此处的遗迹被沃利及其他人发掘；后来萨达姆·侯赛因（Saddam Hussein）又对此进行了大面积修复。

第四章

墓 葬

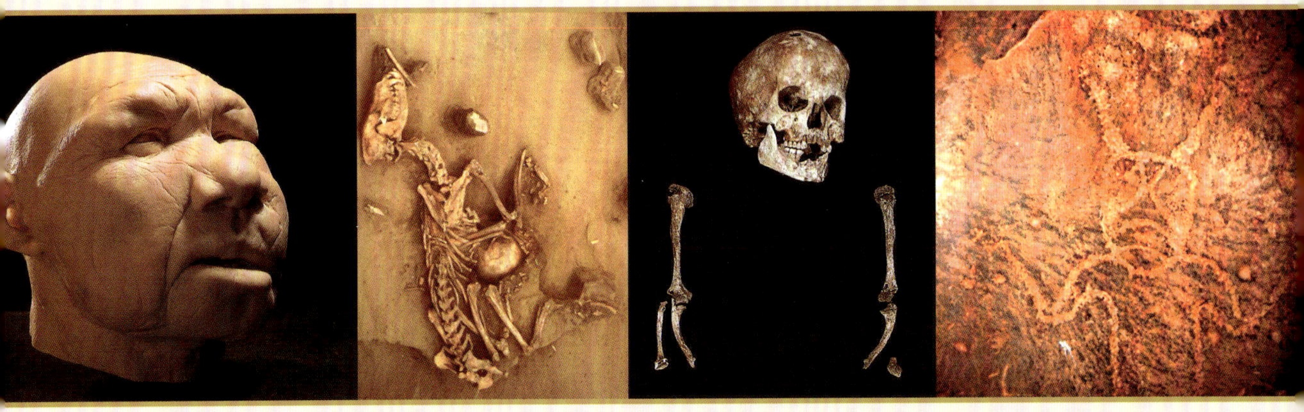

历史上，绝大多数的人类遗骸都来自于专门的墓葬。尽管其中大部分并无引人注目之处，但由于某些原因，仍然有一些墓葬显得不同寻常。大多数有关墓葬的书籍着眼于使人眼花缭乱的随葬品和财宝，而本章节关注的则是那些令人着迷、有时甚至令人感到震惊的墓葬——因为在这些墓葬中，遗骸本身会“说话”。

骨头坑

格兰多利纳洞穴上层发掘场景。格兰多利纳洞穴是欧洲年代最久远的遗址之一，也是世界上最重要的遗址之一。

阿塔普埃尔卡山（Sierra de Atapuerca）位于西班牙北部布尔戈斯（Burgos）以东 9 英里（14.5 千米）。它是一座名副其实的史前遗址大宝库，提供了最早关于人类定居欧洲的证据。例如格兰多利纳（Gran Dolina）洞穴遗址（“大天坑”），这是一处倒塌的石灰岩洞穴，人们在这里发现了一百万年前的石器工具以及 100 多块分属不同个体的骨头碎片。这些碎片来自于一种名为“前人”（*Homo antecessor*）的远古人类，他们在 100 万～ 80 万年前居住于此。

另一个遗址，西玛德罗斯赫索斯（Sima de los Huesos）遗址，又名“骨头坑”，更是非凡。它是世界上目前已知最大的远古人

类化石“仓库”，其年代属于中更新世，涵盖了距今 78 万～ 12.7 万年的漫长岁月。实际上，该遗址所包含的这一时期人类遗存的数量已经超过了其他地区所有已知遗存的总和。

进入这个骨头坑，本身就称得上是一种冒险。群山中有一处巨大的洞穴，西班牙语中称为 Cueva Mayor；想要进入这个洞穴的人需要攀越岩石和忽上忽下的土坡，时而像螃蟹一样手脚并用地爬行，时而在石笋之间的狭小空隙中匍匐前进。行进大约 547 码（500 米）后，可以到达一个高约 39 英尺（12 米）的洞室。旁边的洞室里还留有洞熊窝和一些凿在泥土里的爪痕，这些痕迹新鲜得就像是昨天才形成的一样。

把在地下埋藏已久的 4 号颅骨发掘出来是一件艰苦的工作，仅仅是清理掉它周围的黏土并将它提取出来就耗费了 14 天。由于骨头极度脆弱，发掘工作必须得慢慢地、小心翼翼地进行。

这里还有大量的涂鸦，最早可以追溯到公元 1561 年。几百年来，当地的居民进入洞穴，搜集洞熊的骨骼和牙齿。根据当时的传统，该地区的年轻男子必须将大洞穴里得到的洞熊牙齿作为礼物送予自己的未婚妻，以此来证明自己的英勇。

发掘进行时

1976 年，一位名为特立尼达・托雷斯（Trinidad Torres）的西班牙古生物学家来到了西玛德罗斯赫索斯，在此收集含有熊骨化石的沉积物。在此期间，他发现了一块古老的人类下颌骨化石，这个意外的发现引发了一场延续至今的考古发掘。1983 年，胡安・路易斯・阿苏加（Juan Luis Arsuaga）在发现下颌骨化石的地方展开了试掘。第二年，他开始进行正式的发掘工作。在最初的 6 个发掘期，考古队清理了无数块从洞顶掉落的岩石，以及被踩踏了几个世纪、重达 8 吨的干扰层后，骨头坑的顶部才开始显露出来。

直到 1990 年，考古人员才开始发掘骨头坑里完好的古代沉积层。一开始，地层里有成千上万的熊骨遗骸；随着下挖深度的增加，熊骨数量不断减少，人骨逐渐混合其中，并最终在坑底占据了绝对数量。这些人骨可以追溯到大约 60 万年前。也许我们可以推测，这意味着从某个时候开始人类不再使用这个埋葬坑，越冬的熊却开始跌落其中。毫无疑问，莽撞又笨拙的熊是导致坑中人骨散乱和破碎的罪魁祸首。

如今，人们可以利用一条近 39 英尺（12 米）长的绳梯进入骨头坑。在坑底，沿着土坡向下走几码，就能进入一个约 13 英尺 × 7 英尺（4 米 × 2 米）的小室中。每年夏天都有五六人在此工作。一些人负责仔细清除骨头上的黏土，而另一些人则负责测量和绘图。起初，考古人工作时只能弯着腰或者蹲着，直到 1995 年之后，他们才能站着工作。

这是一项极其艰苦的工作。在每年为期一个月的发掘中，考古队只能向下挖掘 10 英寸（25 厘米），获取大约 300 件人骨标本。在这些人骨标本潮湿的时候，它们是柔软和脆弱的，但是一旦对其进行干燥和防腐处理，它们就会变得相当坚硬。在每个探

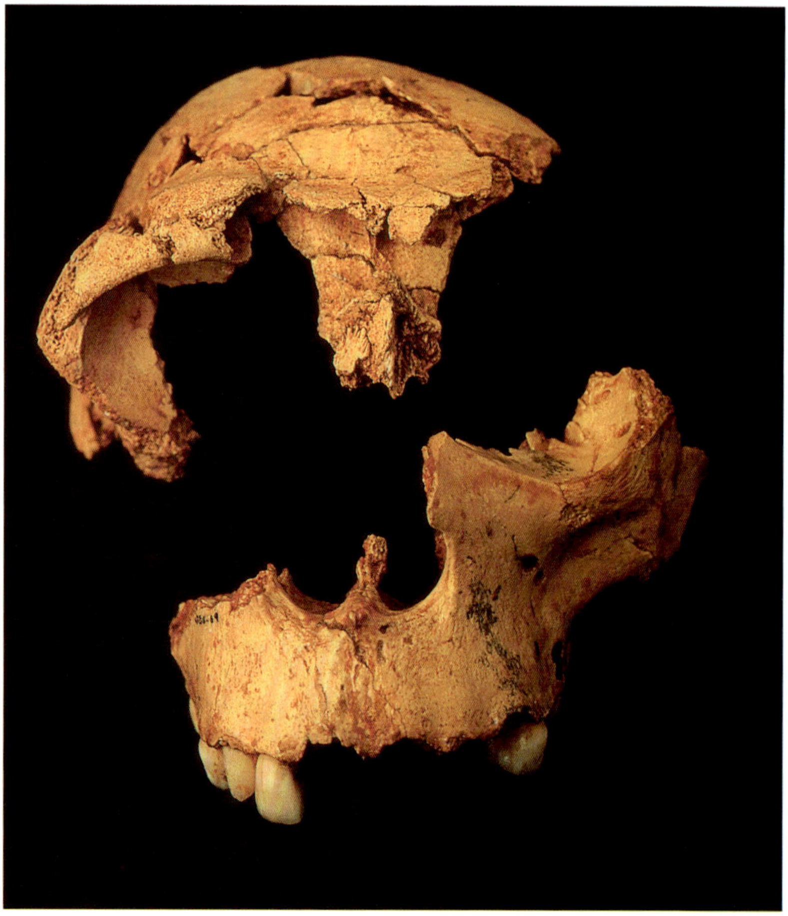

在格兰多利纳洞穴发现的前人额骨和上颌骨，来自一个 12 岁的儿童。

方中，较小、较轻的骨头位于上层，而较重的骨头则在下层。在位于马德里的实验室中，抽屉里装满了微小的指、趾骨和其他手足骨；到目前为止，这些骨头属于哪个时期仍然成谜。更令人惊奇的是，当在遗址附近的河边对发掘出的沉积物进行分筛时，考古团队甚至可以获取到人类内耳里的那些微小的骨头。

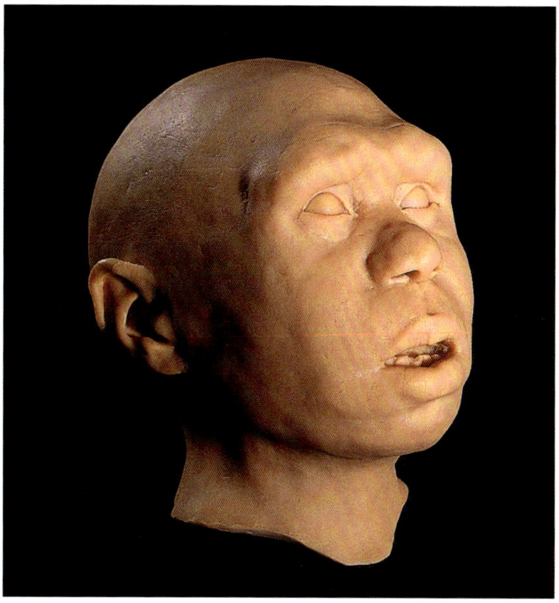

对前人颅面部的第一次复原，这是一个来自于格兰多利纳洞穴的儿童。

这个骨头坑彻底改变了我们对早期智人，即直立人和尼安德特人之间的一个过渡人种的认知。仅仅考察了可能只占骨头坑 4% 的几平方码的沉积层，人们就已经发现了 2000 多块古人类骨化石。牙齿化石的研究表明，这些人骨至少属于 28 ～ 32 个古人类个体。这些骨头虽然混杂在一起，但所有部分都完整地保存了下来，且男女两性都得到了很好的代表。这些个体大多是 13 ～ 22 岁的青少年和年轻人，其中 30% 的年龄在 17 ～ 19 岁之间；他们中最小的只有 4 岁，最大的 35 岁。

遗骸的意义

在这个骨头坑发掘出土的遗骸占据了目前为止欧洲发现的全部前尼安德特人遗骸的 90%。这些人似乎都很高大和健壮；他们的牙齿因为咀嚼植物而被磨损，但是他们没有龋齿；骨头中几乎没有任何迹象表明他们得过疾病或曾受伤。这些遗骸中有 3 个发现于 1992 年的保存完好的颅骨，虽然它们与尼安德特人颅骨的整体形态不同，但具有类似尼安德特人的眉脊和向外突出的脸。其中一个颅骨的脑容量高达 84.8 立方英寸（1390 立方厘米），不仅比直立人和早期智人的脑容量都要大，甚至可以达到现代人群的脑容量，也就是 73.2 ～ 103.7 立方英寸（1200 ～ 1700 立方厘米）的范围内。最近，考古学家发现了与这个颅骨标本匹配的下颌骨，除此之外还发现了一个完整的盆骨。

从这些人骨看，只有不到四分之一的人活到了 20 多岁，老年人很有可能被葬在其他的地方，所以他们并不能代表一个完整的

对骨头坑5号颅骨的复原，这是一个成年的海德堡人（*Homo heidelbergensis*）。这个非常完整的颅骨使我们得以第一次真实地看到一张60万年前的人类脸孔。

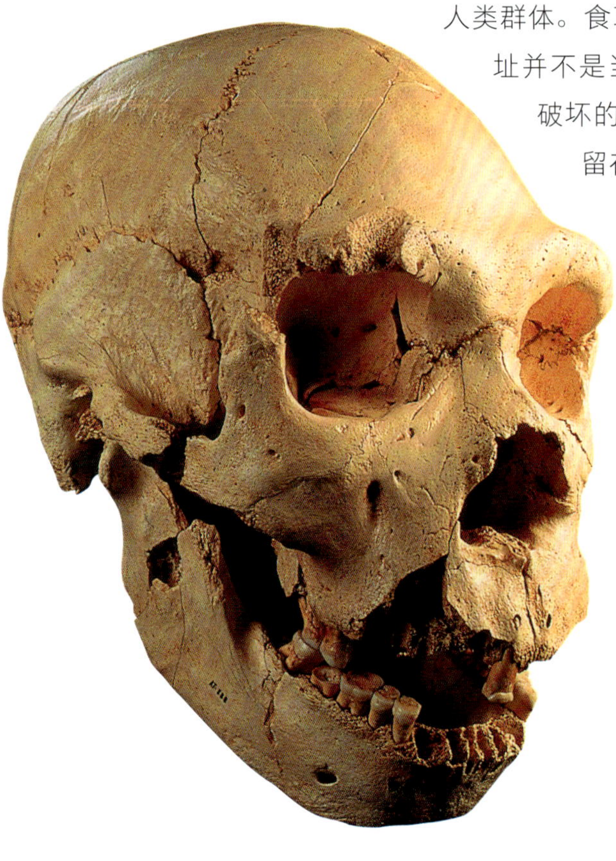

著名的骨头坑5号颅骨，发现于1992年；以及发现于第二年的下颌骨。这是古生物学史上保存得最完整的头骨，颅容量较小（1125立方厘米），已有约60万年的历史。

人类群体。食草动物骨骼和石器的缺失表明这个遗址并不是当时人的居所，人骨上没有食肉动物破坏的迹象也表明这些遗骨不是被食肉动物留在这里的。阿苏加认为，几个世代以来，人们将逝者的尸体通过骨头坑附近一个现已消失的入口运进山洞，并在特定的丧葬仪式下投入坑中。这种丧葬仪式可能隐含着一些早期的宗教信仰；这也是迄今世界上已知最古老的葬礼。

西伯利亚的史前墓地

西伯利亚的贝加尔湖周围地域辽阔，拥有山脉、低地和高地等多种地形，是安加拉河（Angara）、勒拿河（Lena）、色楞格河（Selenga）等主要河流的流经之地。当地丰富的动植物以及有利的气候条件，自古以来源源不断地吸引着人们到这里生活。闻名于世的旧石器时代遗址，马耳他（Mal'ta）和巴里特（Buret），即位于此处。此外，这里以多层建筑群遗址为代表的全新世时期的考古遗迹也令人无法忽视。贝加尔湖地区的独特之处就在于，它是广阔的北亚地区中唯一拥有数以百计中石器时代末期和新石器时代墓葬的地方。这些墓葬已被考古学家大量发现和研究，其中一些引起了人们的极大兴趣。

中石器时代末期墓葬

该时期的贝加尔湖地区墓葬可以被进一步划分为前后两个阶段，分别是：

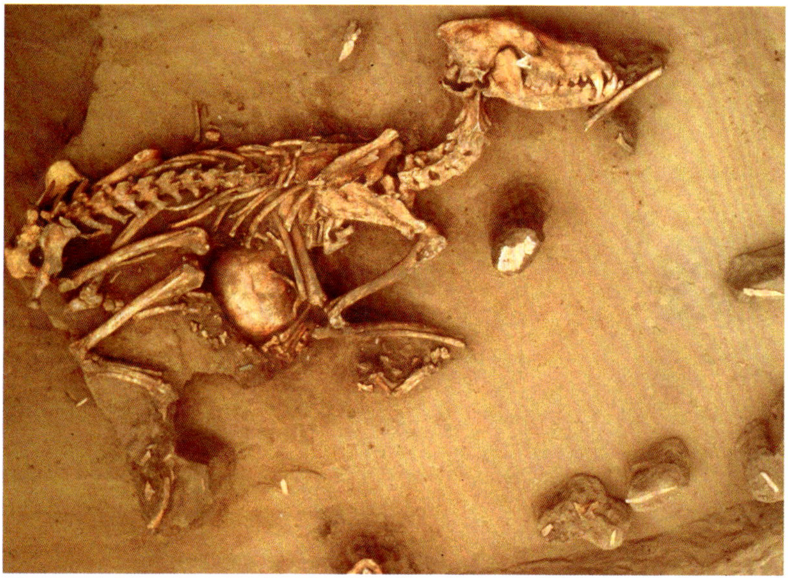

火车头墓地的发现：一具狼骨和一件人类头骨合葬在一起。这是一座中石器时代晚期的墓葬，这种类型的合葬墓史无前例。

墓地中堆积的随葬品。除了各类石头、骨、角之外，还有若干小动物的下颌骨。磨光的椭圆形石盘覆盖在他们之上，可能带有军事或宗教的意义。

- 早期，或希恩（Khin）时期，距今约 8000 ～ 7700 年。
- 晚期，距今约 7400 ～ 7200 年（根据未校准的放射性碳测年）。

早期或希恩时期的遗址包括那些有典型地上建筑的墓葬。墓中死者的姿势有的为直肢（3 例），也有的为侧身屈肢（1 例）；死者面朝北方，有时身上还涂有赭石颜料。晚期包括 16 个墓葬群，所有墓葬都已经历了发掘和调查。它们的特点在于：墓葬上方和内部都是石结构，死者侧身屈肢或仰身屈膝，身体被涂上大量赭石颜料。墓中随葬品包括燧石石镞、疑似标枪尖头、软石（即板岩和滑石）制成的磨光器物以及骨头做成的尖状器。

巨狼的墓葬

1995 年，在安加拉河右岸的火车头（Lokomotiv）墓地南部发现了一个特别有趣的墓葬。这个地方同时包含了上述中石器末期的两个阶段的墓葬。

这个有趣的墓葬是一个南北向的椭圆形墓坑，墓坑位于当前地面以下大约 3 英尺（0.86 ～ 0.96 米）处，墓中充满腐殖土。墓坑内葬着一匹苔原狼（Canis lupus albus）。狼呈左侧卧姿势，头向身体的前方抬起；在狼骨的肘部和膝关节之间，略低于胸部处，放置着一个人类头骨（及其相连接的第一和第二节颈椎）。这具人类头骨位于一个倾斜的平面上，其底部指向下方。考古学家还在狼的前爪骨西侧发现了一处用赭石颜料画成的椭圆形图案。另一方面，在墓坑西边与狼骨处在同一水平面上的位置，散布着一位年轻人的下颌骨、指骨、椎骨和肋骨。墓内的随葬品包括两件细小的骨柄、一块海狸犬骨碎片、三件骨针和一些石片及尖状石器。研究发现，狼最初是被葬在其他墓中的。上述的下颌骨和其他人骨是中石器时代早期的墓葬遗存，其年代可追溯到大约 7750 年前，那些随葬品可能也同属此时。狼骨则是在 500 年后被葬入的，因为狼骨的放射性碳测年（未校准）结果指向大约 7230 年前。

墓中的人类头骨和狼骨可能具有一定的关联——它们可能是

同一时间被埋葬的，因为狼骨和头骨上的颜色相同。苔原狼是狼族最大的种类之一，雄狼的平均身长在 4 英尺 1 英寸～ 4 英尺 9 英寸（1.26 ～ 1.45 米）之间，重量则在 110 ～ 143 磅（50 ～ 65 千克）。这匹狼大约 9 岁，上下误差不超过一年；死于 7 月或 8 月。考虑到 7、8 月恰好是该地区气候最佳（表现为温暖潮湿）的时期，这种原本在寒冷气候下生活的动物是如何迁徙到数千英里外的贝加尔湖地区的，至今成谜。苔原狼并不属于生活在这一地区的古生物动物群。此外，这匹狼的牙齿上有轻微的磨损，这并不符合它的年龄，这或许证实这只动物是被驯化了的。

在考古学史上，这个巨狼的墓葬迄今为止是独一无二的。虽然狗的墓葬我们已经发现了不少，在旧石器时代晚期（东西伯利亚的北部）、中石器时代（北欧）和新石器时代（西伯利亚的贝加尔湖地区）都曾出现，但都及不上这座独特的狼墓。

新石器时代早期墓葬

在 120 年的时间内，考古学家发现并研究了西伯利亚贝加尔湖地区不少于 222 个属于中石器时代早期的人类墓葬，共计葬有 304 具早期人类的遗骸。墓葬群集中在安加拉河、勒拿河和色楞格河的河谷地带，以及贝加尔湖的湖畔。基于大量的放射性碳测年，它们的年代被定在 7000 ～ 6000 年前。绝大多数墓葬都是土坑墓，但也有极少数的石墓。红棕色土壤下的墓坑深度多在约 1 英尺～ 8 英尺 2 英寸（0.3 ～ 2.5 米）之间。墓中遗骸的姿势大多为仰身直肢，

一座新石器早期的男女双人合葬墓。两名个体都戴有头饰，男性头部装饰着方解石头饰，女性则戴着刻有沟槽的野猪牙吊坠。

头朝东北。所有的墓葬都涂有大量的赭石颜料。墓葬类型则包括单人墓、双人合葬墓和多人合葬墓。

在单人墓和双人合葬墓中，男女两性的数量大致相等，也埋葬有少数的儿童。通常男性墓中的随葬品更为丰富。这些墓葬中的随葬品有时多达 500 件，可能曾是被装在袋子里的。随葬品数量最多的墓葬是发现于贝加尔湖南岸的沙曼卡河（Shamanka） II 号墓地。这座墓中埋葬的是一具下葬前就已有相当程度腐烂的女性尸体，她的头骨被放置在原本是右肩的位置，而右肩骨则位于盆骨附近。墓坑底部放置着各种骨制品、角制品和石制品，共计 292 件。

双人合葬墓是贝加尔湖地区新石器时代早期墓葬群中的代表性墓葬形制。在大多数情况下，墓中两人是同时下葬的。考古学家总共发现了两种尸体摆放的方式：其中一种是两具尸体平行放置，头部朝向相同的方向；另一种则是两具尸体平行放置，但头朝向相反的方向。两具尸体朝向同一方向的墓中一般埋葬的是两名男性。

在沙曼卡河 II 号墓地，考古学家发现，在一座墓葬中有两具遗骸，其一完全按照解剖顺序排列，而另一具则缺少头骨及与之相连的第一和第二颈椎骨。在墓坑东北部，第一具遗骸的头骨后面，堆积了大量的随葬器物，一个磨光的椭圆形蛇纹石盘覆盖其上；这具遗骸的盆骨上方还放置着一个装有各种渔猎工具的袋子。第二具

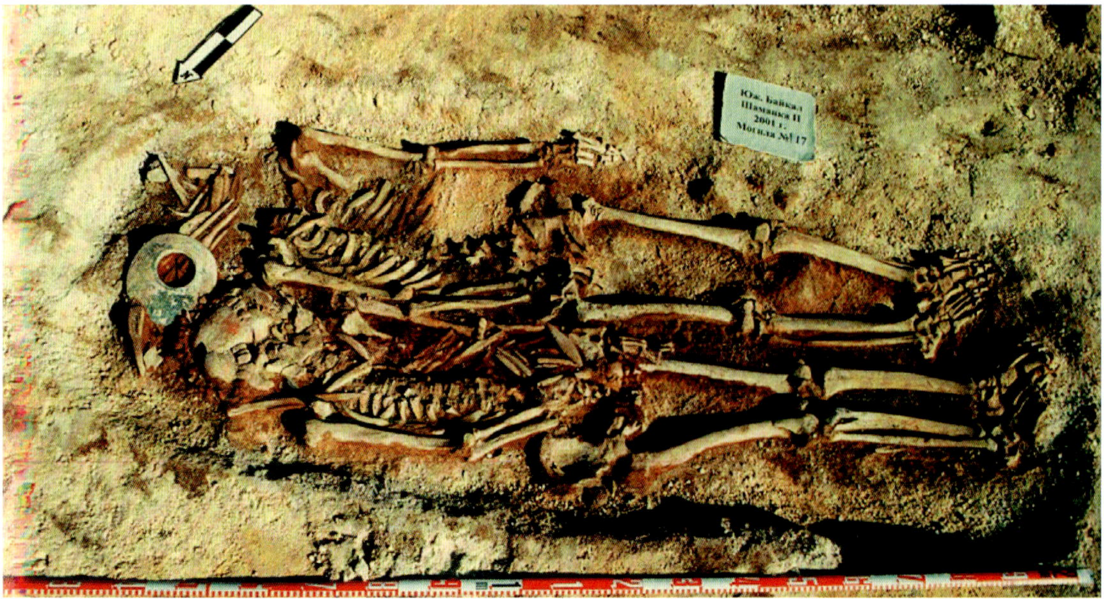

沙曼卡河 II 号墓地的男性双人合葬墓。从墓葬的总体情况判断，一个男性在安葬时颅骨及与之相连的第一和第二颈椎骨缺失。

遗骸旁边则没有发现任何的随葬品。

尸体指向相反方向的墓葬多为男女合葬墓，墓中的男性一般成熟或年长，而女性则相对年轻。在火车头墓地，男性的头部装饰有方解石环，而女性头部饰有表面刻有沟槽的野猪牙吊坠。这些人骨上尚未发现暴力死亡的证据。

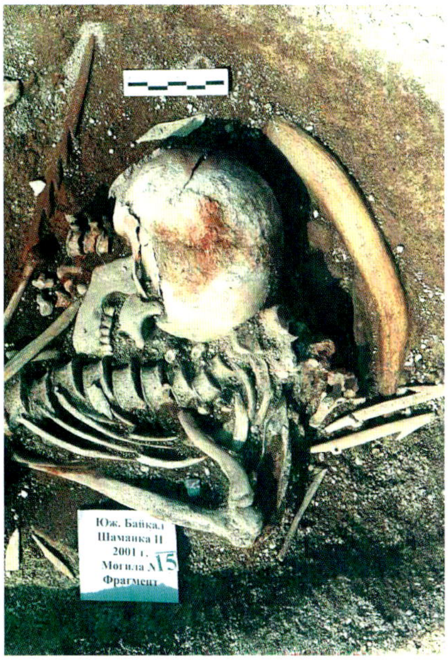

沙曼卡河 II 号墓地的一座中年女性墓，该女子的颅骨被放在她的胸部右侧。

目前已知的多人合葬墓中都没有二次葬的现象，即所有的尸体都是被同时放入各自的墓穴中的。尸体的放置有两种不同方式：其一，尸体被平行置于同一水平面上，面向相同或相反的方向；其二，尸体被平行置于两个或多个层面，面向相同或相反的方向。前一种墓葬内通常葬有 3 具遗骸，即男性、女性和小孩；后一种墓葬内埋葬的则大多是年轻男女。后者中还发现了一些暴力死亡的证据。

大约 12% 的墓葬中颅骨缺失，这是中石器时代末期和新石器时代早期墓葬一个非常有趣的特征。现在能够确定的是死者的头部大多在第二节和第三节颈椎之间被切断，但是目前尚未发现只有颅骨的独立墓葬。

上述这些生活在北亚的人群属于蒙古人种，他们的平均寿命在 30 ～ 32 岁不等。鱼类在他们的饮食结构中占据主导地位，这一点已通过随葬品（大量的鱼钩和磨制的石拟饵）以及骨成分化学分析得到了证实。

一个来自罗马伦敦的女人：葬于铅棺

罗马伦敦的墓地

1999 年，伦敦斯皮塔佛德（Spitalfields）地区的重建期间，在古罗马时期的伦迪尼厄姆城（Londinium）北侧、主教门（Bishopsgate）旁边，发现了一座罗马墓地。墓地旁边是一条被称为银鼠街（Ermine Street）的街道，通向约克和英格兰北部。古罗马时期，死者通常被埋葬在居址之外的地方。在这些年代在公元 3 世纪以后的墓葬中，考古学家发现了一个雕刻精美的石棺。棺盖打开后，里面还套着一副精心装饰的铅棺。

在开棺之前，伦敦博物馆的文物修复师正在对铅棺棺盖进行清理。扇贝壳图案的细节清晰可见。此时铅棺仍被套在石棺中。

在伦敦，这样的墓葬是非比寻常的。这座城市只在维多利亚时期发现了两个套有铅棺的罗马石棺。土葬在古典时代晚期越来越普遍，尤其是在基督教兴起之后。在这座墓附近，银鼠街的东侧，就发现了一具残缺不全的石棺，以及一处葬有儿童尸骨的精心制作的木质陵墓遗迹。

考古学家在清理斯皮塔佛德墓地的石棺时发现了丰富的随葬品，包括原本可能装有香油的玻璃容器，以及或许装过化妆品的黑玉小容器。这些很可能是从约克郡（Yorkshire）的惠特比镇（Whitby）附近进口而来的。随葬品中的一件玻璃容器的形状在英国十分罕见，可能是专门进口而来。此外还有一件被称为“unguentarium”的玻璃容器被放置在铅棺和石棺之间。其他一些随葬物品被放置在石棺之外，包括一个黑玉发夹以及一个黑玉环，这些很有可能是用在罗马女性精心梳理的发型上的。这些随葬品表明这个女人可能来自异教而不是基督教家庭。它们的风格表明它们属于公元 350 ～ 375 年之间。在公元 5 世纪早期罗马正式废除伦敦省之前的最后这段时期，这里是专门的墓葬区。

这个套有铅棺的石棺被移交到伦敦博物馆，使其可在无菌条件下打开。当棺盖开启时，呈现在文物修复团队眼前的是一具保存完好的女性遗骸。这具遗骸能够保存下来的部分原因在于棺底的一层潮湿的淤泥。文物修复员清理铅棺时极其小心，仅清理过程就花了近一个星期。

铅棺中这位女性的头部原本是被放置在一丛月桂树叶上的。入葬时，她很可能穿着精制的华服，因为研究人员在遗骸下面发现了纺织品的残留痕迹。经过分析，棺中原本有一块饰有金线的丝绸，金线的直径约 0.004 英寸（0.1 毫米）。丝绸来自于中国，很可能是通过某条贸易路线流入当时的罗马帝国的。该路线途经东部各省，极有可能还穿越了叙利亚沙漠。研究表明，一件出土于古罗马边防城市杜拉 - 欧罗普斯（Dura-Europos）的丝绸样品就来源于中国北方，时间可以追溯到汉代（公元前 206～公元 220 年）。不仅如此，考古学家还在古希腊发现过更早的丝绸样品。古典文学资料显示，考古学记录中发现的织金线的纺织品碎片是极其罕见的。其他从斯皮塔佛德墓地发掘的纺织品碎片则都是由羊毛制成。

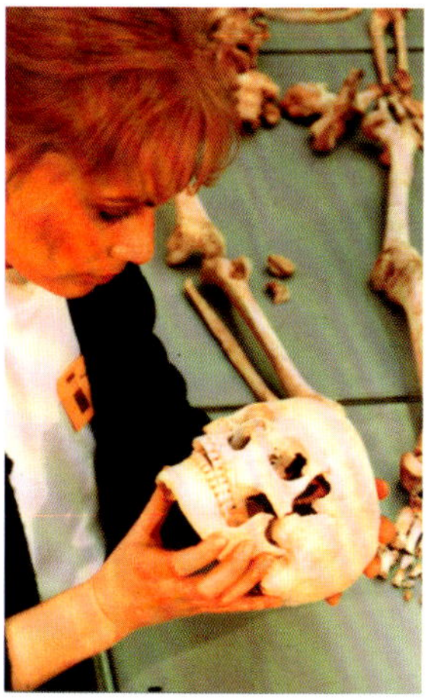

研究人员正在检查这名斯皮塔佛德女子的骨骼。

遗骸的研究

铅棺内的人体骨骼显示这是一名年轻女子，年龄大概二十岁出头。因为没有任何明显迹象表明她曾生育过，所以她可能未婚。

除了昂贵的衣服和埋葬的方式，还有两个关键细节表明，该女子来自一个相对富裕的家庭。首先，她的身高有 5 英尺 4.5 英寸（164 厘米），超过了这个时期女性的平均身高。的确，对于这个铅棺来说她似乎是太高了，这具铅棺可能并不是特地为她准备的。其次，牙齿研究显示她几乎没有龋齿，这也说明她具有良好的饮食条件。她的骨头上没有任何能够揭露死因的迹象，因此她可能死于传染病。

牙齿分析还可以帮助我们推测她的来历。童年时期，牙齿会吸收饮用水等中的铅，一旦牙齿的釉质形成，釉质中的铅含量将在人生前和死后均保持稳定。铅有多种同位素，每个地方都具有自己独特可识别的铅同位素比值。目前的同位素研究表明，棺中女子牙齿中的铅同位素与英国发现的铅矿相差极大，这说明该女子是在其他地方度过了童年，而这个地方很可能是在西班牙地中海西部地区、法国南部或者意大利。我们可以从一位当地女性的臼齿中提取 DNA 样本进行比对分析。分析的结果与预期相符，棺中女子的牙齿 DNA 与居住在西班牙巴斯克（Basque）地区的人具有相似性。在当时，一个单身女子从西班牙地区来到距离如此远的伦敦是非常不可思议的。不过，也许她的父亲是一个富有的商人，或者一个受命管理这个高度官僚化省份的行政官员，因此她随着家人搬到了伦敦。

铅棺

陷在棺内淤泥中的尸骨。博物馆的工作人员必须配备防护服和面具，以保护自己免受铅尘的危害。

这位年轻女子的铅棺表面装饰着由扇贝壳组成的菱形图案。类似的图案也见于 1853 年伦敦米诺雷斯（Minories）发现的一副铅棺上。这具铅棺也被套在一座表面有着精美雕刻的石棺里，目前这副套棺被收藏在大英博物馆。同样地，研究人员也在这具铅棺上采集了铅样品，进行了铅同位素分析。结果表明，其铅料来自于萨默塞特郡（Somerset）的曼迪普斯区（Mendips），而此棺很可能是在伦敦制成的。在罗马入侵英国的最早期，罗马就已经开始对该地区的铅矿资源进行开采，并在现今附属于曼迪普斯的卡尔特修道院（Charterhouse-sub-Mendip）附近建立了一个矿业据点。该地区的铅矿开采可能一直持续到公元 3 ～ 4 世纪。来自该地区矿山的铅块可以通过它们自身所带的标记来加以识别。目前已知被发现的铅块超过 20 件，它们大多来自英格兰西部和南部。有时它们被成对发现，这暗示着它们曾经被驮负在某个动物的身上。目前发现年代最晚的铅块来自曼迪普斯，上面标记有马尔库斯・奥列里乌斯（Marcus Aurelius）和路奇乌斯・维鲁斯（Lucius Verus）这两个名字，而他们是公元 2 世纪 60 年代共同统治罗马帝国的两位皇帝。正是因为铅块被标注了皇帝的名号，我们可以将铅块的年代限制在一个较小的时间范围内。

用以制作石棺的石灰石——巴纳克石（Barnack stone），是从东米德兰兹（East Midlands）进口而来的。鉴于斯皮塔佛德墓地的其他墓葬可能已经开始使用木棺（这是因为发现了棺钉的痕迹），甚至只以裹尸布作为葬具，况且考虑到石棺会产生的昂贵运输费用，棺中女子出身富裕家庭这一结论再次得到了印证。

面部复原

发现这座女性墓葬时恰逢英国广播公司（BBC）正在制作一个名为《遇见先祖》（*Meet the Ancestors*）的电视系列片，主题是探索新发掘遗址中所出土的古人类遗骸。由于这座墓葬是伦敦主教门遗址发掘的一部分成果，《遇见先祖》团队决定对这位墓中女子的面部进行复原，以此对这座墓葬进行进一步的解读。节目制作方联系了曼彻斯特大学医学部的一个研究团队，该团队曾参与包括希腊北部韦尔吉纳（Vergina）遗址皇家陵墓的多个面部复原项目。

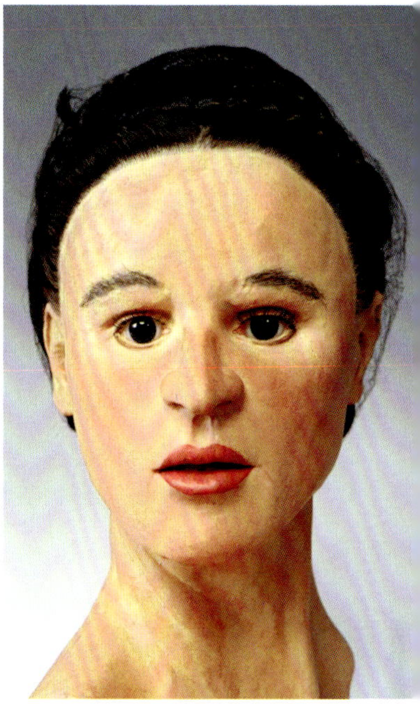

曼彻斯特大学的一个团队成功地重建了这个女子的面部。其发型是参照同时代雕塑的形象复原的。

斯皮塔佛德女子其实只是众多对罗马时期的英国人进行面部重建的案例之一。第一个案例是在 1991 年进行的，复原对象是一个年龄在 45～50 岁的男子。他被发现于维鲁拉米恩（Verulamium，即今天的圣奥尔本斯，St.Albans）瓦特灵街道（Watling Street）上的圣斯蒂芬公墓（St. Stephen’s Cemetery），并被埋葬在一个用白垩包裹的铅棺中。这具推测年代在公元 3 世纪的铅棺上也装饰着同斯皮塔佛德铅棺一样的扇贝壳图案。第二个案例的复原对象是一名中年妇女，她被埋葬在卡木洛杜鲁姆（Camulodunum，即今天的科尔切斯特 Colchester）的一个木棺中，据推测年代在公元 330～350 年之间。

该团队也曾参与过另一例面部重建的拍摄，那次的对象是一个年龄约在 45 岁的罗马人。这名罗马人与一位女子共用一具石棺，并被葬在布里斯托（Bristol）外的小村曼戈茨菲尔德（Mangotsfield）。团队人员对墓中遗骸进行了铅同位素的研究分析，结果与曼迪普斯的数据相似，这表明墓中的两人是在当地长大的。在文塔（Venta，今温彻斯特，Winchester），也发现了一个最初是被放在木棺内的铅棺，清理出了一具人骨。这个墓葬女子的牙齿状况良好，这表明她具备不错的饮食条件。臼齿的研究表明她来自于西班牙。

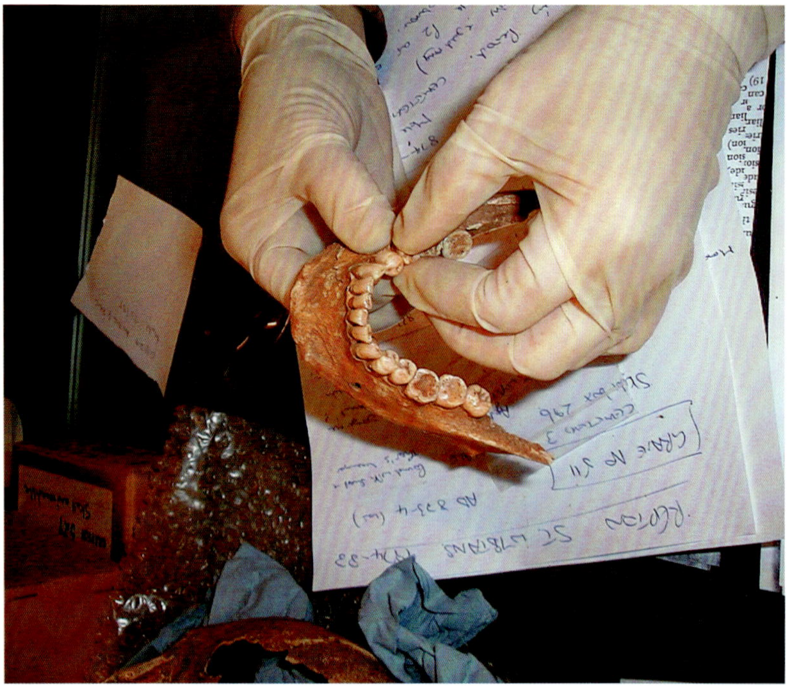

可以确定年代，因为死者陪葬有一枚铸造于公元 316 或 317 年（君士坦丁大帝统治期间）的硬币，该硬币是用来支付死者进入阴间的费用的。骨骼研究则指明该个体是名男性。像斯皮塔佛德女子一样，这个温彻斯特男子的牙齿几乎没有龋齿的迹象，这再次说明墓主人可能拥有相对较高的社会地位。这是埋葬在这座城市中的极少数拥有铅棺的尸体之一。

关于斯皮塔佛德女子的面部重建，其细节借鉴了 4 世纪女性的代表形象，尤其是该时期的肖像雕塑。对于发型的重建而言，雕像是极其重要的参照物。在面部重建的过程中，这名女子的头发被呈现为挽在脑后的样式。这件面部重建的成果现已成为了伦敦博物馆的展品。

罗米托侏儒

罗米托庇护所（Riparo del Romito）是科森扎（Cosenza）省的一处大岩石掩体，靠近意大利卡拉布利亚区（Calabria）北部的帕帕西代罗（Papasidero）镇。在 20 世纪 60 年代，这个遗址是由一位伟大的意大利岩石艺术家保罗·格拉齐奥西（Paolo Graziosi）晚年时发掘的。该遗址的前部和外部都位于垂悬的岩石之下，并包含了旧石器时代晚期（大约始于 18750 年前）的遗存。该遗址以一块不同寻常的岩石为特征，岩石上刻有 3 头西欧野牛，其中一头大公牛有将近 4 英尺（1.2 米）长，而另外两头小牛则位于其下。

格拉齐奥西一共发掘了 4 座墓葬，清理出土了 6 具旧石器时代人骨，但彼此之间似乎并不相关。最引人注目的是 1963 年发掘的一座墓葬，墓中出土了两具人骨（罗米托 1 号和罗米托 2 号）。这两具人骨分别属于一名中年女性以及一名年轻男性侏儒，后者还是世界上已知最早的侏儒样本。

这两具人骨被埋葬在一个椭圆形的浅坑里。虽然尚无法确定他们是否于同一时间下葬，但由于他们是一个叠于另一个之上的，所以同时埋葬确有可能。墓中这位女性（罗米托 1 号）似乎是用她的手臂抱着这个男性侏儒（罗米托 2 号），而他脖子的后侧则靠在她的脸颊上。

遗憾的是，因为没有公布过任何图纸或照片资料，遗骸所处的确切位置我们永远都无法得知了。根据墓葬所处的地层位置，这座墓葬的时间可追溯到 11150 年前。两个大的动物角残件也随着遗骸一起被发现，大概是被作为墓葬的陪葬品；在这一时期的其他意大利墓葬里也发现了类似的器物。

毫不夸张地说，这个属于如此遥远时代的侏儒是一个令人惊奇的发现。之前已知最古老的侏儒标本来自其 5 千年后的埃及前王朝时期；这种疾病就算是在规模极大的人群中也是罕见的。一

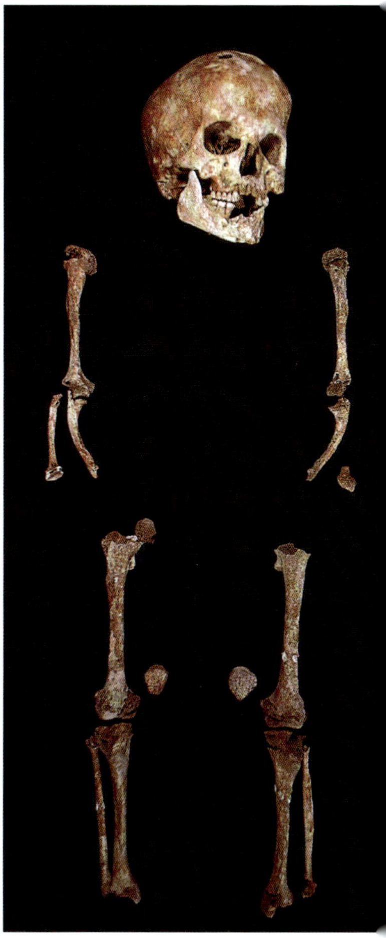

罗米托青少年的遗骸，世界上已知最早的侏儒。

般来说，侏儒症是由软骨生长异常引起的，这种异常会大大缩短长骨的尺寸。罗米托 2 号就表现出了肢骨末端及中部骨骺发育不良的典型症状：桡骨和尺骨长度的极度减小，以及手脚的缩短。

这个侏儒样本包括了一个几乎完整的颅骨和长骨，现被藏于雷焦 - 卡拉布里亚（Reggio Calabria）的国家考古博物馆（Museo Archeologico Nazionale）里。虽然骨盆的缺失使得性别鉴定变得困难，尤其是对于这样一个异常的人而言；但基于附着肌肉强健等特征，他似乎是一名男性。不仅如此，年龄的鉴别也存在一定的困难；但他的骨头生长和牙齿发育（智齿尚未完全长出）等各个方面将此人的年龄指向 14 ～ 19 岁之间，最有可能在 17 岁左右。另外，此人身上没有外伤或暴力导致的痕迹。

这个侏儒的颅骨有明显的额骨和顶骨凸起，而其前额则大部分非常高而平坦。俯视时，颅骨整体上呈五边的穹顶状；并且与旧石器时代晚期的正常个体相比，尽管牙齿大小在正常范围之内，他仍然显示出婴幼儿的面部结构。

罗米托庇护所的总体景象，罗米托庇护所就在前景中的岩石山坡底部。

这个 4 英尺（1.2 米）的巨大的西欧野牛像，就被刻在罗米托庇护所前的一块岩石上。这个野牛的肚子下方，可以看到第二只更小一点的牛的形象；它的头就垂在大牛的后蹄上。

罗米托 2 号的每件长骨都与正常骨骼明显不同，因为其长度太短；特别是桡骨和尺骨，是所有长骨中最弯曲和畸形的。总而言之，他的四肢大约是正常人的一半。这个侏儒虽然还不完全是成年人，但也可能不会再进一步发育——他所有长骨的骨骺都已经愈合了。此人的身高估计在 39 ～ 51 英寸，或者 3 英尺 3 英寸～ 4 英尺 3 英寸（100 ～ 130 厘米）之间，可能只有 50 英寸（127 厘米）左右。

另一方面，罗米托 1 号是一个身材娇小，但比例正常的人。这具人骨最有可能是一个女人，而且是一个死亡时比那个侏儒更年长的女人。罗米托 1 号的骨架虽然不如罗米托 2 号那么完整，但通过它我们也能够知道这个人可能高约 57 英寸，或者说，4 英尺 9 英寸（144 厘米）。她是欧洲旧石器时代晚期以来发现的最娇小纤细的人之一。她的牙齿磨耗和骨骺愈合程度表明她的年纪至少在 35 岁左右，更可能是在 40 ～ 50 岁之间。换句话说，这个女人比那个侏儒至少年长 20 岁。

因此，这个双人合葬墓可能埋葬的是一个母亲和她的儿子。尽管确定家庭关系很困难（目前还没有进行 DNA 测试），但这两具遗骸的颅骨和牙齿中所展现的一些小型的解剖特征都指示着某种类型的联系。年龄的差异导致他们不太可能是丈夫和妻子，但是这种关系也不能被完全排除掉，特别是出于他们俩身材都矮小这一点。

无论如何，这个罗米托墓葬呈现的真正重要的一点是，旧石器时代晚期的社会对残疾人的关心和爱护。虽然有其他的例子也表明当时社会对受到创伤或者年老而衰弱的正常人表现关怀，例如伊拉克沙尼达尔（Shanidar）遗址的老年尼安德特人；但罗米托 2 号的侏儒症是源自于遗传的，并且这种疾病会对他的外表产生严重的、伴随一生的影响。由于人口密度低，他所处的社会群体很可能以前并没有经历过这样罕见的病症——一个异常生长且不能正常行走的婴儿；虽然这种病征在某种程度上是近亲繁殖的结果。可以推测的是，他的病情必然成为了他生存的障碍。他可能拥有正常的智力，并且没有其他医学方面的严重问题，但他对该社群的经济生活可能难以做出重大贡献。侏儒通常步态蹒跚；虽然他们能够快速移动，但是即使只行走了很短的距离，他们的

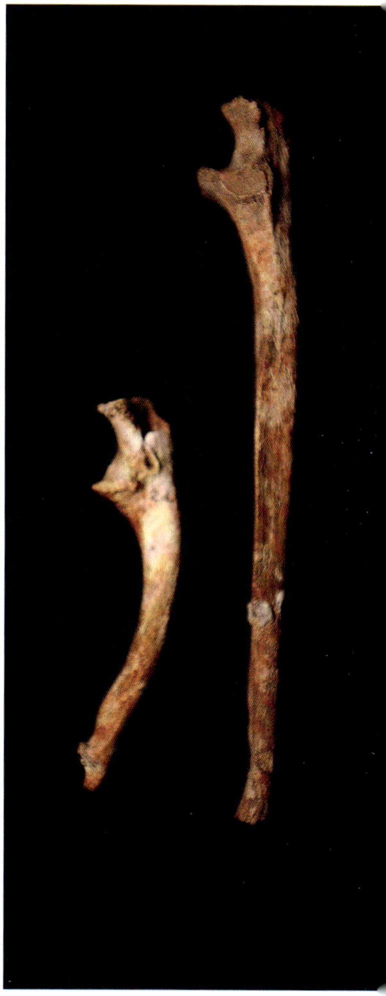

与正常生长的人相比，这个侏儒的尺骨（肘 / 前臂骨）不能完全伸直，这一点无疑妨碍了他充分参与打猎活动。

右图：罗米托庇护所的岩石掩体全景；在悬崖下可以看到雕刻有西欧野牛像的大岩石。

发现于岩石雕刻前面的两具骨架——一名成年女性和一名青少年侏儒。这绝对是最引人注目的史前时期墓葬之一。

腿和背部也很容易疲劳，并且通常也会伴随着背部和关节的疼痛。鉴于卡拉布里亚的崎岖地形和旧石器时代晚期该地区的社会群体存在季节性迁移的可能性，对这个年轻人而言生活并不容易。毕竟他将肘部伸展到 130 度以上的能力是十分有限的，这进一步阻碍了他有效地参与狩猎活动。

简而言之，在冰河时期的游牧狩猎生活中，罗米托 2 号有着严重的身体障碍；尽管如此，他仍然生存到了青春期后期，这意味着他所处的社会群体必定在保护和支持他。其实，他的墓地就位于一些岩石艺术前面（见本书 129 页，勃朗峰女士），这种特殊位置表明了他在当时所具有的重要社会地位。

安妮·莫布雷与塔中骨架

1674 年，在伦敦塔的重建期间发现了两具未成年人遗骸。据推测他们可能是爱德华四世的儿子；在其父亲于 1483 年去世后不久，他们就在伦敦塔里失踪了。若他们各自的年龄符合那两位王子的年龄，那这种可能性就更大。幸运的是，因为这两具遗骸保留了足够的下颌骨和牙齿，考古学家得以进行年龄评估。而且，参照两个相关亲属——安妮·莫布雷（Anne Mowbray）和勃艮第·玛丽（Marie of Burgundy / Marie de Bourgogne）——的遗骸记录，考古学家还可以寻找出他们与已知家庭成员是否有亲属关系的证据。

勃艮第·玛丽雕像。

安妮、玛丽、爱德华五世和理查德家谱。

牙齿的年龄

牙齿以规则的速率从牙冠到牙根纵向发育，直到它们在嘴里

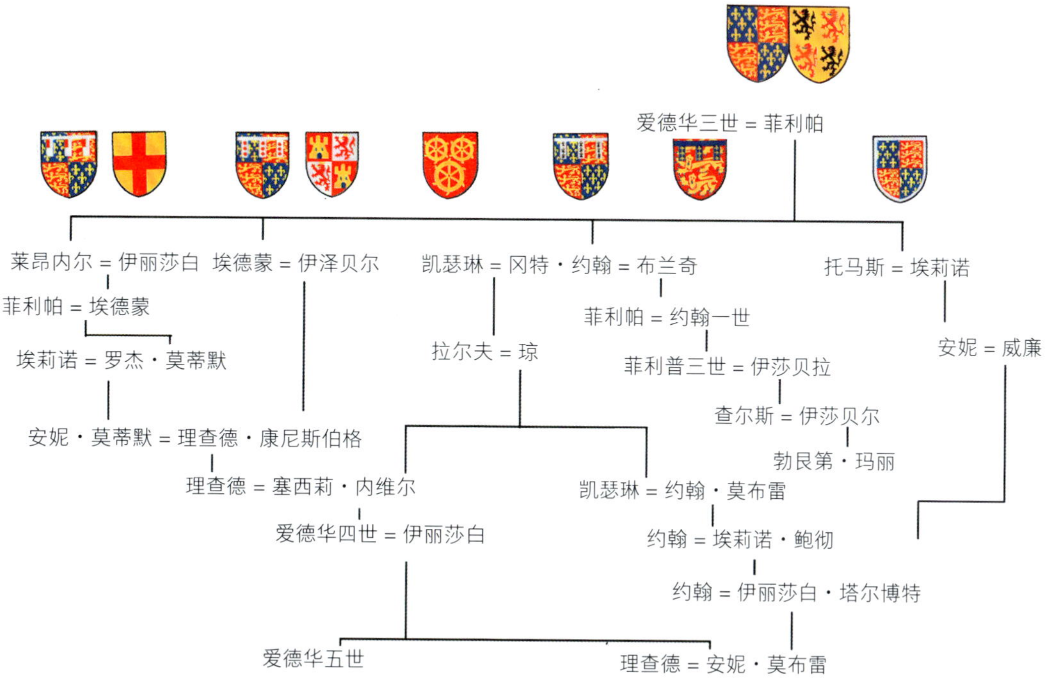

右图：安妮·莫布雷下颌的放射线照片，显示正在萌出的牙齿。

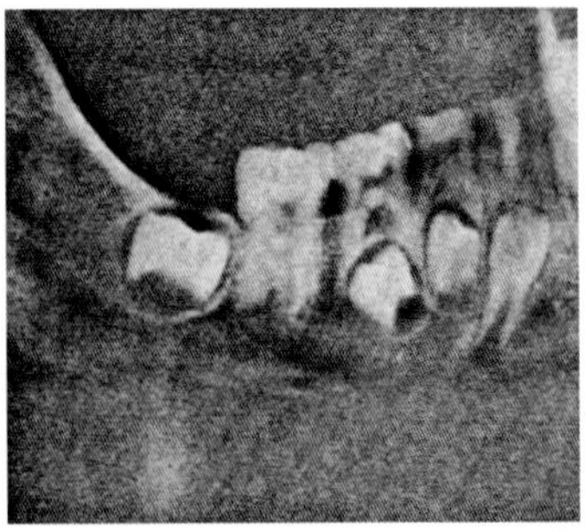

萌出。牙齿萌出的时间因个体而异，但是任何牙齿的发育阶段都与年龄密切相关。因此，无论牙齿已掉落还是只能通过 X 光照片看见，根据每个牙齿的发育阶段，都可以进行齿龄的评估和推断。有时前牙的发育状态落后于后牙，或乳牙滞后于恒牙。一个完善的评估系统为每个发育阶段都提供了一个相应的数值，而每颗牙齿的数值则被纳入与儿童年龄密切相关的成熟值的计算之中。

该方法适用于中世纪儿童吗？我们对安妮·莫布雷进行了测试。她于 1481 年死亡，那时她正值 8 岁 11 个月。1965 年，马丁·拉什顿（Martin Rushton）对她的牙齿进行了研究。他发表了其下颌的 X 光照片，从中我们可以对她的牙齿进行评估。她的乳牙和恒牙均在，但是只有恒牙被加以分析。根据 X 光照片，她的每颗恒牙都被标记了一个数值，最终的成熟值得出她的年龄在 7 岁 9 个月至 9 岁 3 个月之间，安妮已知的死亡年龄恰好就在其中。

安妮·莫布雷（1472～1481 年）颅骨正视图。

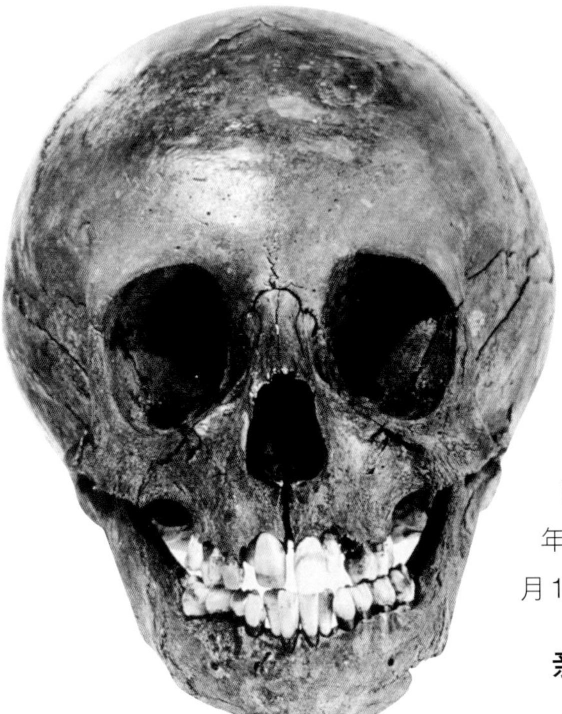

塔中骨骼的牙齿年龄

虽然在这两具骨骼中，只有一具骨骼的下颌尚存 3 颗牙齿，而另一具骨骼一颗也没有，但是我们仍然可以从牙槽骨的形态估算牙齿的发育阶段。对于有牙齿幸存的那具骨骼而言，他的成熟值可以被计算出来，结果得出年龄在 8.5～10.75 岁之间，平均值 9.5 岁。另一具骨骼的牙槽骨则显示，他的年龄至少为 12.7 岁，比第一个孩子年龄大了两岁半以上。爱德华四世的大儿子出生于 1470 年 11 月 2 日，他的弟弟理查德则于 1473 年 8 月 17 日，即 2 年 9 个月后出生。这难道只是巧合吗？

亲属关系

艾伦·布鲁克（Alan Brook）专门研究先天性牙齿

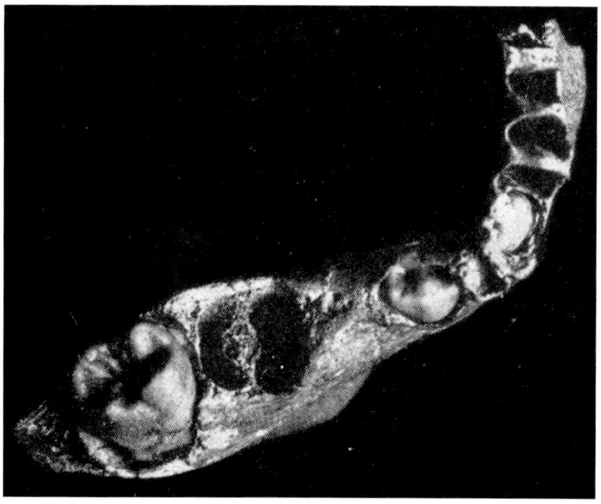

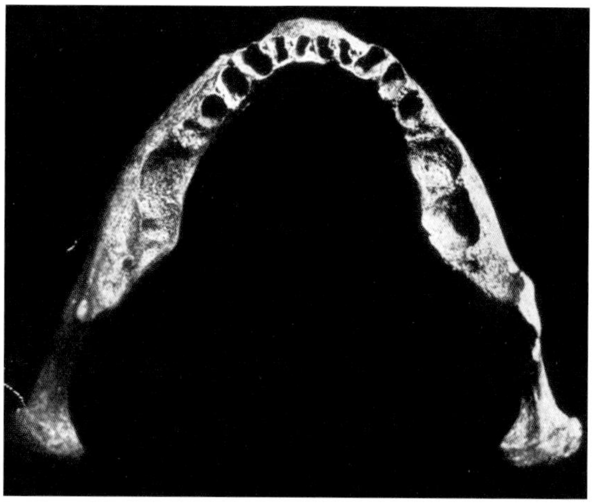

左上图：伦敦塔中发现的两具骨骼中年幼者的下颌。

右上图：塔中年长者的下颌。

缺失（称为缺牙症，或牙齿发育不全）的患病率。根据他的记录，缺牙症（除第三臼齿外）在整个人群中只有1%的患病率；但在近亲之间发病率接近30%。先天性牙齿缺失在家族中遗传，尽管亲属们不总是缺失相同的牙齿。

初步检查这两具骨骼的颌骨，X射线显示年龄较大者的上颌前臼齿缺失，并且从未发育过，同时他也没有下颌第三臼齿。再看安妮·莫布雷的牙齿图表，拉什顿注意到一种罕见的牙齿缺失——她的同一侧上下颌均缺失第二臼齿。安妮年仅6岁就与年轻的理查德王子结婚了。这个婚姻需要特许，因为这两个人是近亲。勃艮第·玛丽（公元1457～1482年）在比利时布鲁日（Bruges）的墓葬雕像显示她有特别的上唇；法国牙齿专家皮埃尔·弗朗索

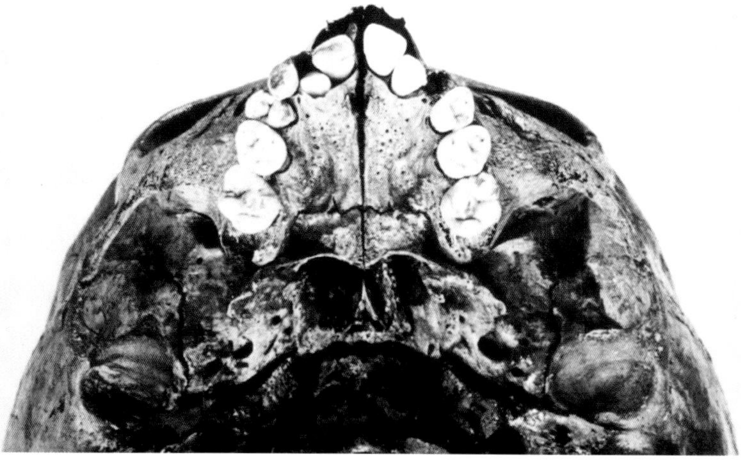

1965年，马丁·拉什顿对安妮·莫布雷的牙齿进行了仔细研究。

安妮·莫布雷颅骨侧视图。在颅骨各主要部位之间有额外的小片骨骼。

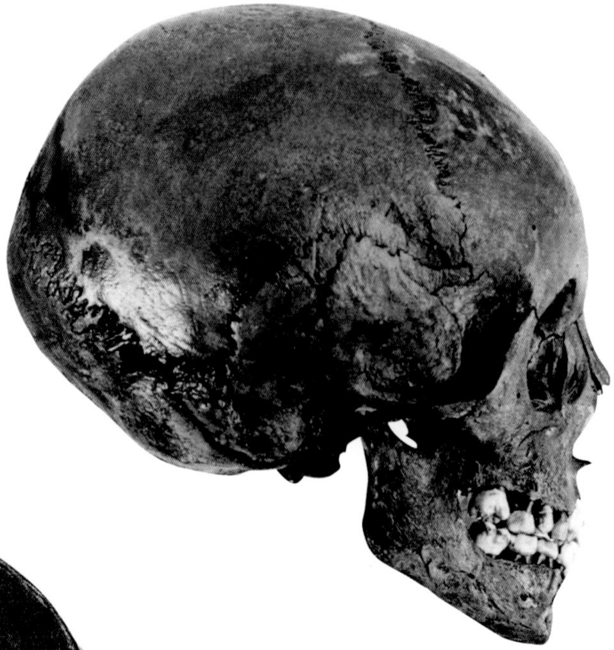

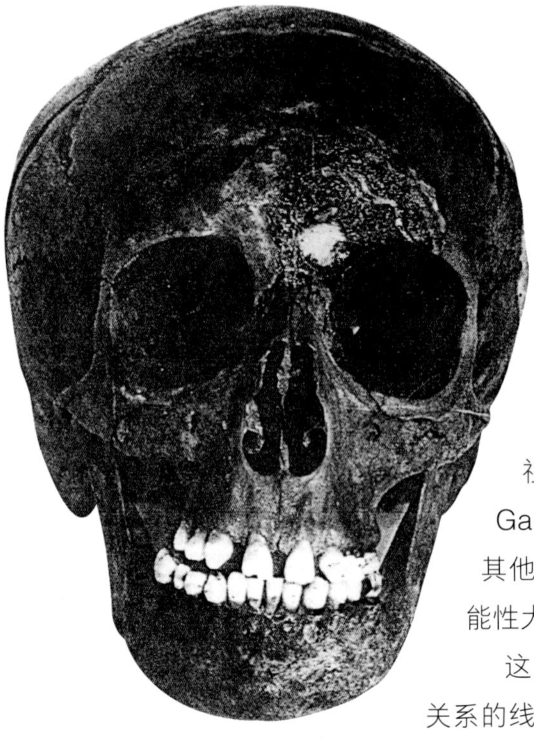

瓦·普埃奇（Pierre François Puech）在将她的颅骨与其墓葬雕像中的头部进行匹配时，意识到她不同寻常的唇形是其上颌侧门齿缺失所致。勃艮第·玛丽是爱德华三世的后裔，她的曾祖母菲利帕（Philippa）是冈特·约翰（John of Gaunt）的女儿，她的父母是堂兄妹。爱德华三世的其他后裔，包括爱德华四世的孩子，患有缺牙症的可能性大大超过1%。

这里还有另一个有关安妮·莫布雷与塔中骨骼之间关系的线索。她的颅骨各部分之间的小片骨骼与这两具塔中骨骼头骨的缝间骨相似。

勃艮第·玛丽的颅骨显示出其因门齿未发育而造成的空缺。

爱德华三世后裔之间的血缘关系

爱德华四世的儿子们（即在塔中失踪的两个王子爱德华五世和理查德）、安妮·莫布雷和勃艮第·玛丽都属于爱德华三世的儿子们（莱昂内尔 Lionel，冈特·约翰，埃德蒙和托马斯）的后代。安妮是爱德华三世的第六代后人，她的曾祖母琼则是冈特·约翰的女儿；安妮还是托马斯的第五代后人，她的曾外祖母安妮是托马斯的女儿。

同样，玛丽是爱德华三世的第六代后人，她的曾祖母菲利帕是冈特·约翰的女儿。王子们也是爱德华三世的第六代后人，他们的曾祖母琼也是冈特·约翰的女儿，他们的曾祖父理查德则是埃德蒙的儿子。同时，这些王子又可以被称作爱德华三世的第七代后人，因为他们是菲利帕的第五代后人，而菲利帕是莱昂内尔的女儿。爱德华五世、理查德、安妮·莫布雷和勃艮第·玛丽都是冈特·约翰的后人。托马斯·内维尔（Thomas Neville）是安妮的曾外祖父，他的兄弟拉尔夫（Ralph）是王子的曾祖父。

对于安妮所处的年龄阶段而言，她的身材非常矮小，可能只有 4 英尺 4 英寸（133 厘米）高。而这两具塔中的骨骼也很短小，尤其是年龄较大者。但这一点不足以说明什么，因为这是中世纪儿童的一种普遍现象。

这两名儿童死于何时？

如果血缘证据成立，即 1674 年在塔中发现的这两具骨骼确实是爱德华五世和其年幼 2 年 9 个月的弟弟理查德·约克公爵（Richard, Duke of York），而且可以认定他们是同时死亡，那么与牙齿年龄相符的最可能的死亡时间应该是在 1484 年。

奥库涅夫文化的神秘墓葬

一百年前，在南西伯利亚的草原，人们仍然可以看到无数的石碑：这是一些高高矮矮的由砂岩和花岗岩制成的石柱和雕像，它们或是单独或是成群地矗立在墓地中，其中最高的能达到 13 英尺（4 米）。日出和日落时，在倾斜的光照下，许多雕刻在石碑上的图像变得清晰可见：直线和曲线刻画的人形面孔，上有三只眼睛和一张大嘴的浮雕，通常带有动物的角和耳朵，以及一个复杂的头饰。有的人像带有大肚子和乳房，可能代表孕妇；有的面孔被太阳光线包围起来；也有的看起来就是十分逼真的人脸。这些雕像的设计大多结合了浮雕和平面雕刻，有时在刻线内还能看到红赭色的痕迹。可以想象，这些精美的装饰面像给同时代的人留下了多么强烈的印象；即使是在 18 ～ 19 世纪，那些因天气和时间已经破损的雕像仍然引起了当地西伯利亚人民的恐惧和崇拜。

许多石碑上都装饰着雕刻图像。利用自然光落在岩石表面上的角度，这些图像只有在一天的某些时间（通常是日出或日落时）可以看到。

这些草原石像不寻常的外观和关于它们的传说，吸引了叶尼塞草原（Yenisei Steppes）的探险家的注意。相关记叙第一次出现于丹尼尔·戈特利布·梅塞尔·施密特（Daniil-Gotlieb Messer-schmidt）的著作中；1719 年，他被彼得大帝派到这里研究西伯利亚的自然和人口问题。从那时起，它们就成为并且至今仍是学术界感兴趣的课题。在 19 世纪末到 20 世纪，博物馆里就已收藏了大部分的石像。然而，尽管这些古迹历史悠久，他们的文化归属也只是最近才建立起来。在 20 世纪 60 年代，苏联考古学家葛列布·马克西门科夫（Gleb Maksimenkov）根据几个墓地的发掘结果提出了一种属于青铜时代早期的新文化。该文化被命名为奥库涅夫（Okunev），是哈卡斯共和国（Khakassia）一个村庄的名字；考古学家在那里发掘了第一个墓葬。在多处奥库涅夫墓地中，考古学家发现石板上装饰的形象就是与上述石像相同的面部图案。再加上丧葬仪式上的某些特征，可见奥库涅夫文化的墓地与南西伯利亚石碑之间也许存在某种联系。

作为青铜时代最耀眼和神秘的文化之一，奥库涅夫文化在公元前 2000 ～前 1500 年期间蓬勃地发展于南西伯利亚的米努辛斯克（Minusinsk）盆地，那是叶尼塞（Yenisei）河流域的一个森林草原地区。这种文化是在当地新石器时代的文化传统和外来畜牧人群文化传统的共生关系中产生的。这些异质元素的组合构成了奥库涅夫文化的独特面貌。

奥库涅夫文化拥有令人难以置信的极其丰富的艺术，其艺术家表达想象力的多样性以及他们的艺术才华令人惊叹。他们留下了石像、装饰石板、石刻、岩画、小型雕塑、骨雕以及大量的装饰品。我们只能去猜测还有多少有机材料制成的艺术品没能留存下来。然而，也许正因为奥库涅夫艺术形象具有如此的多样性，所以我们仍然难以了解奥库涅夫人；而他们的丧葬仪式就更加神秘、不可为人所知了。

赭色在奥库涅夫社会的丧葬习俗中发挥着重要的作用，其痕迹可以在绘画和石墓碑的雕刻中找到。

墓葬的多样化

在现代地面上，我们几乎看不到奥库涅夫墓地的坟丘，几乎所有的墓葬都是因为墓葬所用的石板边界逐渐露出地面才被意外发现的。墓地包括 2 ～ 14 个呈正方形的坟丘，由砂岩石板作为边界，垂直向下挖掘而成。其边长一般在 16.5 ～ 33 英尺（5 ～ 10 米）之间，最大的坟丘边长甚至达到了 131 英尺（40 米）。一个方形的坟丘中包含多个墓穴，每个墓穴都是一个由通常装饰有凿啄、雕刻或绘图的石板搭建成的“箱子”。男性的“箱子”长度在 3 英尺 7 英寸到 5 英尺 7 英寸（110 ～ 170 厘米）之间，宽度则为 1 英尺 4 英寸到将近 3 英尺（40 ～ 90 厘米）不等。女性的“箱子”相对较小，儿童的“箱子”长度则小于 3 英尺 3 英寸（1 米）。多人合葬墓在“箱子”的尺寸上则没有差异，均高 1 英尺 4 英寸到 2 英尺（40 ～ 60 厘米）。

这些石像经常将浅浮雕和高浮雕相结合，表现出富于艺术的文化。

这种小型墓葬正是为了满足葬式所需。墓中的尸体总是呈仰

男性墓葬中的随葬品很罕见，并且被认为只在有权势的男性墓中出现。他们也许是巫师，酋长或祭师。通常在这些墓中发现的物品都是相当特别的，比如这个带有装饰图案的蛋。

卧姿势，膝盖抬高并极度弯曲。墓中以小石板铺设地板，有的则会在头部所在的位置略微突起。墓顶则由一块巨大的石板或几块较小的石板组合而成。一些“箱子”里还包含所谓的枕头——用于支撑头部和肩部的岩石，或为头部准备的带有凹槽的竖直石板。也有一些墓葬被发现于墓坑或浅竖井侧壁的壁龛中。

男性或女性的单人葬是普遍的埋葬形式，但是考古学家同时也发现了夫妻合葬、女性与儿童合葬以及夫妻与儿童合葬的情况。可以证实的是，双人墓葬中的尸体都是同时下葬的，彼此靠近地被放在一个小“箱子”中；如果墓葬中有一名儿童，则儿童的尸体会被放置在女性尸体的上方。至于那些男性、女性与儿童合葬的墓，他们是否同一时间下葬我们尚不清楚。有时，从他们的年龄上看，墓中人的关系应该不是真正的父母与儿童，他们可能只是属于同一个社会群体并且死于同一种疾病的人。

有些合葬墓中的尸体明显是在不同时间下葬的。人们会将原先的骨架取出，替换成一具新的尸体。这样的做法很有可能发生在寒冷的冬季，此时要想挖掘一座新墓具有一定的困难。另外，石构坟丘中没有一座单个儿童的墓葬，他们要么是与成年人合葬

奥库涅夫人的墓葬中存在一些不明原因的合葬，这使考古学家们感到困惑。图中展示的是一具完整骨骼与多达6个颅骨的合葬墓，并且这些颅骨都不包含下颌骨。

在一起，要么就是被埋葬在废弃的墓地中。奥库涅夫社会的儿童死亡率相当高，其数量占所有死者的一半之多。

无头尸墓葬是奥库涅夫丧葬制度中最奇怪的葬俗之一。他们的头部可能被保存在了某个地方，直到其保管者死亡。在这里所发现的几座保管者墓葬中，除了一具完整的遗骸外，还有3～8个没有下颌骨的人头骨。这绝对不是敌人的头骨，因为被斩首的敌人尸体就被埋在附近。另外，墓地中还有一些罕见但有趣的发现——有些墓葬中只发现了与身体其他部位脱离的部分遗骸（这一部分骨骼都位于其正确的解剖学位置，也就是说，只有这一部分的尸体被埋葬在此），或仅仅是几块骨头；在一个老人的墓穴里，其遗骸并不按解剖学位置排列，他的尸体可能被狼或狗撕咬过。

埋葬活动最有可能在温暖的季节进行，所以人们不得不设法保存尸体度过冬季直至下葬。一种方法可能是对死者的颅骨进行钻孔以去除其脑髓。我们只在奥库涅夫墓地的一个墓葬中发现了钻孔的颅骨，它的年代可追溯到奥库涅夫文化的后期阶段。

大多数奥库涅夫颅骨都有一个共同的特点，即枕—前顶部区域平坦且略为倾斜。人类学家认为这是一种颅骨的人工变形：人们会故意将婴儿长时间地放在坚硬而短小的摇篮中，并用一个类似沙袋的东西代替枕头（这种案例在民族学中确实存在）。这一颅骨特征甚至在女性的滑石雕像中也有所体现，这也显示出奥库涅夫人对头部形状的重视程度。

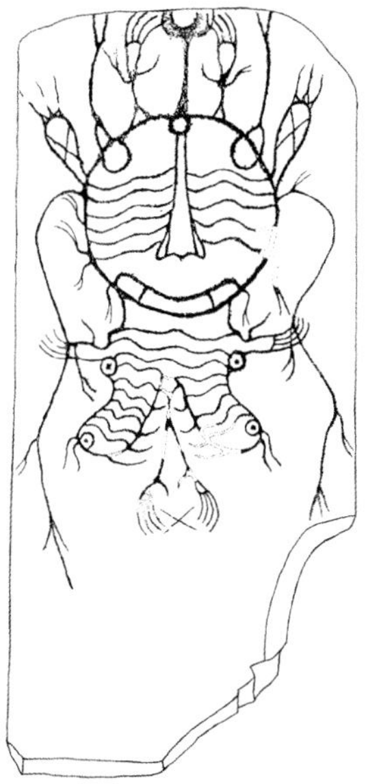

雕刻的痕迹使得这些图案更容易被理解，以上图为例，这个图像中似乎包含有角和乳房。

随葬品

墓葬中的死者穿着饰有动物犬齿和许多珠子的衣服。女性的头发、耳朵和脖子上也戴有装饰品。她们的鞋子上还绣有貂牙（每只鞋子上有70～160颗之多！）。在这一文化中，骨制或青铜制的针盒对于女性是不可或缺的器物。妇女和儿童身边还会随葬盛有食物和饮料的陶瓷容器。除了几个被称为“不寻常的奥库涅夫墓”的案例，男性的墓葬中一般没有随葬任何器物。而在这些少数的情况下，男性墓主人身边随葬着大量不同寻常的器物，比如：带钻孔的大理石球；无任何使用痕迹的青铜斧和石斧；骨刀；一件带有鸟喙的鹤头骨、一根熊阴茎骨、狼和狍子的跖骨以及其

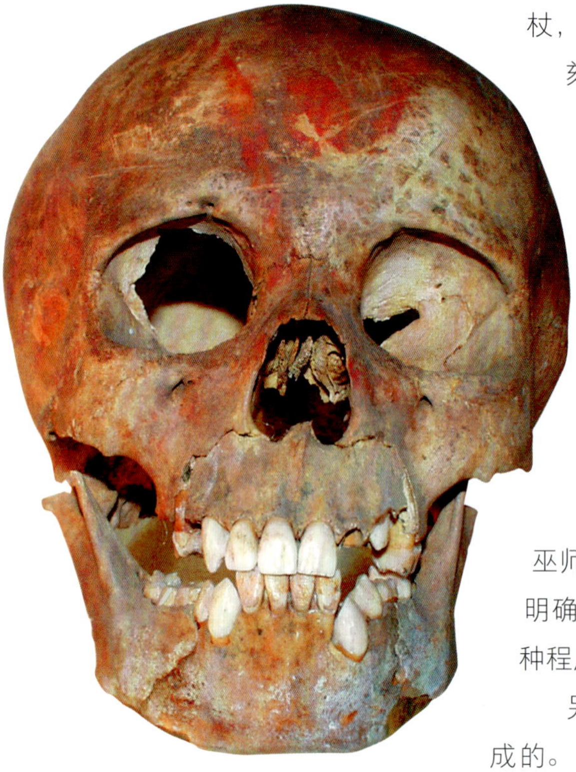

他奇怪的骨头；一根末端雕刻有捕食性动物头像的角杖，头像下巴张开，露出长长的犬齿；一支雕刻着动物耳朵和角，内部涂满赭色的角杯；以及其他许多既难描述又难理解其用途的物品。有的墓里还随葬着一些形状独特的陶瓷器，具体表现为带圜底或四脚的低矮的碗形。内部的隔间和用火痕迹表明这些瓷器或许是宗教礼仪中用来点香的熏香杯。考虑到这些不同寻常的随葬品组合，一些学者提出，这种墓葬应当属于特殊的人群。他们在奥库涅夫社会扮演着怎样的角色？他们是巫师、酋长还是祭师？我们尚不得知。但可以明确的一点是，他们与宗教和礼仪活动具有某种程度的关联。

另一组特殊的发现则是由女性形象所构成的。它们要么是雕刻在滑石上，长约 0.6 ～ 2 英寸（1.5 ～ 5 厘米）的微型头像；要么就是长约 1.5 ～ 3.5 英寸（4 ～ 9 厘米），雕刻在扁平骨片上的带长发的面孔。这些雕像只有上部带有装饰图案，下部则可能被插入到类似玩偶的衣服之类的物件中。它们被认为是“偶像玩偶”，是用来盛放已故女性祖先灵魂的容器。它们总是成组地被发现于青少年女性的墓里。这些玩偶无疑是通过母系得以继承的，而伴随着最后一名女性继承者的死亡，它们则同她一起被埋在地下。

这件颅骨清晰地展示了涂在死者皮肤上的赭色是如何渗透进下面的骨头的。

最后，我们应该注意到赭色，它在奥库涅夫人的丧葬制度和信仰中具有某种特殊的重要性。在用于构筑墓穴的石板上，赭色的绘画和涂有赭色的雕像赫然其上。另外，在上述女性雕像和骨片的刻线内也有赭色的痕迹。当然，奥库涅夫石碑的描线也曾经被涂上赭色。在前文提到的“不寻常的墓葬”中，所有的礼器和容器的内部都覆盖着厚重的赭色，此外还发现了一个专门装赭石块的容器、一块石板和一个研磨涂漆的小杵。然而，该人群的丧葬仪式中最奇特的是，墓主人的身体和脸部可能都曾被涂上赭色，就像是那些奇妙的艺术品，以及石像和石板上的面具。一些骨骼上还可以发现残留的赭色痕迹。人们可以清楚地在一些颅骨上看到典型的赭色线，就像画在面具上那样。这是从朽烂的皮肤转移到颅骨上的。而岩石上绘制的那些图像则被认为是当时人在面部装饰前所作的图样或图式。也许，在奥库涅夫社会，举行葬礼和其他仪式时会有一类专门的人负责根据教规和高度发达的奥库涅夫神话进行身体装饰。这些艺术也被刻印在了奥库涅夫美丽的石碑上，使得后人有了一窥的机会。

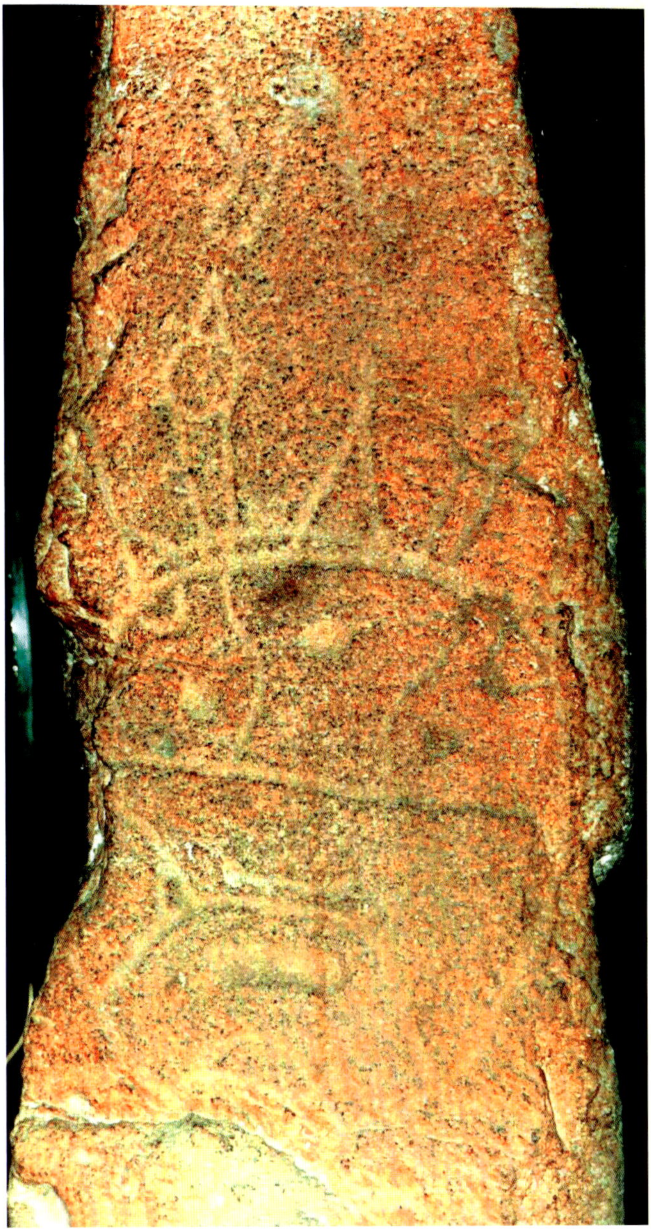

这是一座高达 13 英尺（4 米）的独特石碑。石碑上的雕刻激发了人们的敬畏和惊叹，人们可以很容易地联想到它为西伯利亚的景观所带来的影响。

政治影响下的葬式

在位于墨西哥尤卡坦半岛（Yucatan）中部的玛雅典礼中心奇琴伊察（Chichen Itza），坐落着一座城堡金字塔。这是一个高 82 英尺（25 米）、底座呈正方形的阶梯金字塔。在最显眼的地方是一个尔铁克族卧像（chacmool），这是一个斜倚着的人像，用作供奉祭品的祭坛。

对于生活在十五世纪的欧洲探险家来说，生活充满惊喜。在克里斯托弗·哥伦布（Christopher Columbus）第四次远航美洲之旅中，他登上了一艘载有大量货物的远洋货船。他对这些贸易货物的清单感到惊讶，其中有成袋的巧克力豆、棉布和铜铃铛等。航行至中美洲加勒比海岸的洪都拉斯湾(the Bay of Honduras)时，哥伦布遇到了一艘独木舟，舟上划船的人说着一种欧洲人全然陌生的语言：玛雅语。这些十五世纪的玛雅商人继承了美洲最伟大的文明遗产之一。

古典玛雅社会（公元 250 ～ 900 年）一度活跃在墨西哥南部和中美洲北部的丛林地区，那里的热带农业生产体系供养着神圣统治者治下的数百万人口。与所有的古文明一样，他们曾经辉煌的标志性建筑——高耸的金字塔和宏伟的宫殿——现在已经成为了废墟。然而，事实却与公众认知截然相反，那就是玛雅人从未消失。今天，仍有超过 500 万玛雅人居住在墨西哥南部和中美洲北部，说着玛雅语系的语言。玛雅文明覆灭 500 年后，今天的玛雅人不仅失去了政治权利，还饱受着贫困之苦，但他们仍然在为重获政治话语权和祖先的土地而倍加努力。

玛雅文明深深渗透在这一地区的历史中。考古学家认定玛雅文化最早出现在公元前 1200 年。在随后的前古典时代晚期和古典时期（公元前 400 ～公元 900 年），玛雅社会兴建了标志性的建筑，并盛行写实风格的皇家肖像画，这些最终成为了当今世界上最令人印象深刻以及在审美上最引人注目的考古遗存。出于以上及其他种种原因，无论对于考古学家还是外行人而言，玛雅考古都充满了巨大的魅力。

在古典时期，玛雅皇室还发扬了一种强大的文学传统。当时的玛雅人一直在对绘画和雕刻上的象形文字文本进行解读，因此为我们提供了当时统治者的名字以及皇室活动的种种细节，使我们与过去建立了更加个性化的联系。此外，玛雅人的信仰体系中既有对祖先的崇敬，也有对强大的、有影响力的人的崇拜；即使他们死去，这种重视仍然会持续下去。这种信仰通过平民以及王室成员的丧葬仪式得以表现。这些遗留下来的有关仪式的实物资料为考古学家提供了大量有关玛雅人死亡方式的信息。

解读葬式

哥伦布发现美洲大陆前，玛雅人的葬俗与一句古老的谚语——“浮生若梦”——正好相悖。神圣的统治者经常随葬着项链、耳饰和珍贵的玉石制成的死者面具，以及精心涂漆的巧克力饮用器，上面经常还刻有象形的交织文字。在某些时期，玛雅人的葬式有效地传达了有关此人权力和地位的信息。比如，坐姿就很容易使人联想到古典时期彩绘陶上所描绘的统治者的姿势——他们通常坐在正殿中。再比如，马德里抄本（the Madrid Codex，现存的四个象形文字折叠本之一。可追溯到后古典时期，公元 900 ～ 1500 年）曾呈现了这样一个场景：一具采用坐姿

以高耸的金字塔和宫殿为标志性建筑的玛雅废墟，至少可以追溯到公元前 400 年。

许多人面石像（用的是与标志性建筑同样的石头）代表的不仅是尚在人世的人物形象，也有来自地下的祖先。

葬式的尸体被棉布条紧紧地包裹着，并被奉以食物祭品。

尽管在诸如玛雅低地的热带环境中，尸体腐化的速度很快，但是这幅由一个未知的玛雅人描绘的图像提供了一种可能的处理方法：在埋葬之前先将尸体包裹并采取坐姿放置一段时间。事实上，考古学家从后古典时期的遗址中发掘出很多以坐姿安葬的遗骸。

讽刺的是，在古典时期，玛雅社会的死者很少以坐姿下葬；相反，统治者和平民更多地是以仰身直肢的姿势下葬的。不管他们下葬的姿势是否“放松”，古典时期的玛雅社会里，似乎有权势的成员在死去后仍然会对社会施加重要的政治影响力。考古材料和象形文字资料都表明，墓地，尤其是皇家陵墓会经常性地重新开放，以便生者与权威的先祖沟通。在科潘（Copan），一座“玛格丽塔”（Margarita）结构的王室女性墓葬揭示了后人拜访祖先的证据，在她正在腐化的尸骨上发现了一种以汞为主要成分的红色粉末（朱砂）。这种祭拜的目的很可能是重申当前统治王朝的正统性。

这种坐姿式墓的丧葬习俗，在较早的前古典时期，或称形成时期（公元前 1000 ～公元 250 年）根深蒂固。特别是在前古典时代晚期（公元前 400 ～公元 250 年），男性死者一般都以盘腿的姿势下葬。毫无疑问，这是一段显著的政治集权时期，整个古典时期的权力都集中在玛雅低地。在前古典时代晚期的低地东部，即如今被称为伯利兹（Belize）的一个加勒比小国的北部，玛雅人的定居点数量激增。河滩湿地环境拥有肥沃的土壤和多样化的蛋白质资源，这种组合为依赖玉米种植的农民提供了稳定的生存基础。大量的考古遗址，如拉马奈（Lamanai），科拉（Colha），奎略（Cuello），塞罗斯（Cerros）和克塞伯（K'axob），均表明这些地区供养了不断增长的人口。同时，随着时间的推移，人们地位和权力的划分也越来越重要，不论是在生前还是死后。

这个模式在克塞伯遗址最为清晰。笔者在那里带领了一个长期的发掘项目，该项目着重于探寻祖先崇拜的起源，现已发现并发掘了 100 余个前古典时期的墓葬。克塞伯位于一个大型的常年性湿地和新河（New River）之间，新河缓缓流向北方并最终注入加勒比海。因为生活在水生资源（如鱼和海龟）丰富的环境中，克塞伯居民拥有良好的饮食条件。其遗骸表明，他们很少存在低地其他地方常见的因蛋白质短缺而引起的身体虚弱。

在被哥伦布发现之前，按照玛雅社会的惯例，美洲大陆只有被选中的家庭成员才能被安葬在一个代表荣誉的地方。除了古典时代的王室墓葬之外，其他人的墓地可能只是一个准备好的坑，就在住所的地下或者在连接若干居所的露天广场之下。由于居所与墓葬的紧密联系，玛雅低地的居址考古也不可避免地涉及了墓葬考古。

克塞伯村建于前古典时代中期。早期的居址下只存在直肢式墓葬；但是在公元前 200 年左右，葬式发生了变化：一些墓主人由于要为来世做准备而选择以盘坐或屈肢葬式下葬。这种变化的趋势相当明显，以至于只要是生前在社群内拥有权威地位的人，就会毫无疑问地以这种方式下葬。经过查证，坐姿式墓葬常常包含有独特的葬具，例如很多涂有红色涂料的陶器，它们在前古典时期被用来饮用巧克力。许多容器带有独一无二的标记，或者精心设计并雕刻的装饰。

在坐姿式墓葬中还可以发现大型的喇叭口陶碗。古典时期的玛雅陶器上绘有宫殿的场景，画中的这种碗里则装满了玉米饼。玉米饼在玛雅传统中，是宴会上的重要食品。在克塞伯，这些陶

位于危地马拉（Guatamala）提卡尔（Tikal）的 21 号金字塔形寺庙（Pyramidal Temple 21）。该寺庙是为纪念一位后古典时期的伟大统治者——哈索·查恩·卡维尔（Jasaw Chan K'awil）而建，其遗骸被发现于金字塔下。

碗的底部常被涂上一个大十字，这是玛雅宇宙观里的中心的标志。克塞伯的 1-1 号墓就是这样的例子。这是一座坐姿式墓葬，墓里随葬有两个大碗，底部都画有一个十字图案。

在 1-1 号墓中央的坐姿式遗骸上既没有撒上赤铁矿（一种主要成分是铁的红色粉末），也没有装饰玉；但是其他位于克塞伯的墓葬都伴有这样的待遇。起初，这些墓葬只是单人的坐姿葬，然而随着时间的推移，越来越多其他个体的遗骸被以二次葬的形式与之葬在一起。该现象在 1-1 号墓中得到了证实。在某些情况下，考古地层学可以提供清楚的证据，证明墓坑曾被人重新打开过。重新打开墓葬要么是为了举行纪念仪式，要么是为了埋葬可能与墓主人有关的其他人，或者，二者兼有之。

在 1-1 号墓中，除墓主人外还有另外 6 个人的部分遗骸。这些人中有男有女，有长有幼，他们的部分遗骸被放置在墓主人位置的下面、旁边和上面。这种遗骸不完整的葬式被称为二次葬；也就是说，这些尸体最初是被埋葬或遗弃在其他地方的。通常，二次葬中只包括颅骨和长骨，并且它们常常就像最初下葬时一样被捆绑在一起。进一步的检查也表明这种被捆绑起来的骨骼比墓主人的骨骼风化更为严重，这说明被捆绑的遗骸可能是墓主人的祖先。在克塞伯，潮湿的热带环境不利于骨骼的保存，再加上捆绑埋葬的遗骸中解剖学信息的缺乏，二次葬遗骸的死亡原因无法被断定（即是人殉行为造成，还是自然死亡）。

虽然采取坐姿葬式的人可以是男性或女性，但更多的还是男性。令人惊讶的是，有几个战争时期的年轻男子采取了坐姿葬式，这其中也包括 1-1 号墓的墓主人。虽然这些年轻人还未能在政治领域中脱颖而出，但他们可能已经在战场上证明自己。这种墓葬特权暗示了在玛雅社会中军事战斗的日趋重要。简而言之，从考古学家所发现和记录下来的遗骸姿势中，我们可以获得一些与死者的身份地位和政治权力相关的信息——在某些情况下，他们死后的葬式取决于他们生前所拥有的政治影响力。鉴于祖先在传统玛雅社会中的重要地位，很可能许多在生活中拥有权力地位的人在死后的很长一段时间里仍然发挥着政治影响力。

这是一种富于文学和艺术传统的文化，留下了许多现实主义风格雕刻和绘画的王室形象。

圣何塞德莫罗女祭司：安第斯山脉的妇女及其社会权力

莫契（Moche）文化晚期（公元 600 ～ 850 年）和之后的过渡时期（公元 850 ～ 950 年）是秘鲁北部海岸发生剧烈社会变革的时代。因遭受自然灾害，曾经强大的王国分裂成独立的北方和南方政权。在这些社会分崩离析并重组的时期，莫契文化社会的政治、经济和意识形态结构的巨大变化广为各方专家所争议。许多重大考古发现如西潘王（Lord of Sipán）的坟墓（至今仍是新大陆成果最丰富的一次发掘）证实了在历史中的大多数时期，男性主导着莫契文化的政治领域。然而，近日由秘鲁考古学家路易斯·杰米·卡斯蒂略（Luis Jaime Castillo）带领在圣何塞得莫罗（San José de Moro）遗址进行的研究为我们提供了一些与莫契文化葬俗有关的信息，这些信息正在改变我们对 1500 年前莫契文化社会权力发展中性别角色的理解。

安第斯山脉的性别与权力

多年来，安第斯考古学家认为，在西班牙征服美洲前，美洲

献祭场景是莫契文化仪式中最重要的表现之一。

社会中的社会权力是被男性领导，如祭司、战士或酋长所垄断的。他们被认为是手握强权、统治疆土以及执行宗教仪式的人。相比而言，女性在这方面被认为是永远隶属于男性之下的。此外，人们认为女性是不会出现在宗教万神殿及肖像画里的，因为发掘出土的墓葬中随葬品最丰富、结构最复杂的墓葬都是属于男性的。

在莫契文化考古的特殊背景下，研究人员有一个共同的认识，那就是莫契文化统治者会通过一些残忍的仪式来展现自己的权力，比如活人祭祀。这些仪式就表现在栩栩如生的绘画中，其中祭祀场景更是占据了中间位置。在这些场景中，最高领主被一群拟人化的怪物围绕，端着盛满献祭者鲜血的高脚杯。然而，在祭祀场景出现的人物中，有一个人引起了研究人员的注意。根据性别考古学家乌拉・霍姆奎斯特（Ulla Holmquist）的看法，这个角色代表了莫契文化意识形态系统内的一个非常重要的人物——一位女祭司。她负责向最高领主递交盛满鲜血的高脚杯。根据乌拉・霍姆奎斯特对女祭司在绘画中出现频率和变化的研究，她认为这个女性在莫契文化晚期是一位特别重要的人物。然而，直到最近，没有考古学证据可以最终证明这个手握强权的女性的真实存在。

圣何塞德莫罗出土的第一个女祭司墓葬，是安第斯地区挖掘出土的众多以女性作为中心人物的上层墓葬之一。

第一位女祭司墓葬的发掘

1991 年，在现场田野调查快要结束之时，一个令人惊讶的景象引起了正在圣何塞德莫罗遗址工作的考古学家的注意。他们在超过 13 英尺（4 米）的泥土之下发现了一个带围垣的墓室顶部。打开之后，他们发现这个墓室是由抹灰的泥砖墙壁构成的，装饰着供奉祭品的壁龛。正如莫契文化的其他上层贵族墓葬一样，墓室中的随葬品包括了丰富的陶瓷、贝壳和金属制品，以及人殉。墓室中间还发现了由易腐材料，如藤条、绳索和木材制成的棺椁残余，棺上最初还装饰着金属面具。棺中的人体遗骸上残留着华丽的丧葬服饰，包括精致的纺织品和金属饰物。

到那一刻，这个墓葬的所有特征都表明这是一个典型的莫契上层人物的墓葬。然而，人们在靠近主棺的地方又发现了一件特殊的工艺品——带有装饰的陶瓷高脚杯。这个杯子不仅和活人祭祀场景中所描绘的高脚杯相似，杯上装饰的人物角色也被认为是女祭司。这个墓葬埋葬的是否就是那位神秘的人物？它能否向我们证明，某些女性是莫契社会权力发展的核心？

在圣何塞德莫罗发掘出土的最后一个莫契女祭司墓，与第一个具有相同的特征。

对墓中人体遗骸进行的骨骼分析为这些问题提供了答案。分析的焦点主要集中在不同个体的性别、年龄和生活质量上。结果显示该墓中埋葬的人均为女性，其中，中心人物是一位大约 40 岁的女性。进一步的分析则表明，她生前的健康和营养状况都很好。这些特征，再加上墓中出土的丰富而贵重的随葬品，都指明这位女性生前拥有特殊的社会地位；她应当扮演着与莫契绘画中所描绘的女祭司一样的角色。然而，这究竟只是个例，还是其他女性也能继承这一地位，依旧不得而知。

强权女性的王朝

在随后一段时期的田野考察中，考古学家又发现了另一个上层女性的墓葬，证实了女性在莫契时代晚期权力发展中的核心地位。与前一个墓葬相比，两者的祭品在质量和数量方面相当，也均有活人献祭。然而，骨骼分析增加了一个非常重要的信息：与前一个墓主人相比，这位女性死亡时更为年轻。这位特殊的女性在她只有 20 岁时就达到了如此高的地位，这就说明在莫契的政治体系中一些女性所处的中心地位是具有连续性和天赋性的。

在靠近女祭司的棺椁处发现的一个高脚杯，上面的装饰图案是一名女祭司的形象。

遗址的后续发掘显示，在接下来的过渡期（Transitional Period），女性在莫契文化晚期所享有的权利得以维持。在过去

过渡时期的上层女性墓葬，放置着包括颅骨的多种人骨。

的 5 年中，更多同时期的上层女性墓葬被发掘出土，其中最震撼的是一个随葬着颅骨和大量陶器的女性坟墓。有证据表明，在这个时期，妇女的权力是如此根深蒂固，以至于它在一度强大的莫契帝国崩溃之后还能保存下来。

第五章

木乃伊与木乃伊化

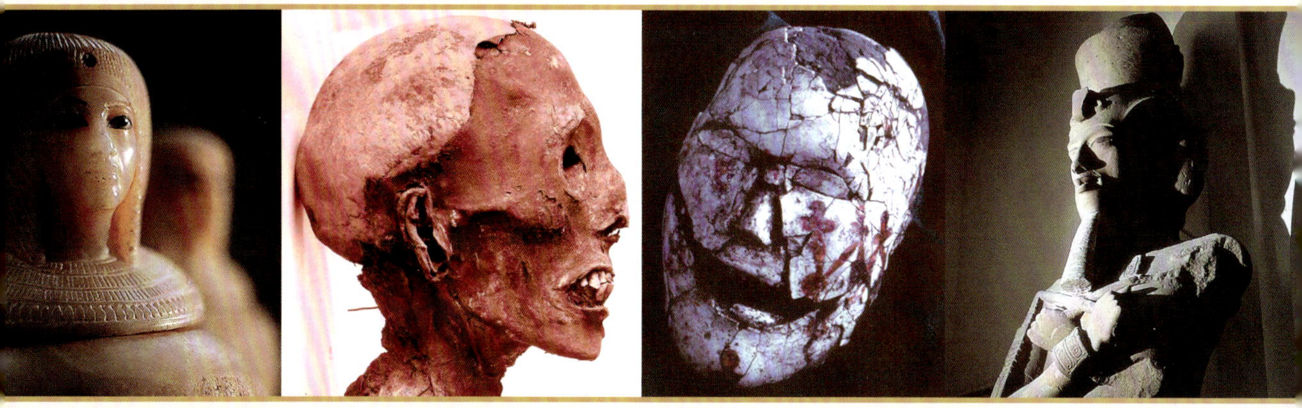

古人对于尸体的谨慎保存，清楚地反映了不同文化都相信有来世的存在。人们曾发现的绝大多数保存最好的尸体，是埃及和南美洲的木乃伊；但也有来自其他文化和地区的木乃伊得以较好地保存至今。

新克罗木乃伊

当人们听到“木乃伊”这个词，最先想到的应该是法老图坦卡蒙（Tutankhamen）和其他精心制作并在世界各地巡回展出过的埃及木乃伊。古埃及文明是世界上最复杂、最有影响力的古文明之一，而这些木乃伊则是由当时训练有素的殡葬专家制作的。然而，已知最早的人造木乃伊却是由一个小规模族群中的人们制成的，他们以采集渔猎为生，居住地离古埃及有半个世界之远，存在时间也比古埃及早了上千年——他们就是智利北部海岸的新克罗（Chinchorro）人。这些不同寻常的木乃伊有的已经有 7000 年历史，并且仍然会在智利的阿里卡（Arica）镇及周边地区被发现。

在 19 世纪的最后 25 年里，即太平洋战争刚刚结束之时，阿里卡地区的新克罗木乃伊开始被报道，最早的记录主要见于报纸。在 20 世纪初的美洲文化研究者国际会议（International Congress

发现于新克罗木乃伊身上的黏土面具，它们常常被涂成红色或黑色。

如图所示，许多新克罗木乃伊都是儿童木乃伊。他们身下的担架同木乃伊本身一样被很好地保存了下来。

of Americanists）上，学者们对这些木乃伊进行了讨论。安第斯山脉考古的先锋之一麦克斯·乌勒（Max Uhle）也记录了大量从阿里卡的埃尔莫罗（El Morro）山脚和位于海滩上的新克罗人聚居点发掘得到的木乃伊。乌勒估计，这些木乃伊的存在时间不超过2000年。直到20世纪末期，由于放射性碳测年的发展，考古学家才发现新克罗木乃伊可能已有7000年历史。

新克罗人的丧葬习俗最早出现在数千年以前，就在今天的智利北部以及秘鲁远南部荒芜的海岸上。最复杂的新克罗丧葬习俗大致可以追溯到7000～4000年前（公元前5000～前2000年）。新克罗木乃伊是由多种方式制成的。其中一些尸体只是被包裹起来，然后在阿塔卡玛（Atakama）沙漠干燥的气候中自然木乃伊化。另一些尸体则先用当地的黏土进行覆盖，再撒上红色或黑色的颜料。有些木乃伊拥有特意用模具制成的黏土面具，以及分别为男性和女性制作的生殖器和乳房模型。还有一些木乃伊则完全是人工制作的。这种木乃伊在制作时，尸体的皮肤、软组织和器官均被移除，骨头被包裹后绑

这些有7000年历史的新克罗木乃伊，其面目特征得以在逝者亲人所制作的黏土面具上保存下来。

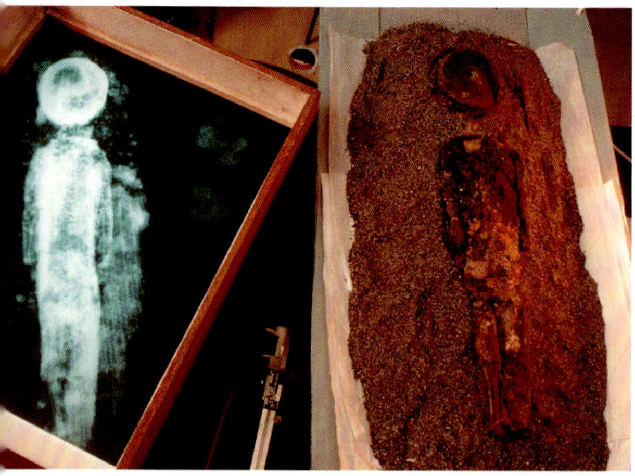

X光和其他非破坏性的分析帮助研究者们了解到木乃伊是如何制成的。

在木棒上以将其加固，再填满草木构成人体的形状。最后，皮肤被重新覆盖在这具木乃伊的表面上，并用黏土覆盖全身。每具木乃伊都是独一无二的，但从外表上看，他们都呈现为可辨认的人形。

新克罗木乃伊通常是被成群发现的，有些被发现于66～98英尺（20～30米）宽的墓地，也有少数会在有人居住的地方被发现。多数情况下，被发现的木乃伊中同时包含成人和儿童。新克罗人的墓很浅，没有明显的边界，每座墓中埋葬着一个或多个个体，墓中的尸体肢体伸展，并被紧紧包裹。大多数木乃伊是面朝上放置的，有时也会侧着放置，下肢有时轻微弯曲。墓中的随葬品相对较少，包括纺织品，兽皮，骨、石及其他材质的工具；其中许多物品被辨认为是捕捉鱼类和贝类的工具，包括鱼钩、渔网和网坠，还有用来撬开贝壳的工具。

木乃伊研究揭示了大量有关新克罗人生存状况、健康状况和其他生活细节的信息。单凭随葬品一项来看，许多研究者认为新克罗人主要是渔民和沿海（潮间带和潮下带）的采集者。这个族群的人们，尤其是男性的头骨上，有一个普遍的病理现象，表现为耳内的肿块，这被称为外耳道外生骨疣，通常认为是长期在冷水中潜水造成的。这一发现支持了潜水捕捞鱼类和贝类是新克罗

新克罗木乃伊通常是被成群发现的，图上展示的是某博物馆展览对一座新克罗墓葬的复原。木乃伊的年龄和性别使一些研究者推测，新克罗人是以家庭为单位埋葬的。

新克罗木乃伊的表面通常带有颜料或彩绘。图中展示的是一例不同寻常的木乃伊，它的表面涂画有条纹，并且仍然清晰可见。原本可能会有更多的木乃伊采用了相同的方法进行装饰，但这些图案早已在数千年的时光中消失殆尽。

人的主要生业活动的观点。根据骨骼和头发中的微量元素进行的食物结构研究，以及针对排泄物形成的粪化石所开展的研究则表明新克罗人拥的食物结构是混杂的，涵盖了来自海洋和陆地的各种动植物。

新克罗人的整体健康状况在远古的狩猎采集社会中相对较好。尽管木乃伊表现出一定的营养不良和可能由缺铁导致的骨损伤，但整体来看，新克罗人的遗骸表现出极少的疾病或暴力迹象。一个值得注意的地方是一些新克罗人的头骨，尤其是在晚期的头骨上，有因裹缠而造成的人工变形。这种人为导致颅骨变形的行为曾在印加时期的安第斯山脉广泛流行。显然这种做法来源于数千年前的新克罗人，或者其他更早的人群。

对新克罗木乃伊的研究同样揭示了它们是如何制成的，研究者们根据木乃伊的制法和外观将他们分成不同的三类。第一类是自然形成的木乃伊，即没有经过任何处理的尸体所形成的木乃伊。这类木乃伊在阿塔卡玛沙漠的干燥气候下自然地得以保存。第二类木乃伊则用最精细的方式进行了处理，包括取出内脏和身体重塑。第三类则是在未经处理的尸体外包裹一层黏土制成的木乃伊。第二类和第三类木乃伊的表面通常会涂有红色或黑色的颜料。

新克罗木乃伊葬俗最有趣的特征之一，是那些制作最精细的木乃伊中有许多是儿童和婴儿。除了将儿童的全部身体处理成真正的木乃伊外，新克罗人还会制作木乃伊形状的小雕像。这些小雕像中有时会包含婴幼儿甚至是动物的骨头。这也许是因为婴儿的尸体太小，难以用常规方法将其制成木乃伊，因此需用特殊的技术进行处理。

一些研究者认为，不同种类的木乃伊是在不同时期制作的，并且制法逐渐由简单发展到复杂。然而在许多情况下，不同种类的木乃伊被发现埋葬在同一个墓中。这就意味着，要么不同种类的木乃伊是同时制作的，要么这座墓在几百甚至几千年内曾被多次打开并重复利用；这些木乃伊也有可能是被人从地下掘出的，或者被置于地表保存了多年。的确，有的木乃伊带有修复和再次涂色的痕迹，所以他们也许是被新克罗人保存下来用于祭祀的。

新克罗木乃伊技术的起源一时成为了学术争论的热点。一些研究者认为这种制法一定源自丛林。然而，近期在智利北部的考古发掘证明，新克罗木乃伊技术可以追溯到近9000年前一种将尸体包裹起来并使之僵硬的葬式。这表明新克罗人的人造木乃伊技术起源于当地，是由一小群以狩猎、采集和渔猎为生的人创造的。几千年前，他们生活在安第斯山脉中南部的海岸上，而在这一时期，陶器、农业甚至是定居生活都尚未出现。

木乃伊头发的保存，使研究者们得以对哥伦布发现美洲大陆前的安第斯山脉居民的发型演化进行研究。

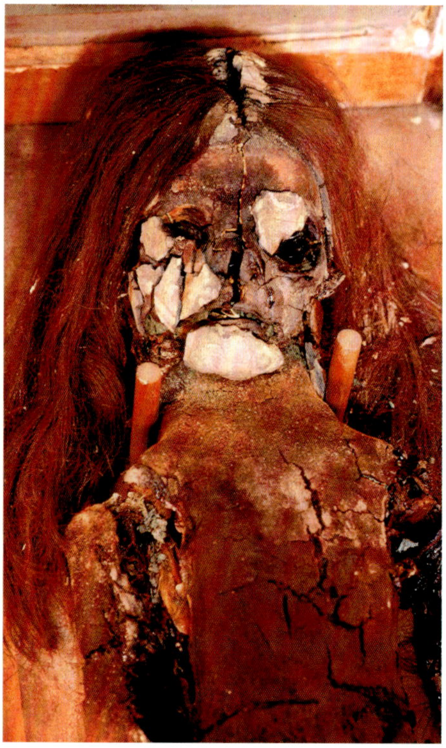

这个小规模的人群又是如何创造了一套如此复杂而专业的丧葬习俗的呢？在他们生活的环境中，只要不受食腐动物的破坏，干燥的气候对尸体的保存几乎是无限期的，也许他们观察到了这一点并从中获得了启发。游猎民族普遍地掌握着相当复杂的解剖学知识，不难想象新克罗人在制作木乃伊时，已经开始利用这些知识。然而他们为什么要费尽心思地制作木乃伊就没那么容易理解了。

关于新克罗人为什么制作木乃伊，学者们提出了几种无法得到验证的有意思的理论。一种理论认为，在这个以家庭为单位的小型社会中，去世的人扮演着重要的角色。这些半定居的人们带着木乃伊迁徙，而它们在主要的祭祀中扮演着重要和受尊敬的角色。另一种可能性是尸体被制成木乃伊保存起来，直到族群迁徙回海边营地，或是等到一个家庭中足够多的成员去世，这时他们才会举办一个像样的葬礼。这个理论与大量出现的儿童木乃伊是相符合的，当时儿童的死亡人数远多于成人，但他们却并不够资格来举行葬礼，因此要等到家里其他成员去世才能得以下葬。

新克罗木乃伊的早期研究中所使用的最重要的一具木乃伊标本，研究者是德国学者麦克斯·乌勒。该研究得以在1919年首次发表，不过，这还只是他所收集的约100个木乃伊标本中的一小部分。

一个小型社会中发展出如此复杂的人工木乃伊技术，实在是一个不同寻常的考古发现。但这也许并不是一个特别的历史事件。智利北部海岸提供了考古学中最利于保存的环境条件，墓中出土的几千年前的随葬品，在发掘时仍然像昨天制作的一样。临近的秘鲁南部地区保存条件稍差一点，但却很少发现新克罗木乃伊。虽然这里发现有符合新克罗墓葬规格的黏土面具和小雕像，以及骨骼遗存，但很少发现保存完好的木乃伊。这让我们不得不思考这样一个问题——是否许多远古的狩猎采集族群都曾有着极其复杂的丧葬仪式，但由于大多数地区缺乏完好保存这些证据的环境，因此才在考古记录中无迹可寻。

帝王谷 55 号墓的神秘木乃伊

阿蒙霍特普四世的雕像。他以异教徒法老埃赫那吞著称，有着独特的外貌。他的雕像显示他有狭长的脸与下巴，小眼睛，肉感的嘴唇，瘦肩膀，纤弱的胳膊及宽阔的臀部。

1907 年 1 月 6 日，在一次由英国埃及古物学家爱德华·埃尔顿（Edward Ayrton）带领，美国律师兼业余考古学家西奥多·戴维斯（Theodore Davis）出资赞助的考古任务中，人们发现了帝王谷 55 号墓（KV 55）残破的入口。从陵墓的平面图来看，这个墓的构造很简单：一条斜坡墓道向下通往一个单间墓室，墓室内存放着破旧的镶嵌棺材，里面有一具木乃伊。然而，这座墓中的器物其实一点也不简单，光秃秃的墙壁上也没有留下任何关于墓主人身份的线索。这些发现不仅让 55 号墓的发掘者十分困惑，时至今日也仍然是埃及古物学家们热烈讨论的主题。那么，55 号墓的墓主人究竟是谁呢？

墓葬

刚打开的墓室是一片混乱的，盒子、泥砖、建筑碎片和工人的工具杂乱地散落在地上。狼藉之中是一具镶金棺材，它的木制棺架已经倒塌，导致棺材翻倒在地，棺内的物品散落出来。在移位的木制棺盖下，考古学家们看到了一个木乃伊。木棺右手边的墙上有一个壁龛，里面摆放着 4 个顶部为人头状的卡诺匹斯罐（Canopic jar）。一个靠墙的木制箔金神龛已然腐烂损毁，闪闪发光的金粒四处漂浮，给墓室内的物体表面笼罩了一层金霜。

这个墓葬是无名墓，并且包含极少的文字材料，墓内的器物以不同的方式标记着第十八王朝后期法老阿蒙霍特普（Amenhotep）二世、阿蒙霍特普三世、皇后泰伊（Tiy）、埃赫那吞（Akhenaten）、图坦卡蒙（Tutankhamen）的名字。由于图坦卡蒙是可辨识的最晚期的一个名字，可以推测，这个墓一定是在图坦卡蒙统治期间或统治结束后不久关闭的。

第十八王朝后期是一个混乱的时期。异教徒法老埃赫那吞拒绝信仰传统神祇，转而信仰独一的太阳神阿吞（Aten），这让人民十分震惊。他放弃了底比斯（Thebes），带着他的政权搬去了新的首都："阿吞神的地平线"埃赫塔顿（Akhetaten），也就是今天的阿马尔那（Amarna）。埃赫那吞和他的妻子奈费尔提蒂（Nefertiti）生育有 6 个女儿，却未曾养育儿子。埃赫那吞统治了 17 年后，年轻的图坦卡蒙继任。新国王继任后几乎是迫不及待地抛弃了阿马尔那，恢复了对旧神的崇拜，并将都城迁回底比斯。图坦卡蒙从未详述过他的出身，但既然他从孩童时期就继承了王位，那么猜测他具有王室血统，是埃赫那吞和他最喜欢的第二任妻子琪雅（Kiya）的儿子，应该是合理的。

埃赫那吞家族的成员都被埋葬在阿马尔那悬崖边的王室墓地里。但是，帝王谷 55 号墓的随葬品中包含了各种从其他阿马尔那墓葬中收集到的随葬品，因此在图坦卡蒙统治时期，他们的陵墓一定被重新打开过，其中的一些随葬品被运送到了底比斯。帝王谷 55 号墓还出土了一套雕有埃赫那吞名字的祭祀砖；损毁的镀金神龛也证实了，这些随葬品中一部分是由埃赫那吞献给其母亲泰伊皇后的。4 个卡诺匹斯罐的塞子尺寸并不合适，也许并不是原配；精致的女人头状瓶塞展示着琪雅及埃赫那吞的女儿们曾戴过的波波头假发。

棺材

这具人形棺材最初是为一个非王室女性雕刻的，她头戴假发而非皇冠，可能是琪雅。这具棺材随后又被改变形状，加上了胡须和神蛇标志（眼镜蛇），使之适用于一位王室男性的葬礼。神蛇标志和面部的黄金面具在古代已经被扯掉，导致木乃伊只剩下了一只眼睛，下层的木头也有很多暴露出来。棺材脚下的铭文以及一些装饰带上的象形文字，最初是一段由女性诵读的祷文。这些铭文被改为适用于男性，原墓主的名字也被王名圈内的名字取代；不过这位王室成员的名字最后也被抹去。

木乃伊

这具木乃伊本身没有任何可以证明他是王室成员的证据，但他却安葬于帝王谷；再加上不同寻常的随葬品，这些都强烈地暗示着这具木乃伊应该是一位阿马尔那王族。在戴维斯的监督下，包裹木乃伊的布被仓促地解开。但让所有人失望的是，木乃伊的保存情况很不好。几个世纪以来，水滴一直从墓顶的裂缝中渗入，并直接滴在打开的棺材里，导致木乃伊的肉身已全部腐烂。木乃伊的头骨则被坠落的石头进一步毁坏，所幸后期得以复原。

解开木乃伊绑带的过程并没有留下照片，我们不得不依赖目击者的回忆来还原这个场景：这是一具瘦小的尸体，左臂弯曲，置于胸部，右臂伸展，被包裹起来。这个造型一半代表法老（胳膊交叉）、一半代表平民（平直的胳膊），是典型的王室女性姿势。这具木乃伊曾戴有一个胸饰，绑带里还有一些雕刻过的金带，但这些物品在得以妥善记录之前就被偷走了。这具被涂抹防腐树脂染成棕色的木乃伊，如今存放于开罗博物馆。

泰伊、埃赫那吞和斯蒙卡拉（Smenkhkare）

西奥多・戴维斯确信自己发现的是泰伊皇后的尸体，也就是埃赫那吞的母亲，阿蒙霍特普三世的妻子。而两位“专家”，一个叫波洛克（Pollock）的本地医生和一个正在卢克索（Luxor）度假的无名美国产科医生，也认为这具尸体应当是一名女性。因此戴维斯在 1910 年公开自己的发现时，将这个墓称为“皇后泰伊之墓”。他从未改变过自己的观点。

但是在 1912 年，一个名叫格拉夫顿・艾略特・史密斯（Grafton Elliot Smith）的解剖学家郑重宣布，这具木乃伊应当是名男性。每位参与骨骼检查的专家都认同这次重新鉴定的结果。亚瑟・魏格尔（Arthur Weigall）是发现墓葬之时卢克索的首席古物调查员，他提出了一个有趣的观点，即这具骨骸属于埃赫那吞本人。史密斯欣然赞同，并准备修正自己对骨骼死亡年龄的估算，以贴合魏格尔的理论；他最初对死亡年龄做出的估计是不大于 25 岁。然而，这样的解释又引出了一些其他的重要问题。比如说，为什么埃赫那吞会被葬在琪雅没有使用的棺材里呢？为什么泰伊的神龛会出现在她儿子的墓中？以及最重要的一点，帝王谷 55 号墓中尸体的年龄究竟有多少岁？

埃赫那吞曾在位 17 年，在他统治的最早期，曾经育有一个女儿。因此，他去世时不会小于 30 岁，而且可能比这年长得多。如果这具尸骨真的是埃赫那吞，那么应是一具中年男性的骨骼。但在 20 世纪 20 年代，解剖学家道格拉斯·德瑞（Douglas Derry）在修复这些骨骼时，认为这些骨头属于年轻人，骨头上未融合的骨骺以及未萌出的右上第三臼齿都表明，骨头的主人可能不超过 25 岁。这也是史密斯最初判断的年龄。

木乃伊被墓顶裂缝渗入的水滴严重破坏。如今他只剩一堆关节脱落的骨头。

20 世纪期间学者们又做过其他检测，证明骨骼遗存确实属于一名青年男性。1963 年，利物浦大学解剖学家 R·G·哈里森（R. G. Harrison）指出，帝王谷 55 号墓的墓主人拥有和图坦卡蒙一样的血型及微长的颅形。20 世纪 70 年代，詹姆斯·哈里斯（James Harris）也注意到了这种颅形上的相似性。他在做了计算机跟踪研究后，提出图坦卡蒙和帝王谷 55 号墓的木乃伊是一级亲属，要么为父子，要么为亲兄弟。但图坦卡蒙从未育有儿子，所以这具尸骨一定属于他的父亲，几乎可以肯定就是埃赫那吞，或是他的兄弟——短命的斯蒙卡拉，梅丽塔顿（Meritaten）公主的丈夫，曾昙花一现地作为与埃赫那吞共治的摄政王；但他在图坦卡蒙登上王位后就失踪了。斯蒙卡拉早逝的确定，使大家的观点偏向于认为这具骨骼属于图坦卡蒙失踪的兄长。

现代检测

利用最先进的 CT 扫描和 DNA 分析技术，科学家们在 2005～2010 年间对帝王谷 55 号墓中的骨骼做了一次最可靠的鉴定。这次鉴定显示，这具木乃伊的死亡年龄远比之前人们所认为的要年长。研究团队注意到，除了脊柱侧凸外，明显的退行性病变也与年龄密切相关。尽管单从骨头来判断一个个体的年龄是很难的，但仍然可以推测，木乃伊的年龄可达 60 岁。

除了与图坦卡蒙木乃伊的 DNA 分析结果相似外（比如两个人均有腭裂），这个新的鉴定结果表明帝王谷 55 号墓的墓主人极有

木乃伊旁葬有一些从其他墓中取来的随葬品，盛放有逝者重要器官的卡诺匹斯罐，却配有原本为女性雕刻的塞子。

可能就是埃赫那吞。若果真如此，那么他生前就并没有经历过动乱的折磨，也没有因此导致外形的不寻常或女性化——如今看来，这些似乎都只是艺术家司空见惯的猜想。

重建历史

基于这些骨骼所包含的信息，我们也许可以复原过去发生的故事。图坦卡蒙重新确立了对旧神的崇拜，并在底比斯敬奉主神阿蒙（Amen）。他抛弃了他童年在阿马尔那的家以及那里所代表的一切。但是这位年轻的国王并未打算抛弃他被葬在阿马尔那墓地的逝去的父亲，尽管他至今还被称为“罪人埃赫那吞”。虽然旧法老被认为是异教徒，但继任者将他埋葬是新统治者合法性的最高表现。

一队人马被派回阿马尔那，想尽可能取回一些东西，而此时的皇家墓葬群已经被洗劫，陵墓的外观也已受损。埃赫那吞的石棺被毁坏，但是他的木乃伊保存了下来，其他一些王室随葬品也幸免于难。这些随葬品中做工更好的手工制品，包括棺材、卡诺匹斯罐，甚至是象征身份的金面具，都被图坦卡蒙挪为己用。其他各类物品则都被收集起来，葬在一个与王室陵墓相似的墓内；而受人辱骂的埃赫那吞也就借此被葬于他的家族墓地帝王谷中。然而，一些祭司仍然反对对埃赫那吞的重新埋葬，他们对阿马尔那的不满越发激烈，甚至试图从现实和精神上永远抹去这个异教徒的名字。因此他们抹去了木乃伊及棺材上所有提及埃赫那吞的标记，因为这样他游荡的灵魂就无法找到自己在尘世间的肉体了。

修复王室木乃伊

在古埃及第二十一王朝（公元前 1070 ～前 945 年），王室陵区的安全防线已经崩溃。新王朝的王室陵墓被洗劫一空，法老们被亵渎，他们的木乃伊也变得脆弱不堪。第三中间期的阿蒙神祭司们制定了一项抢救措施。多亏他们的努力，新王朝的木乃伊才得以幸存至今。

盗墓贼

盗墓贼是墓地的祸害者，他们扰乱了墓葬的安宁。然而盗墓者经常就是陵墓建造者自己，他们利用对墓葬细节的了解帮助自己瞄准最贵重的随葬品。葬礼仪式的承办人也并不是清白的，有些木乃伊在他们的墓室被封闭起来之前就被洗劫一空。被抓到的盗墓贼所受的刑罚是非常重的。嫌疑人会遭到严刑拷打，确定有罪者则可能被钉在尖桩上凌迟处死。但是在通货膨胀率高、社会动荡的情况下，这些严酷的刑罚在阻止这些孤注一掷的犯罪行为上收效甚微，甚至导致了形势的进一步恶化。

王室营救

严峻的现实让祭司们忧心忡忡。盗墓贼不仅是在亵渎死者，也是在窃取国家财产。于是他们制定了一个营救计划，即把木乃伊制作得无法破坏，然后剥去金带，并清空法老们的墓室。

祭司们收集了法老们残存的木乃伊，并将它们运到帝王谷内及周边的作坊里。在这里，他们尽全力将木乃伊修复至所能达到的最好状态，重新拼接四肢，再用本王朝的绑带将木乃伊缠绕绑好，然后放回他们已剥去所有金箔的木棺中。木乃伊的绑带和棺材上都被细致地打上印记，尽管这其中也出现了一些判断错误；随后，大部分的木乃伊都被安全地保存在重新使用的墓中。这些墓主要分布在两个墓区内，一个在戴尔 - 巴哈里（Deir el-Bahari，又译停灵庙）的皮纳杰姆（Pinodjem）II 号家族墓地，另一个则在阿蒙霍特普（Amenhotep）二世的陵墓内。

戴尔－巴哈里的发现

1871 年，艾哈迈德·拉苏尔（Ahmed Rassul）在寻找一只迷路的山羊时，被皮纳杰姆墓绊倒。艾哈迈德意识到这是个空前的商机，于是向竖井里扔下了一头死驴。他想用这种腐烂的味道使那些埃及古物学家避而远之。

新王朝的木乃伊并没留下什么有价值的东西。艾哈迈德和他声名狼藉的盗墓贼兄弟们，绕开没有随葬品的法老，盯上了皮纳杰姆家族，盗卖了一系列有插图的草纸文献及随葬的小雕像。埃及古物学家们很快意识到一座新的墓葬被发现了；但一直到 10 年之后，他们才真正开展了发掘。

拉苏尔兄弟显然是被怀疑的对象。最终，哥哥穆罕默德（Mohammed）决定自首。1988 年 7 月 6 日，埃及学家埃米尔·布鲁格施（Emile Brugsch）进入了皮纳杰姆墓中。她眼前是一片令人惊异的景象：这里葬有古埃及最伟大的国王，包括雅赫摩斯（Ahmose），图特摩斯（Tuthmosis）一世、二世及三世，拉美西斯（Ramses）二世和赛提（Seti）一世。布鲁格施决定立即将这些遗体运到开罗。当时没有制定任何计划，也没有拍摄任何照片。这种情况下，木乃伊们被运离他们近 3000 年的“家”——又黑又冷的墓室，吊送到炙热的阳光下。不久后，每个法老都被包裹在保护垫里，装进帆布袋中，运往北方。人们涌至尼罗河岸来围观

新王朝的国王和王后逝去数十年后，他们的随葬品遭到了洗劫。墓地的祭司们开展了一场补救行动，确保国王和王后们被重新缠裹起来并有一个安全的葬身之地。

送葬队列，女人们都流着泪拉扯着自己的头发，按照传统的习俗哀悼法老。

1898 年，维克多・罗黑（Victor Loret）发现了阿蒙霍特普二世失踪的墓。墓中一具打开的石棺中盛放着阿蒙霍特普二世的木乃伊，其中一个侧室放有 3 具木乃伊，另一个大侧室则放有 9 个有名字的棺材。这里安息着图特摩斯四世，阿蒙霍特普三世、赛提二世、斯普塔（Siptah）和拉美西斯四世、五世和六世。至此，新王朝法老的墓葬全部被找到。值得注意的是，哈特谢普苏特（Hatshepsut）女王和图坦卡蒙（Tutankhamen）的墓是于 1922 年由霍华德・卡特（Howard Carter）发现的（见本书 124 页）。

解开绑带

绑带和棺材上都有祭司们所做的印记，我们可以根据这些印记将名字和法老们对应起来。多亏了这些印记，否则国王和王后们就成为了无名氏。可惜的是，一些木乃伊和他们的棺材被弄混了。比如第二十朝的国王拉美西斯九世被放置在了第三中间期的聂斯孔斯（Neskhons）夫人的棺材中。第十八朝的王后雅赫摩斯・奈费尔塔利（Ahmose Nefertari）的棺材中则放着第二十王朝国王拉美西斯二世的木乃伊，第十八王朝的雅赫摩斯・伊尼亚皮（Ahmose Inhapy）却沉睡在第十八朝王室保姆拉伊（Rai）的棺材中。

在当时，木乃伊们只是很偶然地被放在了错误的棺材中，我们不必怀疑大多数绑带上印记的正确性。拉美西斯二世是位老年男性，我们确信他在 90 多岁时去世。在同希克索斯（Hyksos）的土地保卫战中丧生的塞肯内拉・陶（Seqenenre Tao）二世，有一个骇人的头部创伤，这场战争留下的斧头造成的创伤就像一个标志一样刻在了他的头骨上。只有个别情况下身份的判断是存在疑问的。一具严重损坏的被认为是阿蒙霍特普三世的木乃伊，被许多专家认为鉴定有误；另一具被认为是图特摩斯一世的木乃伊，鉴于其胳膊放置的姿态，可能是他的平民父亲雅赫摩斯・萨丕尔（Ahmose Sipair）。

女王哈特谢普苏特？

新王朝最受关注的人物之一并不在著名的法老墓地，这种缺

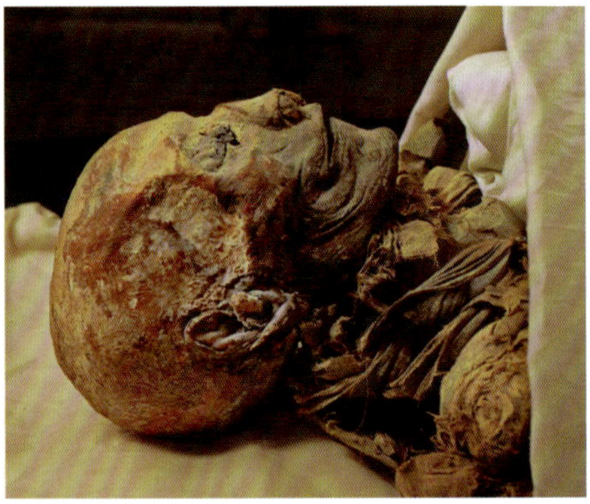

一具曾经无法确定身份的女性木乃伊，现在看来也许就是埃及最伟大的女性统治者——哈特谢普苏特。

席是引人注目的。哈特谢普苏特女王曾是图特摩斯一世的女儿，图特摩斯二世的妻子，以及著名的图特摩斯三世的继母。在作为摄政者辅助年轻的图特摩斯三世一段时间后，她夺取了大权，成为了法老。她的形象是按传统国王的装束描绘的：头戴王冠，身着男式短裙，甚至蓄有皇家的胡须。她统治下的埃及经历了一段繁荣期（公元前 1479～前 1458 年），进口了大量的外国商品，开展了多项耗资巨大的工程建设。然而，在她退位后，有关哈特谢普苏特的历史被继位者有意进行了篡改。寺庙墙壁上有关她的绘画被涂掉，她的雕像也被毁坏，纪念碑则被废弃或占用。新的统治者重写了历史，否认了埃及曾经被一位女性统治过。

1903～1904 年，英国考古学家霍华德·卡特发掘了帝王谷 20 号墓，他在墓内发现了两个石棺，一个属于哈特谢普苏特，一个属于她的父亲——图特摩斯一世。然而，两座石棺都是空的。许多学者认为，哈特谢普苏特的木乃伊也许同她的纪念碑一并被破坏者当成目标毁掉了。

1903 年，卡特在帝王谷又发现了另一座墓（帝王谷 60 号墓），墓中有两具女性木乃伊。一具木乃伊被放置在棺材里，上面刻有姓名和头衔——斯特芮因（Sitre-In），哈特谢普苏特的乳母；但另一具木乃伊却没有名字，并被直接放在地上。这具无名木乃伊的左臂弯曲，置于胸前，这是王室女性的典型姿势。2007 年，学者们对一些可能为王室成员的木乃伊做了进一步研究，其中在开罗对这具无名木乃伊进行了 CT 扫描。分析显示，这具尸体属于一名超重的女性，年龄在 45～60 岁之间，正是哈特谢普苏特死亡的年龄段。从骨盆和脊柱区域来看，这位女性同样遭受了癌症的折磨。

最有趣的是，CT 扫描显示这位无名女性缺少一颗臼齿。一个难以置信的巧合使研究者们得以进一步推断她的身份。在位于戴尔 - 巴哈里的皮纳杰姆墓的王室木乃伊群中，考古学家发现了一个带有哈特谢普苏特名字的小木盒，这激起了人们的兴趣，因为它可能放有木乃伊化的内脏，并且还可能与女王有关。由于这个盒子被防腐树脂密封了起来，研究者决定用 CT 扫描对盒内的物件进行分析。除了预料中的脏腑外，CT 扫描还显示出一颗无齿根的臼齿。与此同时，帝王谷 60 号墓的无名木乃伊所表现出的一些牙齿问题就包括缺失一颗臼齿，它的齿根还遗留在牙床上。

在制作木乃伊的过程中，埃及人很反感将取下的身体部分丢弃，因此他们会对内脏，甚至是碎屑分别进行防腐保存。也许就在转运和重新安置第二十一王朝皇室木乃伊的混乱中，这颗失踪的牙齿被认定是属于女王的，因此被与她的内脏存放在一起。随后，女王的牙齿与内脏跟随着其他皇室的木乃伊一起被重新埋葬，从此便与她的木乃伊分开了。根据这件幸存的证据，我们可以认为帝王谷 60 号墓的无名木乃伊属于埃及伟大的女性统治者之一——女王哈特谢普苏特。

发现于戴尔 - 巴哈里皮纳杰姆墓的木盒。上面有哈特谢普苏特的名字，并盛有一个木乃伊化的肝脏。尤为让人惊喜的是，盒内发现了一颗与帝王谷 60 号墓的无名女性相匹配的牙齿。

羊皮包裹的尸体：一起古代的谋杀谜案？

第三中间期的祭司对古代的法老们毕恭毕敬，埃及的国王和王后们得以安宁而有尊严地沉眠于重重绑带之中。然而有一具尸体却并不能安息。在戴尔 - 巴哈里，人们发现了一具朴素的木棺，棺内有一张卷起的羊皮，裹着一具无名男性尸体。他的手足被捆绑，脸由于极度的痛苦而扭曲。这具尸体的内脏并未移除，全部留在原位。尸体皮肤上发现的干泡碱说明有人曾尝试对他进行简单的人工防腐处理，但尸体的液体是被干羊皮而不是泡碱所吸干的，这使尸体成为了一具自然形成的木乃伊。

由于这具尸体被发现于皇室木乃伊的贮藏室，我们必须假设这是一个比较重要的男性。然而皇室男性绝不会被裹在羊皮里——古埃及人认为羊皮是不干净的，活人也极少用羊皮做衣料。木乃伊的面部特征表明他经历了恐怖的死亡过程。也许他曾是个叛徒，也许他就是那位策划政变失败导致拉美西斯三世被暗杀，据说最后自杀了的王子。

塔施提克文化的丧葬习俗

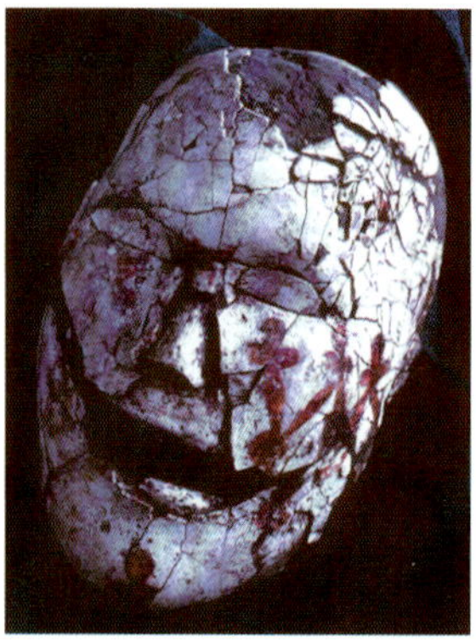

当地人所说的“活人面孔”被证明是塔施提克文化的祭祀面具，这个文化可被追溯到公元6世纪。

1772年，一位名为彼得·西米恩·帕拉斯（Peter Simeon Pallas）的博物学教授、植物学家和民族学家，亦即叶卡捷琳娜大帝（Catherine the Great）派出的西伯利亚科学探险队中的一员，记述了叶尼塞河（the Yenisei）流域大草原上的众多古遗址点。他认真听取了盗墓贼（这种“职业”当时广布于西伯利亚）讲述给他的所有东西，并把那些甚至像天方夜谭一般的故事也记录了下来。一个盗墓贼告诉他，自己曾在墓中见到过“真人大小的人头，里面是空的，用瓷土一样的东西制成，并用红色和绿色的叶子涂上了色”。尽管与库尔干坟冢（Kurgan，西伯利亚式古坟）相关的传说有许多，但是关于这种“活人面孔”的流言一直在人们中流传。一百年后，一个农民在河堤旁一个毁掉的墓穴中发现了一个这样的“人头”，并将这件未上色的样品送到了米努辛斯克（Minusinsk）博物馆。终于，一个叫亚历山大·阿德里阿诺夫（Alexander Adrianov）的职业考古学家在1883年对包含这类“人头”的墓葬展开了发掘，并立刻轰动一时。在一个大墓穴里，他一共发现了33颗“人头”——其实，这些“人头”只是覆盖在头骨上的面具，以及人骨灰旁的半身塑像。之后，他又发掘了一些小型的木结构墓，每一个墓通常葬有1～2人，有些有火化的遗留物，同样带有面具。不过，那些主要的发现其实集中在1903年。

早期发现

叶尼塞河位于雄伟的西伯利亚河左岸，距离阿巴坎（Abakan）并不远；这是个被称为奥格拉克提（Oglakhty）的多山地带。这里因发现了众多不同时期的考古遗址而闻名，同时也拥有南西伯利亚最大最复杂的岩石艺术。考古学家在这里发现了保存状况让人震惊的塔施提克（Tashtyk）文化墓葬。这片多山的区域被众多纵横的沟壑分割开来。

1902年，在一个冲沟的斜坡上，一个牧羊人在寻找一匹失踪的马驹时，突然感到有东西被马蹄压碎了。这匹马跳到了一边，牧羊人则向下进入到了一个洞中。他环顾四周，发现自己身处在一个古墓之中。两具古尸正盯着他，一具露出牙齿，另一具则戴有一个涂了色的面具。

这个吓坏的人跑回了自己的村子，把自己的发现告诉了岳母。牧羊人的岳母是一个以勇敢和现实而为人“称道”的女性，她了解这些东西是出自于古墓的宝藏（在西伯利亚地区，这些墓地里的宝藏相当值钱，对当地人而言是极大的诱惑），于是急忙赶回了那个地方。她弄清楚了墓内的情况：其中一具尸体的脸被固定在面具下的绿色丝绸覆盖起来，附近的一条木质长凳上则放有一个山羊皮包和一个破损的陶器。她还在地板上找到了一个身穿山羊皮夹克、填满干草的人体模型。她并未发现金制品，但她带走了皮包和面具，随后成功地卖掉了它们。

“被活埋的人”的故事不久就从库尔干（Kurgan）传到了阿德里阿诺夫的耳中。他从帝国考古委员会（the Imperial Archaeological Commission）那里获得批准，于1903年开始了发掘。随后，他发现了另外两座保存状态理想的墓葬。墓中的地面和顶部的木板都是用大块落叶松木制成的，这种松木十分耐用，工人们甚至可以将它们锯断再砍成木材继续使用。除了陶制品，他还发现有木制的盘、杯子、碗、哨子和大小不一的桶等。较小的木制品也被保存了下来，比如弓、匕首和剑的模型，甚至还有发簪。他还发现了由毛和皮革所做的帽子、大衣、皮带和缎带等衣物的残留物。墓中剩下的木乃伊化的尸体、骨灰、肢骨和头骨被留在了地板上，其中木乃伊的头下还枕着用石头、木材或是填满干草的皮革制成的“枕头”。所有的头骨上都覆盖着祭祀的面具。面具经过了细致的磨光，通体被涂上红色，或者装饰着螺旋线纹。

许多祭祀面具被精细地磨光并涂上了装饰色彩，通常是红色。

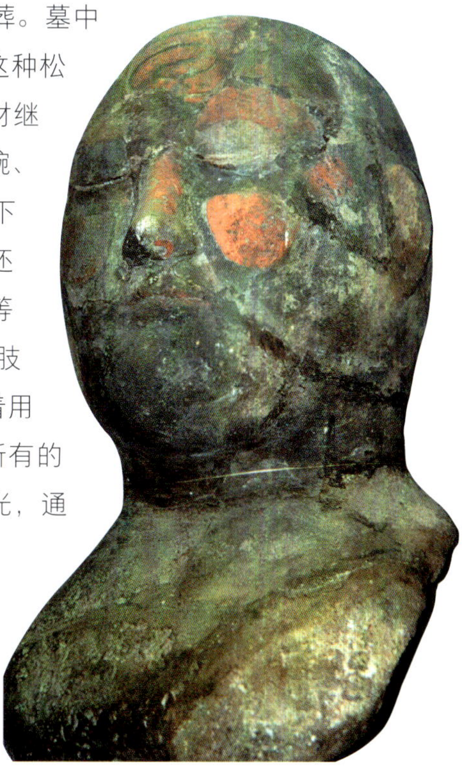

其他有价值的发现包括衣着同逝者无异的真人大小的陪葬人偶。这是一种人俑，它的躯干及手脚是用装满草的皮包制成的。人偶的头部是用草团制成的，表面模制了死者的面部特征，上面还盖着皮面具是被放在死者的面部，按照他们的真实形象制作出来的。

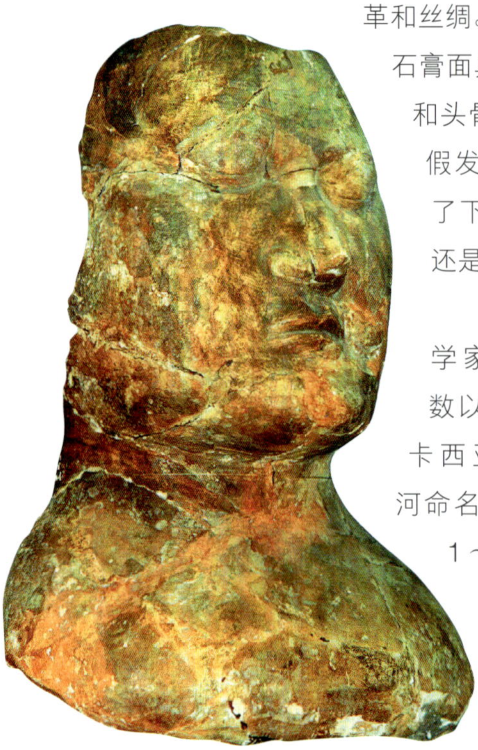

革和丝绸。其中有两个人偶还戴着石膏面具。人偶已经碎成了片，和头骨及骨灰混在一起。一顶假发和一根辫子同样被保存了下来，但假发是属于真人还是人偶却很难确定。

20 世纪，俄罗斯考古学家在南西伯利亚发掘了数以百计的同类墓葬。以哈卡西亚（Khakassia）的一条河命名的塔施提克文化于公元 1 ～ 6 世纪存在于这片森林草原上，而此时是一个正在经历巨大的经济、社会尤其是族群变化的时期。族群进化的复杂性以及文化传统的融合都反映在了塔施提克文化复杂的丧葬习俗中。

土葬小墓和集体葬大墓

塔施提克人建立了两种截然不同的墓葬形式：土葬小墓和集体葬大墓。土葬小墓的墓地包含了数十座甚至上百座坟墓，一般位于小山、山谷或冲沟的斜坡上，有时也建在较早的库尔干坟冢之上。集体葬大墓则往往以 2 ～ 4 座为一组，有时就位于土葬小墓墓地旁，但总是同土葬小墓明确分开，并位于高处的斜坡上。

土葬小墓几乎不可见。不像叶尼塞草原上的其他墓葬，它在地表上的部分极小，所有已知的这类墓葬都是碰巧发现的。修建土葬小墓时，塔施提克人将坟墓挖成 5 ～ 10 英寸（1.5 ～ 3 米）深的长方形坑，墓底和墓壁用大片特殊处理过的桦树皮覆盖。然后他们搭建起低矮的木棚，在放入逝者后（通常是 1 ～ 2 具尸体，从未多于 4 具），用原木、桦树皮和泥土将墓穴封上。

集体葬大墓则较容易辨识，因为它有石头和泥土堆起的方形封土堆。多亏了完善的发掘方法，我们才有可能复原大墓墓穴建立过程的每个细节。首先，人们需要挖一个 3 英尺 3 英寸（1 米）深的方形大坑，然后在里面用大量木头搭建起一个带有底部和顶部的木棚。将木墙用厚石板加固之后，整个木棚也被用厚石板包围起来。最后整个墓被桦树皮遮盖住，而地表的封土则被堆成了平顶金字塔形。一个台阶状或斜坡状的特殊入口（通常是在西侧）被修建起来，然后用垂直的木头或大块的厚石板进行加固。墓室的大小在 52.5 ～ 300 平方英尺（5 ～ 30 平方米）不等，尺寸从小（10 ～ 40 人）到大（100 人或者更多）都有。根据推测，墓中的第一具尸体是靠墙放置的，有时也会被放在特殊的支板上；随后中间的部分逐渐被填满。

在墓室内放满尸体、祭祀人俑和分离的头骨后，人们一般会放火进行火化，这或许是希望逝者的灵魂能随火焰上升，到达“祖先之地”。人们在墓顶点起大火，有时顶部会被烧塌，使得整个木棚被烧光；然而有时塌陷的顶部却将墓室隔离了起来，在阻断氧气进入的同时导致了墓内的高温。这种闷烧和碳化的环境使得许多有机物得以保存了下来，比如木制和桦树皮制成的器皿，包，动物和人形象的木雕，马车的残件，以及刻有战斗、打猎场面的特制木板。

内填稻草的人俑在木乃伊之间被发现。在进一步的检查中，科学家发现最完整的人俑的胸部放有一包人类的骨灰。

社会地位

塔施提克葬式的多样性不仅表现在儿童与成人的区别上，也表现在成人的社会阶层上。土葬小墓属于家族集团，集体葬大墓则属于氏族或王室集团。集体葬大墓是专葬成人的，儿童则被葬于附近的小型木棚墓中。最近，考古学家在一个集体葬大墓中发现了一种有趣的规制。木棚的中央是一个祭祀用的木质平台，周围有超过 30 具火化过的尸骨遗存。祭台入口的左右两边是装有零散人骨的凹坑，也许是祭祀仪式留下的遗物。随葬现象在其他集体葬大墓中也有发现，或许本质上也是祭祀。考古学家们据此推测，集体葬大墓是建给社会地位较高的人的，而土葬小墓则反之。

西伯利亚地区的气候状况使得下葬只能在温暖的

季节进行——从地面解冻的春天直到秋天。塔施提克丧葬习俗遵循着这几种模式：一次葬，对尸体或木乃伊的埋葬；二次葬，对木乃伊或尸骨的再次埋葬；对逝者的火化，再对骨灰进行埋葬。这些葬式都需要长时间的准备，尤其是当同一座墓中同时葬入两具或多具尸体成为既定的形式之后。在这个文化的早期阶段，人们通常对逝者进行土葬，但是逐渐地，火葬变得更加普遍了。

为了将一具尸体保存到下葬之时，塔施提克人会采用防腐技术或制作木乃伊来保存尸体。我们只知道他们保存头部的方法：① 用石膏覆盖头部；② 提取出死者的大脑（这一点是从头骨上死后形成的钻孔痕迹得知的）；③ 两种方法结合。钻孔手术是由专业人员进行的。阿德里阿诺夫注意到，在奥格拉克提发现的头骨碎片是在“熟练而灵活的一击”后产生的。对于骨壁较薄的头骨，击打产生的这些碎片长度在 1 ～ 1.4 英寸（2.5 ～ 3.5 厘米）左右；对于骨壁较厚的头骨，专业人员则会钻几个小孔，再用一种凿刀挖出或者压入小孔间的碎片。人类学家检测了从一个墓地发掘的多个头骨，认为所有的钻孔手术都是同一个人实施的。碎骨要么是被卡在枕骨附近，要么就是在前顶区。也许这取决于手术实施人，因为不同墓地的钻孔手术的位置不尽相同。不过，骨头的碎片通常都被留在了头骨里面。

这两张图片表明，在制作木乃伊之前，人们会用钻孔手术取出死者的大脑。

死者的尸体也许是在内脏被取出后，未经严格的外科处理就做了防腐处理。1903 年，奥格拉克提地区发现了 3 具局部自然保存下来的木乃伊。男性木乃伊保留有部分的面部皮肤、完整的颈部及脊椎上的皮肤以及肌肉和血管。女性木乃伊则保留有面部皮肤、一侧带乳头的胸部、一侧的肩部和双臂。木乃伊的皮肤上没有任何切割或缝合的痕迹。男性木乃伊的左眼球也保留了下来，但是曾被取出再放入；他的眼窝则被石膏填满。

火化是个非常不同寻常的过程。塔施提克葬俗对尸体的处理方式包括火化遗体，再将骨灰收集在不同的包裹中并埋葬起来。对于西伯利亚的部落来说这是种新葬俗，这种葬俗也许与新迁入的族群有关。火化是相当粗略的，每个遗体会产生大约 1 ～ 2 千克的骨灰，残余的骨骼碎片最长可达 4 英寸（10 厘米）。这就使人类学家确信，只有成人会被火化；而且在对其进行性别鉴定后，他们发现，被火化的每个个体都是男性。

考古学家在奥格拉克提发现第一个人俑的碎片时，并未将其与死者联系起来。在很长一段时间里，这些人俑被认为是代表妻室或仆人，陪伴死者前往另一个世界。这是个广为流行的中国葬俗。直至 1969 年，列昂尼德・奇兹拉索夫（Leonid Kyzlasov）在奥格拉克提的同类墓地中发现了两个完整的人俑，它们的用途才被确定。X 射线扫描显示，每个人俑的胸部都有一小包人类骨灰。因此，这种人俑，或者说是陪葬人偶，仿制的是被火化的人，并被当作骨灰的容器，其作用类似于骨灰瓮。塔施提克人在制作成人俑时，会在皮革或羊皮包里装满草，再将各部分缝合在一起，做成人形。有时他们也会简单地把一件夹克和裤子缝在一起，再同样填满草。正如他们制作木乃伊一样，之后他们会给人俑穿上死者的衣服，再将死者的发辫接在人俑头上，或将头皮覆于其上。

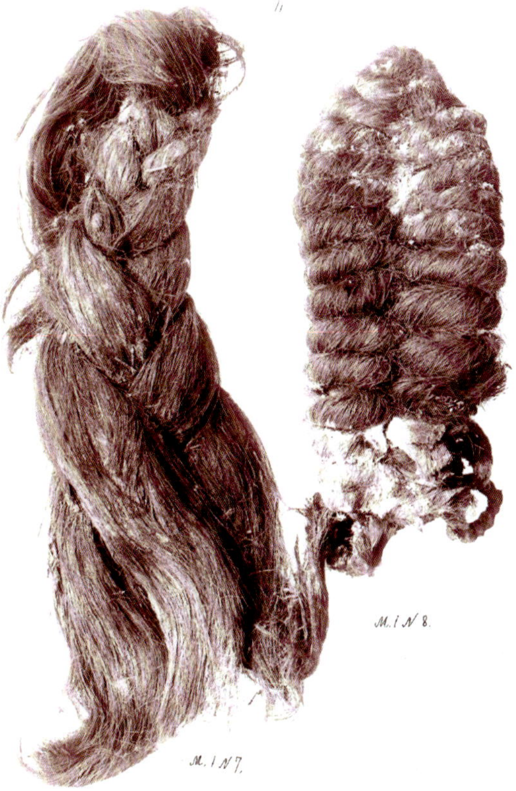

在木乃伊和人体模型之间发现的人类假发和发辫，但是考古学家们不能确定它们是被戴在谁头上的。

尽管只有极少的人俑幸存至今，但它们在大部分集体葬大墓中的原始位置却很容易推断。被埋葬者的位置、姿势及朝向是极有规律的，尸体、木乃伊或人俑在被放置时，面朝东方，或是上身直立，或是采用双腿向外平行伸展的坐姿。人俑的皮革和内部填充的草腐烂之后，灰堆仍与旁边一具骨骼的胸部平行。残存的尸体上血管和骨骼的位置也证明着人俑的存在。

木乃伊和人俑都身着冬季服装，并戴有手工装饰品。也许它们会被穿戴整齐地保存在神庙或亡灵屋等地方，等待一段时间。有时木乃伊会被覆以修补过的面具，在破旧的状态下被埋葬。尽管木乃伊和人俑身着日常的衣服（奥格拉克提曾发现一件皮毛外

墓中发现了各种各样的随葬品，包括陶容器（如图所示），木制的盘、杯和碗等。

套，衣服的一只袖子上还有补丁），但这些衣服可以在点缀上覆有金叶的木制装饰品以及大量的玻璃珠和宝石后，变为葬礼用的殡服。其他随葬品不仅有木制的武器模型（带鞘的匕首、刀、弓和箭筒）、马具、镜子及釜，还有木头和桦树皮制成的用餐器皿和陶质器皿。发现最多的是骨簪，用于做复杂的塔施提克发型。

祭祀面具

塔施提克葬俗中最突出的特点是，不论是在土葬小墓还是集体葬大墓里，都发现有祭祀面具。这些面具并非是对死者的脸部进行模铸的死亡面具，而是在人脸上雕刻而成的（有的面具内部甚至留有皱纹和头发的印记），有的则是被放在特制的软木模上进行雕刻制成的。制作面具时，通常用一块丝绸将面部覆盖，之后再薄薄地涂上一层层石膏模刻面部。有些人甚至连耳朵和脖子也被模刻下来；有些干脆是座半身像，被放在墓室的特制底座上。这些面具被看作是个性化的个人写实肖像。祭祀面具由瓷土、石膏、石灰岩和石英砂的混合物制成，并被染成黑色或红色。女性面具在额头、太阳穴、两颊及下颌处画有红色螺旋或者其他图案，男性面具则在红色底色之上画有黑色图案。这些图案也许代表着逝者生前的文身。

需要注意的一点是，这种葬俗在这一时期是变化的。塔施提克文化发展到晚期时，半身雕像更为流行，分布范围更广，装饰也更为复杂。人们开始使用绿色和浅蓝色的颜料，睫毛、串珠项链和吊坠也被模刻或者画出。近期的发现显示，半身雕像内也放有骨灰。因此，它们或许也被当作祭祀瓮，并在这一时代的晚期取代了人俑。

为什么塔施提克文化的葬式如此复杂呢？为什么埋葬方式、墓葬结构等如此多样？这些在年代学、社会和族群等方面都有因可循，最可能的是这些因素的共同作用。早期塔施提克墓地中，土葬和火葬的数量大致相同；但在晚期的墓地中，火葬则占主要地位。土葬的尸体中大多数是女性，而火葬者中则从未发现女性。男性与女性的人种类型并没有区别——他们都是欧罗巴人种，带有蒙古人种特征。所以可以假设，火葬仅适用于男性，且仅被用于祖先不是本地人的男性。土葬小墓中发现的面具代表了两种人种类型：欧罗巴人种和蒙古人种，集体葬大墓出土的面具代表第三种人种，即同时带有以上两种特征的混合人种。这不仅反映了蒙古人种的迁徙，同样反映了由此带来的新人种的形成。不管怎样，塔施提克墓葬遗址反映了人们社会地位的差异，但社会地位的划分标准却很难确定。所以，有资格统治这个社会的是富人，有贵族血统的人，还是某一种族的人呢？

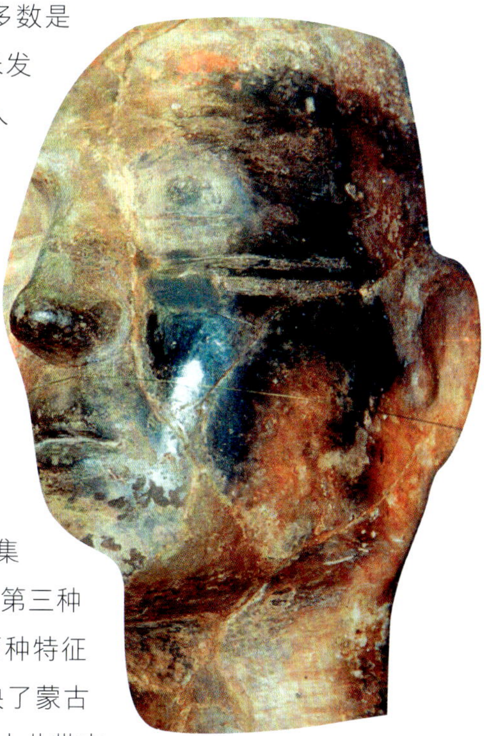

几个面具，尤其是那些男性面具，在通体涂红后还画有黑色的图案。这个图案被认为代表文身。

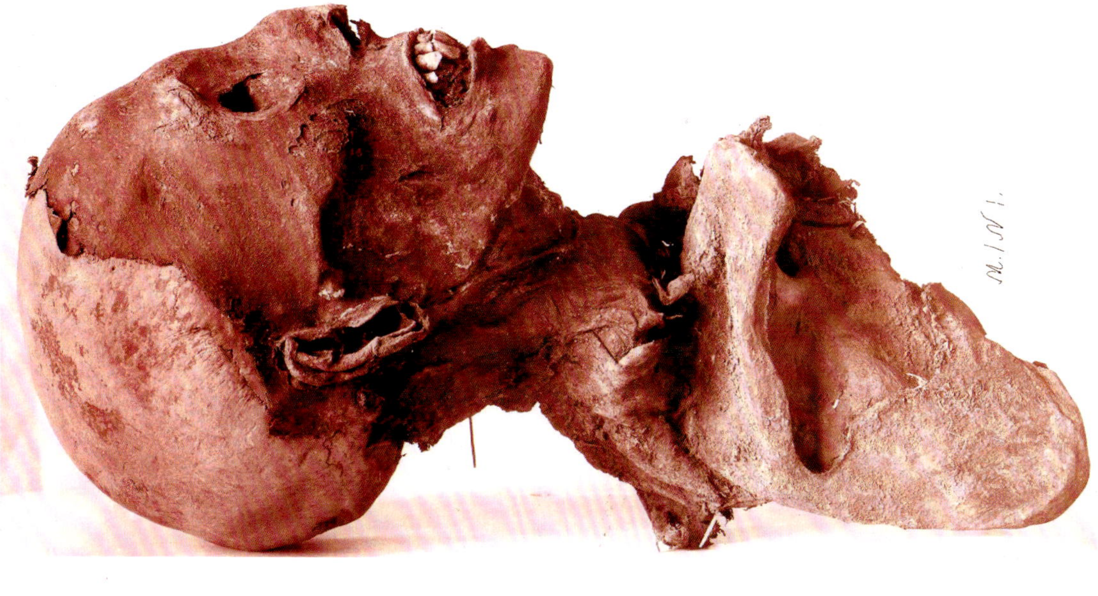

这张图片清楚地展示了塔施提克的木乃伊面部皮肤保存得有多完好，甚至可以看到脖子上的血管和肌肉纹路。

塔里木盆地的木乃伊：沙漠创造的奇迹

这位无名的年轻女性所沉睡的木棺被放在星光下只有一夜；微风轻拂过她黄色的脸颊，掠过她的长发。两千年中仅此一夜，她离开了自己的坟墓回到这个世界。但现在她仅仅是具干尸。她曾短暂生活过的土地环绕着她，这里一片黄灰色，荒无人烟。回流的水未能使她曾看到过的树木、花园、草地和田野重返生机。

弗克·贝格曼（Folke Bergman），《新疆考古记》，1939 年

19 世纪末期以来，探险家、地理学家、考古学家和其他许多人都曾设法来到遥远的中国西部的新疆，著名的丝绸之路沿线地区。好奇心和相当一部分无法预测的危险刺激着人们获得知

亚洲卫星影像图。红框中的区域即塔里木盆地。

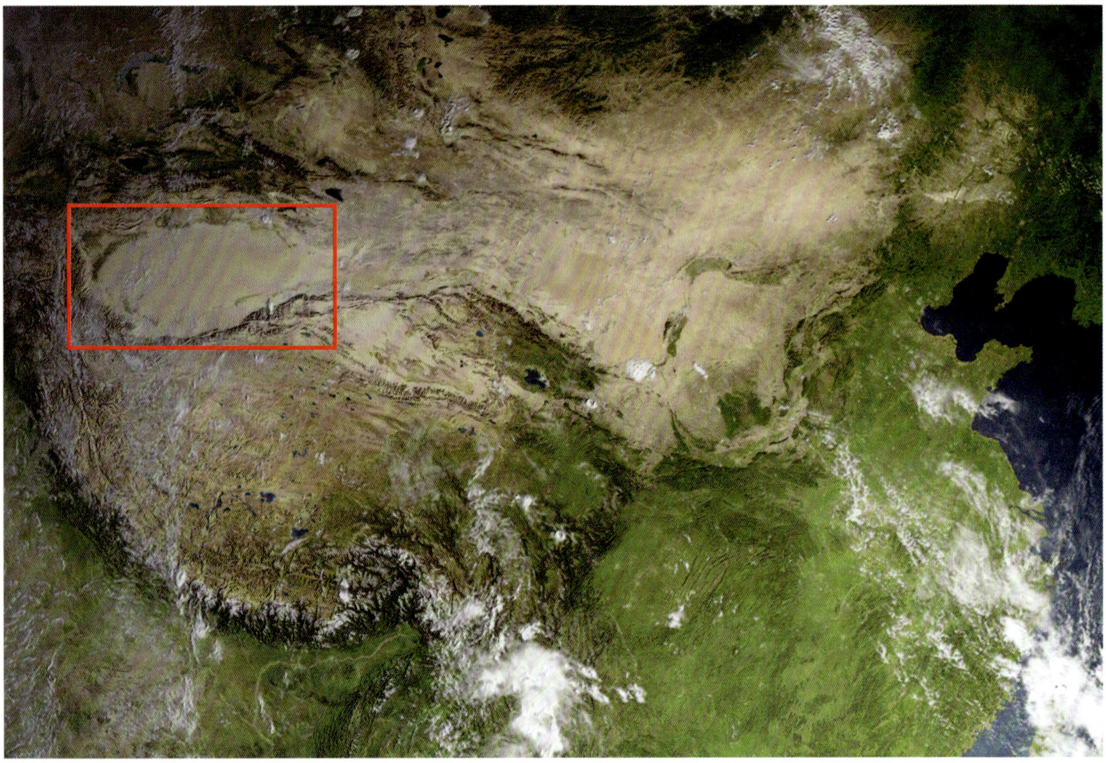

小河墓地发现的 140 根木柱，标记着木乃伊被埋葬的墓葬。

识的愿望，同时也助长了他们成名的欲望。斯文・赫定（Sven Hedin）（1865 ～ 1952 年）、弗克・贝格曼（1902 ～ 1946 年）以及奥莱尔・斯坦因（Aurel Stein）（1862 ～ 1943 年）是最早到这片无人沙漠考察的三个人，并由此建立了新疆考古学。直至 20 世纪 80 年代，对古代墓葬的科学发掘才正式开始。考古学家们发现了一批葬有保存非常完好的随葬品和木乃伊的墓，有的木乃伊甚至已有 4000 年历史。但在此之前，盗墓贼早已毁掉了这些墓葬，偷走了黄金等值钱的物品，并将墓葬就此废弃。

这个地区的木乃伊被发现于亚洲中部最干燥、盐分最高的地区。新疆在历史上以“西域”著称，直到 1884 年才成为中国的一个省。这片四面环山的干旱土地是世界上第二大沙漠——塔克拉玛干沙漠。冬季的气候寒冷多风并且干燥，年降水量少于 100 毫米。天山以南的塔里木盆地是发现古代墓葬数量最多的地区，这里干燥的气候非常完好地保护了古墓中的尸体。他们的尸体在埋葬时十分谨慎；尸体在冬季会被冻结，夏季又会在腐烂前干透。多盐

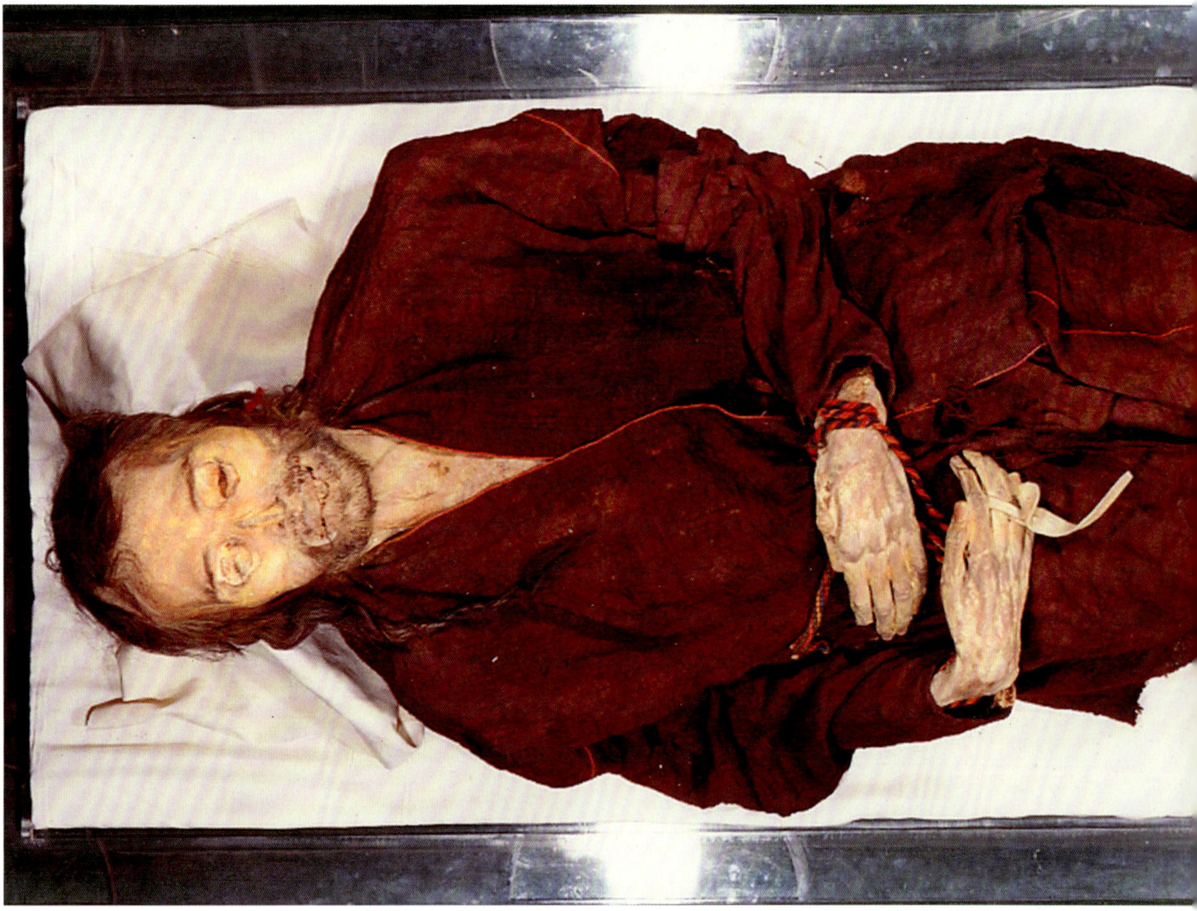

的环境吸干了尸体中的水分，加速了干燥的过程，给他们创造了近乎完美的保存条件。但木乃伊只能代表小部分葬于这些古墓中的人，大多数尸体已完全腐烂，通常只留下一些骨头。墓中的随葬品很精致，有上好的纺织品、陶器、漆器和金器。拥有这些精美器物的人是谁呢？从丝绸之路繁荣前到其衰落之后，曾有许多不同的族群居住在塔里木盆地或途经这里。这些木乃伊并非中国人的相貌，而是表现出高加索人种的特征，也许有欧罗巴人或欧亚混血的血统。

小河墓地

新疆发现了十余个墓地，最古老的一个大约有 4000 年历史。其中最让人惊叹也是年代最早的一个遗址，是著名的小河 5 号墓

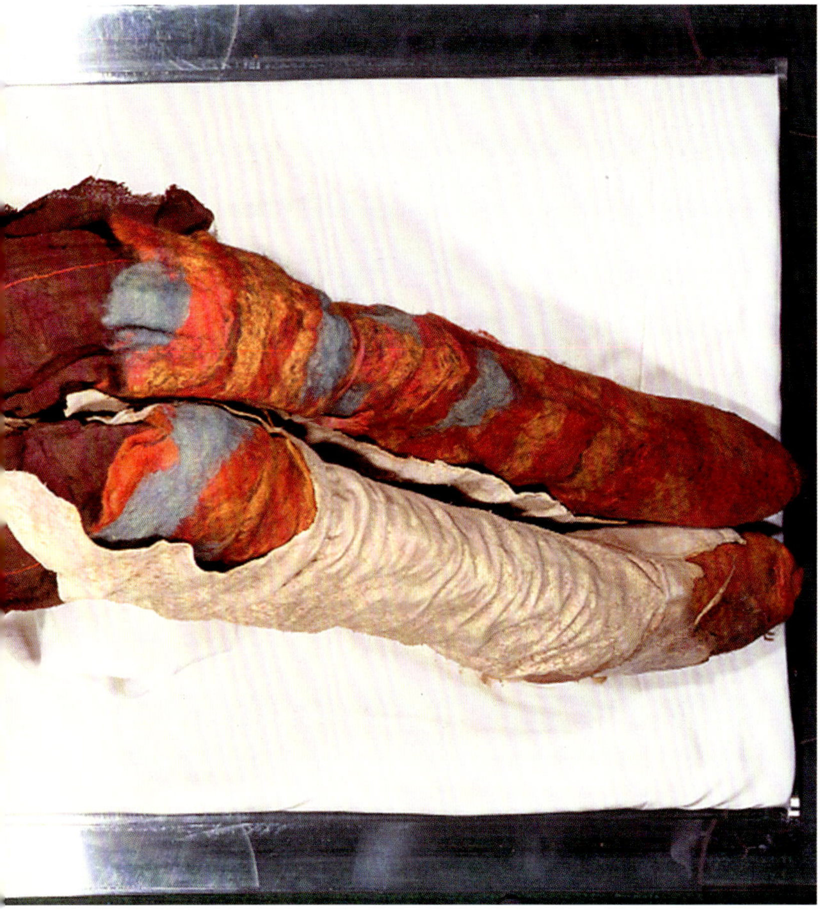

扎滚鲁克文化的“鄯善人”，现保存于乌鲁木齐博物馆。完好的保存状态使考古学家得以了解这些亚洲居民生前的相貌与穿着。

1932 年，一个骆驼商队沿着商线前往塔里木盆地。这个古时人来人往的地方出土了许多木乃伊，但墓地中埋葬的人的面部特征显示，他们是欧洲人，或者是亚欧混血。

楼兰美女。这是一具已有3000～4000年历史的女性木乃伊，红发，带有印欧人种的特征，发现于中国西北靠近天山的塔里木盆地。

地，它是以楼兰古城之南110英里（175千米）的小河来命名的。这个墓地位于一个高26英尺（8米），面积约0.6英亩（2.5平方千米）的沙丘中。墓地中大约有140根被涂成黑色和红色的木柱，它们有着不同的形状，分别标记着男性墓和女性墓。

这个遗址发现于1934年，2005年时经过了全面的发掘。在这167座墓中，考古学家发现了超过1000件随葬品和30具保存良好的木乃伊。尸体在埋葬时十分谨慎。木乃伊被葬在用两块胡杨木板制成的、形状像翻倒的小船的棺材里；随后再将较小块的木板和牛皮盖在棺材之上——在干燥的过程中，它们会将船形的棺材完全封闭起来。有时棺材上也会放上红柳枝和芦苇。每个木乃伊都被宽大的羊毛斗篷覆盖起来，并用一条羊毛绳系好；他们的头部戴有毡帽，脚上穿有短靴。在有些墓葬中，木乃伊会佩戴着带有长鼻和巨齿的木制面具，也许意在驱魔辟邪。

最轰动的发现当属2003年出土的“小河美女”。这具女性木乃伊保存得非常完好，她的脸看起来像是睡着了一样。她保留有白皙的皮肤、圆圆的眼睛、生动的睫毛和嘴唇；她的头上戴着一顶尖顶毡帽，帽子的顶部还插有一根长长的羽毛。她的随葬品除了服装、项链和手镯外，还有一个小草篮。

营盘人

营盘位于古城楼兰以西 125 英里（200 千米）。营盘是当时墨山国的国都，也是两条重要商队路线所过的地区。这个墓地的 300 多个墓葬中，有 200 个已被盗墓贼毁掉了。20 世纪 90 年代，考古学家对这些墓葬进行了发掘，抢救了这些从西汉（公元前 1 世纪）到魏晋（公元 220 ～ 420 年）时期的古墓。

营盘墓地保存最好的一具尸体被发现于 1995 年，出土于 15 号墓，人们称之为“营盘人”。他被埋葬在一个上面覆有动物皮、色彩浓艳的木制棺材中。他的尸体被包裹在黄色的绸布里，尽管已经完全木乃伊化，但仍然有 6 英尺 2.75 英寸（1.9 米）高。他那浅棕色的头发被挽成了一个单髻，眉毛、睫毛及胡须仍清晰可见。他的面部罩着一个饰有金箔薄片的麻质面具，上面还绘有眼睛、鼻子以及带有稀疏胡须的嘴巴。他身着红地对人兽树纹罽袍、淡黄色绢内袍和毛绣长裤，脚穿绢面贴金毡袜。他的胸口上则放有一个装满香草的丝绸香囊。墓内还摆放着各种丰富而精致的随葬品，比如珠宝和一只来自叙利亚—罗马地区（Syrian-Roman）的玻璃碗。

女吟唱者阿思露：曼彻斯特木乃伊与现代科学

阿思露（Asru）是第二十五王朝（公元前 750 ～前 656 年）阿蒙（Amen）神的吟唱者，她的木乃伊于 1825 年收入英国曼彻斯特博物馆，是馆藏最早期的重要埃及古物。阿思露的木乃伊是由 E. 盖拉特（E Garratt）和 W. 盖拉特捐赠的。她最早可能被葬在底比斯（Thebes），即现代的卢克索（Luxor）。

尽管阿思露的木乃伊是装在两个互相嵌套的棺材中被运送至博物馆的，但是木乃伊的绑带却在这个过程中全部被解开并且失踪了。19 世纪早期到中期流行将“木乃伊解绑”的过程呈现在人们面前，可能阿思露也曾被当作这种可怕的娱乐形式的对象。这具木乃伊仍保留有两包木乃伊化的内脏，它们曾被亚麻布包裹起来，并被紧紧地绑在大腿之间或大腿上。按第三中间期的葬俗，在阿思露死后，殡葬专家会把防腐处理过的内脏放回胸腔内或双腿间。这是为了取代用卡诺匹斯罐存放内脏的传统做法；不过，此时仍有一些墓葬还随葬着仿制的罐子。

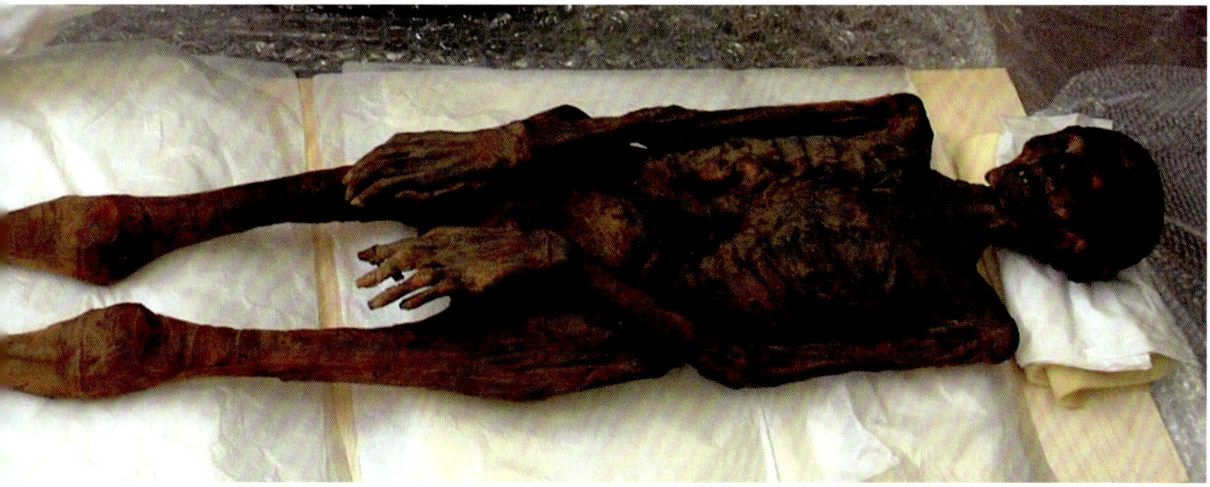

解除绑带并被移出石棺的阿思露，一具木乃伊化的尸体。疾病的迹象使得阿思露的木乃伊非常适合于研究。

现代医学与古代疾病

阿思露是曼彻斯特木乃伊项目（Manchester Mummy Project）的首批研究对象之一。这个项目始于 1973 年，主要是利用无损技术来检测木乃伊化的组织。有关古代的疾病、食谱、居住条件及木乃伊化进程的相关信息都可以从中获得。这个项目促成了 1997 年国际古埃及木乃伊组织库（the International Ancient Egyptian Mummy Tissue Bank）的建立，它可以为木乃伊的进一步研究提供样本。这一项目也推动了人们对古代疾病的了解，比如血吸虫病，它曾出现于古埃及，但也会对现代人产生影响。

研究者对和阿思露尸体一起被发现的木乃伊化的内脏包裹进行了检查，结果显示，包裹里主要是胃和肠。后者被证实感染有寄生虫。肠黏膜及肠肌壁都发现有寄生虫，而且它们似乎导致了严重的疾病。利用电子扫描显微镜，研究人员鉴别出了一种也许是类圆线虫属的线虫。这种寄生虫曾在许多热带和亚热带国家被发现，如果人接触到了被污染的土壤或水源，寄生虫就会通过皮肤进入体内。虫子会在血液中扩散，最后到达肺部、胃和肠。雌性寄生虫产的卵会进入粪便中。在卫生条件差的地方，粪便会继续污染土壤和水，导致感染的再次发生。感染这种疾病的表现包括咳嗽、气喘、胃疼和痢疾。

进一步的分析还帮助我们发现了阿思露的其他病症。研究人员将她皱缩的胃部的一部分浸泡在 10% 的甲醛溶液中，然后用立体显微镜对脱水的组织进行了分析。他们发现了白头金蝇的幼虫表皮——一种携带白喉病菌的苍蝇。阿思露同样遭受了膀胱寄生感染的折磨，即血吸虫病。这种水生寄生虫会造成内脏出血，使血进入尿液中。由于这种失血，阿思露可能还患有贫血症。

进一步研究

大曼彻斯特警局（the Greater Manchester Police）使用一种凝固速度快且易变形的橡胶化合物对木乃伊的手指和脚趾做了铸模。尽管她的整体健康状况较差，但阿思露的手印和脚印都表明，她生前过着养尊处优的生活。她的手指几乎没有做杂务的迹象，她的双脚也没有显露出经常走路的痕迹。由此看来，即便她的吟

精美装饰的阿思露木棺，是她生前较高地位的体现。

唱者职位不仅仅是个荣誉头衔，这也是一个不费力的工作。

研究人员在阿思露的头骨上钻了一个洞，取出了剩余的脑组织来做组织学检查。他们在头骨内发现了少许完整的幼虫表皮，于是用窥镜拍下了照片，之后将幼虫表皮用细检钳移除。这些幼虫看起来同阿思露肠中检测出的寄生虫很像，即白头金蝇。

阿思露的胸腔 X 光检查发现有射线无法穿透的组织，研究者认为这些是内脏的残留物，防腐处理者似乎未能将它们移除，但胸腔又看似是空的。这非常适合于用窥镜进行检测。胸腔内没有树脂的痕迹，可以清晰地观察到一层薄薄的膈膜（胸膜）衬里，而且似乎并未表现出受到疾病损伤的迹象。

萎缩的肺组织的 X 光照片则显示出罕见的剥离迹象，这是一种肺部疾病的特征。研究人员用与内窥镜相连接的检索钳取出了一些样本。组织检查显示，胸膜和肺组织上有伤疤。这次检查同样发现，阿思露不仅受类圆线虫感染的折磨，她的肺内还发现有包虫囊肿，这是一种由细粒棘球绦虫的寄生虫引起的感染。

对脊柱的 X 光扫描则显示，阿思露还有椎间盘突出的问题，此外她的左手中指也因骨关节炎而变形。这些结果表明，阿思露是在五六十岁期间去世的——在古埃及，她绝对算得上是长寿的女性。

不同寻常的来生

阿思露重彩装饰的木棺、她的宗教头衔，以及她柔软的手足纹理均显示出她生前曾拥有相对较高的地位。然而，尽管她可以获得上好的食物以及名医的看护，但却并不能对与下层相关联的疾病和寄生虫免疫。

这位女吟唱者拥有了一个自己绝对想象不到的来世：她让人们得以对古埃及人的健康状况有了非常难得的认识。20 世纪 70 年代，理查德·尼夫（Richard Neave）对阿思露的头部和面部进行了重建，结果显示这位年长的女性尽管生前备受疾病的折磨，却仍是高贵的。在 21 世纪的今天，关于展出人类遗存的道德性争论仍在继续，但阿思露依然赢得了人们的持续关注。

译者 # 后记

本书的英文版编者是著名考古学家、作家保罗·G·巴恩（Paul G. Bahn）先生。1979 年在剑桥大学获得博士学位后，他曾先后在利物浦、伦敦等地的大学从事博士后研究。数年后，他开始以自由作家的身份致力于考古学著作的撰写、编辑和翻译工作。与此同时，他还是英国古物协会（the Society of Antiquaries）、美国考古学协会（the Archaeological Institute of America）、法国史前史协会（Société Préhistorique Française）等国际考古学与历史学专业研究机构的成员，《考古》（*Archaeology*）杂志的特约编辑，长期担任欧美各大广播电视台考古纪录片的顾问，并在史前艺术（尤其是岩画）和复活节岛考古等领域发表过多篇具有重要学术影响的研究论文。

保罗·G·巴恩先生在考古学史研究和考古学知识的普及方面也做出了重大的贡献。他与英国著名考古学家科林·伦福儒（Colin Renfrew）主笔的《*Archaeology: Theories, Methods and Practice*》是一本近 20 年来风靡全球的考古学经典教科书，因其世界性的关注范围、包容性的内容和前沿性的介绍而广受好评，1991 年问世至今已发行至第七版；2004 年，该书中文版《考古学：理论、方法与实践》亦由文物出版社隆重推出，迄今已经历了多次版本更新。此外，由他担任主笔的考古学通俗读物《*100 Great Archaeological Discoveries*》（1995，中译本《考古的故事：世界 100 次考古大发现》）、《*The Cambridge Illustrated History of Archaeology*》（1996，中译本《剑桥插图考古史》）、《*Archaeology: A Very Short Introduction*》（1997，中译本《当代学术入门：考古学》）等为中国公众了解和认识考古学提供了极佳的视角。2012 年，由保罗·G·巴恩先生担任特约编辑的人类骨骼考古学通俗读物《*Written in Bones: How Human Remains Unlock the Secrets of the Dead*》由北美地区 Firefly Books 出版社出版。该书由该领域的众多顶尖专家参与编写，丰富的彩页插图和引人入胜的内容将为对该领域感兴趣的读者和有志于从事该领域研究的初学者提供科学普及。有鉴于此，我们决定对本书进行翻译和出版。

本文由吉林大学边疆考古研究中心张全超博士、公共外语教育学院夏文静博士主持翻译，硕士研究生张雯欣、杨诗雨、王安琦、廖雪竹和满星妤参加了该书的翻译。其中，前言、第一章由张雯欣翻译，第二章由杨诗雨翻译，第三章由王安琦翻译，第四章由廖雪竹翻译，第五章由满星妤翻译。本书的翻译及出版工作得到了吉林大学边疆考古研究中心主任朱泓教授、刘艳女士及有关专家的大力支持和帮助。科学出版社编辑王琳玮女士为本书的出版付出了很多心血。在此，谨向支持和帮助本书翻译工作的学者表示诚挚的谢意。

鉴于翻译水平有限，本书难免存在不确切及错误之处，恳请读者批评指正。

2017 年 12 月